大旗出版
BANNER PUBLISHING

大旗出版
BANNER PUBLISHING

帝國下的胭脂

她們的唐代風華

序

唐朝不禁女樂，從法律制度上為女性提供了前所未有的廣闊空間，造就唐朝社會女性生活的空前活躍和極大豐富，也就使得唐朝女性成為中國歷史上最有活力、最有魅力的女人群體。無論和唐以前相比，還是和宋以後相比，唐朝女性都是最自由、最開放、最有能力追求平等的。她們廣泛參與政治生活、社交活動和官場遊戲，並有著諸多的創作，唐朝不但出現了中國歷史上獨一無二的女皇，也有文才出眾的女官，以及野心勃勃的女政治家。

數百年的胡漢融合，使中華民族獲得了新的生機。漢人和胡人、中國人和外國人的交往，達到了史無前例的密切程度。衣食住行各方面都變得越來越精緻和舒適，這就為女性生活的多樣化和高雅化提供了物質條件。所以，唐朝女人的服飾、髮型，以及對生活的態度都變得唯美和藝術化了。「豐富多彩」、「浪漫多姿」可以說是唐朝女性生活的基本形態。她們對婚姻既有著最大的寬容，又有著最高的要求；她們對感情的理解和表達也更為細膩和豐富，並創造了許多優美的詩歌。在此之前，中國歷史上從未有過如此眾多以女性為描寫對象的文學作品和一流的女詩人。

現在出版有關唐朝女性的書籍，主要缺陷有三個：一是視角比較單一，不是側重於文學史角度，專門寫女性詩歌文學成就，或女性與詩人的交往；就是側重於歷史學角度，重點寫女性的社會地位變遷；還有側重於文化學角度，主要寫女性的服飾形象變化等等，均缺乏應有的綜合性。二是描寫手法太過於傳統，基本都是學術性和論著性的話語，文字枯燥，風格單調，缺乏必要的趣味性和可讀性。三是結構都屬於平面展開型，較為鬆散，缺乏一種充滿張力和象徵性的物象符號。本書試圖克服以上缺陷，以多角度、全方位的視野細緻勾勒與描繪出唐朝女性的整體輪廓和活動面貌，力圖透過兩卷本的內容（從資料和內容角度分析，第一卷以史為主，圍繞宮廷女性的絢麗多姿，重現其波瀾壯闊的歷史景象；第二卷以文為主，圍繞民間女性的喜怒哀樂，揭示其不為人知的內心世界。）深入淺出地寫出唐朝女性的歷史全景。

目錄

生活篇

娛樂篇

政治篇

政治革命家

絕處逢生

男人的成功可以不靠女人，女人的成功卻必須依靠男人。應該說，正是太宗、高宗父子二人共同造就了武則天。太宗領進門，高宗領上道。充滿雄性霸氣的太宗無意中向情竇初開的武則天打開了一扇全然屬於男人的權力之窗。性格溫和而又多愁善感的高宗則略微茫然地把武則天引上了一條險象環生但又峰迴路轉的皇權之途。

高宗名治，字為善，小字雉奴，這似乎已經隱隱約約地暗示出其一生的命運。缺乏治國才能的他，確是良善之輩，並甘心充當年長自己五歲的天后情奴。這是一個幸運而又多情的男人。他繼承了父皇的全部權力，也連帶著接受了父親的性遺產。在強調綱常禮教的古代中國，這種做法相當罕見，即便唐初的風氣比前代後世都要開放許多，各個皇帝或許出於好奇和衝動，亦或其他種種不為人知的複雜動機，也偶有偷染指父皇嬪妃的荒唐行徑，但最多也僅限於私下享用，絕不可能奉送其正式名號。外表懦弱的高宗則遠遠超出了這個限度，誇張得令人恐怖，他不但毫無保留地公開接納了父皇的遺孀武才人，而且力排眾議地將其立為皇后，甚至把至高無上的皇權拱手相讓，自己則退居幕後，過上了逍遙快活的神仙日子。

或許是高宗的情商過高，抑制了智商的正常發育。反正他熱衷於情慾，而對政治則缺乏足夠的熱情。一來二去，高宗漸漸丟失了全部權力，成了武則天的掌中之物。對於這位夫君（相比太宗，高宗才是她真正的丈夫），武則天現在已不需要再做什麼，只需要等待上天召回這位行尸走肉般的天子。武則天變得從容而自信。她的目標指日可待。她的獵物唾手可得。也許只有她自己心裡清楚，為了走到這一步，她究竟走了多久，走了多遠。

回過頭來看，如果把武則天一生比作一盤棋，有幾步棋走過了，有幾步棋走狠了，但都走對了。當然第一步棋不是她自己下的。不過她一旦被刺激，就立刻有了自己的生命和軌跡。在皇帝的後宮，如果不是最美麗，就很難出人頭地；如果美麗沒有標準定義，那就只能看運氣了。但她運氣實在不佳，十四歲入宮，在孤獨寂寞之中煎熬了十二年，還只是個夠不上檯面的六等才人。在佳麗如雲的後宮天地，這個級別基本屬於慢性自殺之列。

武才人肯定是個美人，但她稍顯男相的方臉闊額似乎很不討偏愛明媚皓齒婀娜多姿體態女人的太宗喜歡。新鮮期一過，這個被自己賜名「武媚」的才人在太宗眼中就毫無魅力了。憑藉本能，依靠直覺，武才人必須另謀出路。

貞觀二十三年（西元六四九年），因服用洋大夫的長生不老藥反致藥物中毒的太宗臥病不起，太子李治前來侍奉之際，遇上了心事重重的媚娘。兩人一來二去，有了私情。李治的出現，沖散了媚娘心中的憂愁。因為太宗的駕崩預示著地位低微的她即將流入冷宮，實已身處絕境。而此刻，守株待兔的獵人終於等來了自己的兔子，還是一隻理想的乖乖兔，年輕柔弱，少不更事，心地單純，甚至可能還有些輕微的戀母情結，這些無不符合自己心中的預期。廢太子承乾的粗鄙庸俗，魏王泰的老謀深算，在太子李治身上全然不見。

武才人迅速調整自己的心態儀表，張開全身的細胞，淚眼朦朧地凝視著太子那惶恐而又困惑的眼神。她知道，自己的成熟和風韻無人可及，所以雙目相遇，太子就完蛋了，才人暗自竊喜。

接下來的一切就很俗套了。卿卿我我，互訴衷腸，乾柴烈火，難分難捨。

這個過程具體始於何時，究竟延續了多長時間，殊難判定。不過，太宗死前就被兒子給戴了綠帽，應該是可以肯定的。一代明君，蓋棺論定之際卻頭頂綠帽辭別人世，確實讓人有些沮喪。

武才人以這種獨一無二的方式為貞觀盛世畫上了句號，因為她知道自己的大戲就要開始了。這只是序幕。太子在陰差陽錯中充當了宣告序幕的人，剩下的就需要自己為自己鳴鑼開道了。

蓄勢待發

太宗駕鶴西去，媚娘和沒有子女的嬪妃們一齊入長安感業寺為尼，剛剛登基的新皇一時半刻也顧不上自己的情人，媚娘只能選擇忍受黎明前的黑暗。

暮鼓晨鐘，木魚青燈，時時刺激著武才人內心的紅塵慾念。蟄伏感業寺，對武才人猶如臥薪嘗膽，惶恐之中伴隨著憧憬，雖噩夢連連，卻也甘之如飴，與高宗的魚水之歡，更增添了武才人重返皇宮的信心。在渾似漫不經心地閒扯中，高宗斷斷續續地訴說了他對王皇后和蕭淑妃爭風吃醋，搞得大家雞犬不寧而無比煩惱，才人不失時機地告訴高宗自己懷孕了，並暗示他可以向美而無子的王皇后透露這點。高宗吃驚地看著她。她微笑說：「這是我們女人的事情，你只管說就是。」

王皇后聽到這個消息，立刻明白了武才人的意思，她要把武才人當作手中的一張牌來對付咄咄逼人的蕭淑妃。當然她也知道，自己也在同時成為武才人的一張牌。不過，她相信自己有能力控制老公的情人。她相信無論是個人地位，還是家庭背景，武才人都遠不及己。何況自己還有恩於她。即便她將來不知恩圖報，也未必能對自己怎麼樣。

想到這裡，王皇后就和高宗商量，把武才人叫回來。一頭青絲，身懷六甲的武才人悄然回宮。兩個女人聯手對付一個女人——蕭淑妃。這是一個性格張揚但心術不足的女人，遠不敵略有小慧的王皇后和大智若愚的武昭儀的戰爭，尚未開打，勝負早已分曉。

身態妖嬈並嫵媚可人的蕭淑妃雖貴有一子（高宗第四子，李素節），但在王武二人的聯合打擊下，不可挽回地逐漸失寵。王皇后感覺勝券在握，得意極了，但好景不長，她突然發現武昭儀才是真正的贏家。因為蕭淑妃的失寵並沒有讓她重新得寵，她的境遇絲毫沒有改變。高宗並沒有在疏遠淑妃之後，移情於王氏，她依舊過著獨守空房的日子。

前門去虎，後門進狼。扳倒了蕭淑妃，卻成就了武昭儀（武才人二次入宮的次年即晉升為九嬪之首——昭儀），這想必是王皇后始料不及的。然而，事到如今，反制昭儀，已經不再可能，因為高宗現在除了昭儀，誰都不信。雖然昭儀位列嬪妃三級，但實際上距離皇后僅一步之遙，昭儀只需臨門一腳，即可大獲全勝。

不久，昭儀看準時機，迅速出手，馬到功成。當然，這招之毒辣，超乎所有人之想像，就連昭儀的前夫太宗皇帝也只是殺兄屠弟，而她卻是要親手掐死自己的女兒。政治向來是男人的遊戲，女人若想出人頭地，必須要付出千百倍於男人的努力與代價，才能女出於男而勝於男，武昭儀無師自通，開始融入並顛覆男權社會的權力法則。昭儀巧妙設局，請君入甕，將皇后不知不覺置於死地。王皇后雖然心胸狹窄，但並非心狠手辣。常言「虎毒尚不食子」，她萬萬想不到武昭儀竟會毒如蛇蠍，以掐死女兒為代價來要自己的命。

小壞蛋玩不過大壞蛋的政壇鐵律再次應驗！

王皇后的政治生命玩完了，但還沒有死澈底，昭儀必欲除之而後快。再者，王氏的廢黜並不完全等同於武氏的接班。她按耐不住內心的欲望，運籌帷幄，聯合內外，鼓噪一班野心勃勃的政客上下呼應，散布廢后輿論。禮部尚書許敬宗、中書舍人李義府、御史大夫崔義玄、中丞袁公瑜等聚集周圍，結成死黨，朋比為奸，排斥異己，攀附武氏，試圖攀登上位。此刻，王皇后的舅舅，中書令柳奭自知不妙，乖乖的辭去相位，左遷為吏部尚書，但仍未逃脫厄運，在外甥女遭廢黜之後，自己也累貶愛州刺史（今越南清化），發配至蠻荒之地。四年後，柳奭被誣謀反，高宗親自派人趕赴愛州，將昔日的妻舅處死。長安令裴行儉等異見人士也被一一逐出京城。

鐵了心的高宗又一次召見大臣，以王皇后沒能生下一男半女為由，要求立武昭儀為后。宰相韓瑗痛哭上書：「皇后乃陛下做晉王時先帝為您所娶，如今並無罪過，卻要突然廢掉，四海之內，誰不震驚。況且，國家多次廢立，非長治久安之計。懇請陛下以社稷為重」。高宗很不高興，沒搭理。第二天，韓瑗再次上書：「天子冊立皇后，應像天地那樣匹配，日月那樣協調。尋常人家結婚尚且知道挑挑揀揀，何況天子呢？《詩經》云：『赫赫宗周，褒姒滅之。』臣每讀至此，常常掩卷嘆息，不料想竟在本朝親眼看到了這種災禍。國將不國啊！」韓瑗的建議很不合高宗的胃口，加之他進諫時激動過度，聲淚俱下，直接惹毛了高宗，把他趕出了朝堂。如果說韓瑗的勸諫尚且文縐縐，那麼另一個人可就沒那麼客氣了。

政壇元老、尚書左僕射（宰相）兼書法名家褚遂良對此堅決反對。他粗俗地嚷道：「天下人都知道昭儀和先帝睡過覺。好女人多的是，怎也輪不到這個老娘們。」順手還將象牙笏板扔到了台階上，像個賭氣的孩子般嚷道：「不要了，還給陛下。」高宗大怒，昭儀更是破口大罵，在簾子後面大呼小叫，「給我宰了這個老怪物！」長孫無忌一把攔住，警告說褚遂良乃是太宗皇帝指定的顧命大臣，有罪不可加刑。搬出死去的先皇來壓服當權的今聖，長孫無忌此舉，無異於找死，敗亡也是早晚的事了。

高宗不死心，後來又問老滑頭李勣。有備而來的李勣趁機給他一顆定心丸：「這是皇上家的私事，不用問外人。」其實，更改國母的重大舉動，絕非只是天子一家的事情，但公事私辦的思路確是讓高宗茅塞頓開。昭儀藉機示意許敬宗在朝會之時製造聲勢，「鄉巴佬多收了幾擔麥子，還想娶個新媳婦，何況富有四海的天子。關你們這幫人什麼事！」[1]如此一激，高宗的血性上來了，「意乃定」。

在老公的力挺之下，武昭儀終於如願以償的扶了正，於二進宮的第五年，即永徽六年（西元六五五年），

1 〔唐〕劉肅，《大唐新語》，卷十二。

榮登後位。她慶典的主題曲《武媚娘歌》[2]，一夜之間風靡全國，成為大唐皇后的第一支頌歌。伴隨著歌曲的旋律，武后早已盤算好怎麼收拾前皇后和蕭妃了。說大開殺戒自然不好聽，但確實刀刀見血。先是打入冷宮，繼而斷去手足，扔進酒罈子裡，還說泡製「女骨酒」。一連幾天，武后都來悠閒地觀賞王后和蕭妃這種生不如死的痛苦模樣，看著她們在哀嚎中死去。餘怒未消的武后仍不解恨，不但下令繼續凌辱兩人的屍體，割下她們的頭；而且匪夷所思地羞辱兩人的姓氏，改王氏為蟒氏，改蕭氏為梟氏。也許，正如林語堂所說「武后相信文字的魔力」。此後，每當她試圖出手，或是已經得手，就會為情敵、政敵亦或外敵換個名字，她似乎覺得光靠暴力手段還不夠，必須在名稱上、文字上澈底將敵人打倒在地，遺臭萬年，才會有那種酣暢淋漓的快感。「改姓」的伎倆，武則天使用了很多次，甚至隔代傳給了自己的孫子唐玄宗，成為帝王絕學。

永徽六年（西元六五五年），王皇后與蕭淑妃死，分別改姓蟒氏、梟氏。乾封元年（西元六六六年），武后毒殺外甥女賀蘭氏，只因她得到了高宗的寵幸，繼而嫁禍給同父異母兄武元慶、武元爽，堂兄弟武惟良、武懷運等，天后覺得他們不配姓「武」，就將他們這幾支族人全都改姓為「蝮」。

垂拱三年（西元六八七年），後突厥進攻唐朝，可汗阿史那・骨篤祿直接被太后改名為「不卒祿」；聖歷元年（西元六九八年年）他的弟弟阿史那默啜亦未能倖免，因進攻邊境而被女皇「賜名」為「斬啜」。

垂拱四年（西元六八八年），越王李貞，琅琊王李沖等起兵失敗，皆被貶姓虺氏。天冊萬歲元年（西元六九五年）契丹首領李盡忠、孫萬榮進攻武周。女皇就把他們的名字改成了李盡滅、孫萬斬。

武后越是喪心病狂，就越是忘不了王后死前看她時的那種充滿蔑視與仇恨的冰冷眼神，更忘不了蕭妃那句死不瞑目的憤怒詛咒：「來世為貓，昭儀為鼠，生生扼其喉。」這個恐怖的咒語伴隨了武則天的一生。她變得怕貓，怕黑夜，怕做夢，甚至厭惡這座充滿死亡氣息的皇宮。於是，她遠離了長安居住神都洛陽。

掃蕩政敵

幹掉情敵，再滅政敵。武后輕車熟路地完成了從女人向男人的戰場轉換和戰略轉移。女人殺女人，只需牛刀小試。女人殺男人，卻要大刀闊斧。

政壇元老，書法名家褚遂良先是被貶至長沙，繼而桂林，最後被高宗打發到越南與柳奭做伴，不久鬱鬱而終。侍中（宰相）韓瑗為褚遂良辯誣，結果被貶振州（治寧遠縣，今中國三亞市西北），但在天涯海角捕魚的日子也沒過多久，過了兩年就被判處謀反罪，給處死了。高宗的親舅舅，太尉長孫無忌雖然架子不倒，但也獨木難支。無忌是個老江湖，目光如錐。一眼就看透了武昭儀的心思。打一開始就沒給她好臉色。想當初，為了立后的事情，高宗與昭儀兩口子可沒少在無忌身上費工夫，可謂是既賠錢，又搭人情，就差低三下四的哀求了。永徽六年（西元六五五年年），高宗給無忌送禮，賞賜金銀寶器各一車、綾錦十車，「以悅其意」。昭儀的母親，高宗的丈母娘楊氏親自登門拜訪，「屢加祈請」。昭儀的小馬仔，禮部尚書許敬宗不知疲倦的給無忌做思想工作，但無忌全都厲色折之。

武后感覺自己就像是熱臉貼到冷屁股。她咬牙切齒，決定給老公的這位老舅送上一份大禮。武后導演，許敬宗表演，合演了一出指鹿為馬，鍛鍊成獄的政變鬧劇。大致做法是，借洛陽人李奉節狀告太子洗馬韋季方、監察御史李巢結黨營私一案，把長孫無忌拉扯進來，辦他一個謀反罪。長孫無忌絕對想不到，自己作為大唐帝國的立法者，竟然要死於十惡不赦之罪。[3]

政商近乎為零的高宗，不加多想，下詔嚴懲長孫無忌叛黨集團。

---

2 〔唐〕張鷟，《朝野僉載》，卷一。

3 長孫無忌曾主持修撰《唐律疏議》共三十卷，系統疏證詮解《唐律》的各項條文。此法典是中國現存最完整的古代法典。

長孫無忌被削去太尉的職位及封地，流放黔州（今中國重慶市彭水苗族土家族自治縣）。然而，無忌還沒來得及體驗當地的風土人情，許敬宗就派人到黔州逼他自殺了。長孫無忌一生為主子鞍前馬後，剷除政敵，不遺餘力，最終還是死在專制皇權的刀下。

先前被貶斥的柳奭與韓瑗均未能倖免於難，他倆也被牽扯進了這樁謀反案，押送回京，立即處死[4]。當時韓瑗已死，還要開棺驗屍。長孫無忌、柳奭、韓瑗被指控為叛黨集團的首領，三家皆被官府抄沒，親屬一律流放嶺南為奴。

武后的眼中釘雖被拔除，然而殺人大戲剛剛開演，遠未收場。

涼州長史趙持滿也被牽連入案，緣由有二，一是因為他的出身，舅舅長孫詮是長孫無忌的堂弟，姨媽是韓瑗的妻子；二是因為他的本事，此人文武雙全，史稱「工書善射，力搏猛獸，捷及奔馬」，而且行俠仗義，喜好結交天下豪傑，在長安城中人脈頗廣，類似於今日所說的「黑白通吃」。本事太大，遂引起許敬宗的忌憚，怕他日後發難，順勢將其一齊打倒，列為叛黨集團要員，嚴刑拷打。趙持滿寧死不屈，口噴鮮血仍然厲聲道：「身可殺，口供不可變！」酷吏只好使出撒手鐧，編造出一份假供詞結案。趙持滿被殺之後，暴屍於城西，竟沒有親屬敢為他收屍。他的朋友王方翼（王皇后的從祖兄）冒險犯難，將其「收而葬之」。京城警察局的官員彈劾王方翼藐視國法。高宗聽說後，總算沒糊塗到家，認為王方翼的做法雖不可取，但他不顧個人安危，義氣為先的精神卻十分難能可貴，於是免予追究。從此，王方翼名聲大噪。當然，武后可沒這麼大度，她牢牢記住了這個「膽大妄為」的人物。後來，終於借收拾名將程務挺時，將王方翼一起剷除。

最令人吃驚的是，武后連于志寧也沒放過，將其貶至榮州（今中國四川自貢容縣）煮鹽。當年，于志寧在廷議時明哲保身，噤口不言，不敢為王皇后說一句公道話，這個時候卻被許敬宗指斥為長孫無忌黨羽，受到嚴厲打壓，全家遭貶者多達九人。

要麼為虎作倀，要麼嫉惡如仇，奸佞當道之時，沒有第三種選擇。面對邪惡，你選擇了沉默，邪惡卻不會放過你。在暴力面前，態度曖昧，首鼠兩端，是立場不堅定的表現，它並不討施暴者的喜歡。

從永徽六年（西元六五五年）柳奭遭貶一直到長孫無忌被逼自殺，武后僅用了四年時間，就有驚無險地做到了「政歸中宮」。

空前的權力使武后感到從未有過的年輕。她渾身充滿活力，這是一種不同於少女時代的活力，它充滿了雄性的霸氣。巧合的是，高宗這時的身子骨卻一天不如一天了。他的頭風病似乎更重了，頭暈、眼花、體虛乏力，整日一副有氣無力病懨懨的模樣，這是一種類似於高血壓和偏頭痛的症候群，要說他真的病入膏肓也不盡然。其實他既有身病，也有心病。身為天子，卻心想妙道，每日上朝實在苦不堪言，而陰盛陽衰的不光是身體，還有權力。高宗別無選擇，只能把武后推向前台。

高宗的失位與武后的跋扈，明眼人似乎早有預料，亦或是後人附會。據說，武后貪戀床笫歡愉，別出心裁地要求高宗在臥榻四周安裝許多鏡子，雲雨之時營造一種別樣的氛圍。有一次，高宗獨坐，名將劉仁軌來見，見到皇帝坐於鏡間，大恐，曰：「天無二日。土無二王。臣獨見四壁有數天子。不祥莫大焉。」[5]高宗也覺得不大吉利，就將鏡子撤掉了。

說起「武代李興」的預言，《資治通鑑》曾記述了一個很有意思的故事。貞觀二十二年（西元六四八年）六月初，長安城中出現了「太白屢晝見」的天象。太白即金星，清晨出現曰啟明，傍晚出現曰長庚。白晝顯現，即較為罕見的天文現象「金星凌日」。日表皇權，「金星凌日」就是「太白犯主」，「以下犯上」了，

4 此後二十年，褚遂良、韓瑗之死成為中外大忌，無人敢逆意直諫。

5 轉引自高羅佩，《中國古代房內考》，上海人民出版社，2007年，第184頁。

不祥之兆，加之古人以為「太白主兵刑之政」，意味著將其干戈。故而，在歷史上發生「金星凌日」的年份，也往往被穿鑿附會為多事之秋。貞觀末年的這幾齣異常天象，引得人心惶惶，尤其是太宗皇帝，遂命太史占卜吉凶。

太史據此竟然占卜得出了一個「女主昌」的卜象。而民間廣為流傳的《祕記》中說：「唐三世之後，女主武王代有天下。」由於傳言與卜象相符，故太宗得知後對此極為厭惡和憎恨。為此，太宗祕召太史令李淳風垂詢：「《祕記》所云，信有之乎？」李淳風答道：「臣仰稽天象，俯察曆數，其人已在陛下宮中，為親屬，自今不過三十年，當王天下，殺唐子孫殆盡，其兆既成矣。」太宗又問：「疑似者盡殺之，何如？」李淳風答道：「天之所命，人不能違也。王者不死，徒多殺無辜。且自今以往三十年，其人已老，庶幾頗有慈心，為禍或淺。今借使得而殺之，天或生壯者肆其怨毒，恐陛下子孫，無遺類矣。」[6]

太宗聞聽，毛骨悚然。李淳風乃傑出的天象學家，他的解釋，太宗雖不願但卻不能全然不信。故未將「疑似者盡殺之」的想法付諸行動，但對傳言與天象的迷信卻有增無已，對武氏女王將取代李唐這件事特別留意，成了一大心病，為日後李君羨讖言冤案埋下伏筆。

一日，太宗在宮廷宴請諸位武將，行酒令，要求講出各自乳名，活躍一下氛圍。輪到李君羨時，他略帶羞澀的說出自己的乳名為「五娘」，太宗聞之一驚，但卻不露聲色的笑道：「既為女子，為何如此雄健勇猛？」

太宗進而穿鑿附會，浮想聯翩，那李君羨的官職（左武衛將軍）、爵位（五連縣公）、籍貫（洺州武安縣，今中國河北武安市），皆有「武」字，乳名又叫做「五娘」。讖語中所說的「女主武王」說不定就是他了。寧可錯殺，不可遺漏，危及我李唐江山。（若如此，君羨奉命執掌「玄武門」宿衛，說不定也能算上一條）遂革其禁軍職務，外放華州（今中國陝西華縣）刺史。然而，太宗已經顯露殺機，臣子為君分憂，怎能坐視。有個名叫員道信的人，有些神通，且通曉佛法，李君羨非常敬慕，與其過從甚密。御史遂羅織罪名，奏稱李君羡勾通妖人，圖謀叛亂。太宗立即下令將其誅殺，全家抄沒。可憐驍勇善戰的李君羡竟死於民間讖語，當真冤屈。以至於後人常為其鳴冤叫屈：蘇軾說：「漢景帝以鞅鞅而殺周亞夫，曹操以名重而殺孔融……唐太宗以讖而殺李君羡，武后以謠言而殺裴炎，世皆以為非也。」就連千年以後的毛澤東也說：「冤死一個李君羡，還有千千萬萬個李君羡。」

話說高宗雖然是個怕老婆的男人，但畢竟是個男人，還是個皇帝，武后的作威作福難免有讓他氣不順的時候。可悲的是，他稍有怨言，就會遭到武后的一頓狠揍，甚至大臣都要跟著倒大楣。高宗私下向宰相上官儀大吐苦水，上官儀老眼昏花，竟然唆使窩囊的高宗廢黜武后。兩人正在偷偷起草詔書，不料高宗的一舉一動，全在武后的掌控之中，她很快得到了密報，毛髮倒豎，怒不可遏地打上門來，母后般的厲聲呵斥。高宗哪見過這等陣勢，一下子蔫了下來，膽怯得像個做錯了事的孩子，甚至還有些害羞。他不住地給武后賠不是。為了撇清自己，乾脆把上官儀給賣了，「我一點也沒這個想法，都是上官儀這老兒出的餿點子。」武后轉身讓許敬宗操辦，說上官儀和太子李忠（高宗與宮人劉氏所生，王皇后收為養子）合謀造反。結果上官儀父子死於獄中，太子忠死在流放地。武后一跺腳，就碾碎了高宗殘存的一點反抗意識。

武后斬草除根，一石二鳥，既震懾了異見人士，又連帶清除了潛在對手。

走到這一步，武則天才算是武則天了。皇帝丈夫還有將來的皇帝兒子，在她眼裡，只是玩偶而已。

利用上官儀事件，武后主動提出聽政，要從幕後走到前台，「理虧」的高宗哪有不答應的道理、不答應的膽量？史無前例的「二聖」時代來臨了。皇帝稱天皇，皇后稱天后。《資治通鑑》如此評價這一歷史性事

6 〔北宋〕司馬光，《資治通鑑》，卷一九九。類似附會之說甚多，如唐代筆記《龍城錄》〈武居常有身後名〉載：武居常，天后高祖也。……一日，伊水上過一丐者，曰：「郎君當有身後名。面骨法當刑。然有一女，當八十年後起家暴貴，尋亦浸微。」

件：「自是上每視事，則後垂簾於後，政無大小，皆與聞之。天下大權，悉歸中宮，黜陟殺生，決於其口，天子拱手而已，中外謂之二聖。」[7]

表面上，天皇天后平起平坐，但實際上天后那豐滿碩大的屁股占據了整個皇帝寶座。官僚們匍匐在地，只能接受並習慣對一個女人俯首稱臣，也許此刻他們尚在自我安慰，我們是在叩拜「皇帝」。但習慣是個很可怕的事情，待皇帝變成武氏的時候，他們大多數的人已經習慣成自然地接收了這一悖逆祖制，悖逆人倫，大逆不道的事情了。

為了更符合天后的聖意，改元「上元」。這很有象徵意義。萬象更新，新時代降臨，同時祈求上元天官大帝賜福。天后的第一個舉措是建立自己的決策班底，史稱「北門學士」[8]。主要人物有：著作郎元萬頃，左史劉禕之、范履冰、苗楚客，右史周思茂、韓楚賓等。這是個典型的筆桿子集團，但在武后手裡，卻具有了刀把子的威力。這個新政治核心擔負的有三個具體任務：一是編寫《列女傳》，這實際上是為武后的統治合法性尋找歷史根據；二是分割宰相之權，這實際上是籌建政府內閣；三是編撰《臣軌》和《百僚新戒》，借這些類似公務員處罰條例的規章來約束臣下，增強意識，為下一步開展整風運動鳴鑼開道。

差不多同時，天后也沒讓自己的兩個太子閒著。兩個太子的廢黜，多少都與情有關。先是太子弘，他看到蕭妃的兩個女兒義陽公主和宣城公主被母后幽禁於掖庭，快四十了還不能出嫁，於心不忍，流露出同情，結果惹惱了天后，慘遭毒手，飲鴆而死。[9] 顯然天后不能容忍自己的兒子為自己情敵的女兒說情。政治鬥爭，你死我活，同情敵人，即意味著對自己的背叛。自古以來似乎沒人學會過同情對手，尊重對手，遑論讚揚對手了。接著是太子賢，溫文爾雅的他即便長期沉溺於註解《後漢書》的學術工程，也難逃劫數。

儀鳳四年（西元六七九年），長安城中發生一起無頭懸案，「通靈大師」明崇儼遭盜賊暗殺，兇手逃逸。天后既怒且悲。當初明崇儼曾密稱「英王（李顯）狀類太宗」（李顯懦弱至極，太宗英武至極，真不知崇儼大師是怎麼看出二人相像的），而宮人當中潛議「李賢是天后的姐姐韓國夫人所生」。種種傳聞都令天后心中不快，對幾個兒子加緊提防，也曾多次責問李賢。李賢心中憂懼，言談舉止想必有些失措。天后多疑成性，竟然懷疑明崇儼之死是太子李賢所為，隨即派人搜查太子府第，查出鎧甲三百餘副，太子百口莫辯，天曉得這些招禍的玩意兒怎麼跑進了自己的宅院。太子遂因謀逆罪被捕囚禁。天皇愛子心切，鼓足了勇氣，去哀求天后。天后怒斥道：「為人子心懷謀逆，天地不容，大義滅親，何可赦也」。次年，李賢流放巴州（今中國四川巴中市），三年後被天后爪牙丘神勣逼令自殺。天朝「大師」何其多也，天后何以至此呢？明崇儼與天后的曖昧關係盡人皆知，故而天后不惜以殺子為代價為自己的準面首報了一箭之仇。

在向權力高峰頑強攀登的過程中，天后身上那種好勇鬥狠的蛇蠍天性得到了極端強化，從而成為一個敢於鬥爭並善於鬥爭的革命女強人。她信奉一鬥到底的人生原則。與男人鬥，其樂無窮；與女人鬥，其樂無窮；與親人鬥，其樂無窮。在絕對權力的支持下，天后的超強霸氣發揮得淋漓盡致，以至於男女性別的自然法則都被打破。天后的原則是，皇后可以亂搞男人，皇帝不能正搞女人。顯然，這已遠遠超出了「只許州官放火，不許百姓點燈」的荒謬限度。

天后一方面不斷剷除那些與高宗親近的女人，這當中有她的姐姐，也有自己的外甥女，一方面對後宮制度進行改革和整頓，最終使高宗過上了一夫一妻制的清教徒生活。變更名銜之後的嬪妃由皇帝姬妾變成

7 〔北宋〕司馬光，《資治通鑑》卷二〇一。

8 北門學士也就是翰林學士。因翰林門在大明宮側門右銀台門北邊，故稱北門。

9 武后就是這麼有創意。做錯事的人都會以吃錯東西的方式死掉。想想武后的姐姐賀蘭夫人，就是在和武后同桌進餐的時候，食物中毒的。

內廷官僚。[10]天后推行的「去女性化」措施，對於高宗來說，近在眼前的女人已變得遠在天邊。如果說丟失權力，高宗尚且能夠忍受，那麼不近女色，對他來說比死還難受。人，總得找點喜歡的事做。果然，沒過幾年，心有不甘的高宗在鬱鬱寡歡中死去。死在洛陽，死在天后的股掌之中。他五十五，她六十，本命年。她曾經把他看作自己的命運之神。

看朱成碧思紛紛，憔悴支離為憶君。
不信比來長下淚，開箱驗取石榴裙。[11]

她不禁想起三十年前在感業寺寫下的這首詩。但她懷疑，自己的眼淚真的是為這個男人流的嗎？[12]關於這首詩的來歷，還有一個頗具諷刺意味的說法。千金公主，即高祖的小女兒，在向武后進獻了孔武有力的馮小寶後，又幹起了皮條客的營生，為武后貢獻新寵，武后使用後，深表快慰，可謂是稱心如意，於是乎改年號為如意。想必武后使用過頻，這位猛男入宮僅僅一年就精盡而亡了。武后為自己的貪玩很懊悔，時常思念，於是乎寫了這首飽含深情的詩。

竊聽風暴

西元六八四年，天后的第三子李顯即位，改元嗣聖，是為中宗。天后成為皇太后，臨朝稱制，依舊大權在握。短短三十六天之後，李顯這個可憐蟲就因為一句大話而惹毛了母后，丟掉了皇位。

李顯初登大寶，驚恐之中卻有些小激動，他躍躍欲試，重用老婆韋氏的家人，試圖組建自己的小圈子。一日，李顯想任命自己的老丈人韋元貞為侍中（宰相），中書令裴炎以為不可。李顯大怒，一怒就開始說昏話：「我就是把天下讓給韋元貞，也沒什麼不可，難道還吝惜一個侍中嗎？」裴炎聽後很無奈，只好報告了太后。太后很生氣，後果很嚴重，李顯的第一次皇帝之旅就此草草收場。也開啟了他的另一段旅程，流亡之旅。他被廢為廬陵王，貶出長安。先後被軟禁於均州（今中國湖北丹江口市）和房州（今中國湖北省房縣），十四年中擔驚受怕，飽嘗人世艱辛。

李顯被廢黜後，弟弟李旦順勢接班，改元文明，是為睿宗。睿宗頭頂皇冠，卻住在偏殿，正房都不准踏入，傀儡生涯一下子就是七年。大唐政事皆決於太后。朝中事務大抵如此，波瀾不驚。

驚心動魄之地是在坊間。這天，十幾個禁衛軍的兵士在飯店喝酒。酒意漸濃，不免有些燻燻，一人似乎已經神志不清，脫口說出，「現在要想升官發財，就去投奔廬陵王。」眾人詢問原因之際，其中一人心頭一震，暗暗記下，藉故離開，出門就直奔北門，向太后的祕書打了小報告。現在的人借酒拉近關係，不熟的人，幾杯黃湯下肚，也就熟了，並常說「酒後吐真言」，酒場上也多肆無忌憚之語。但卑鄙之徒則借酒套話，攫取利益。喝酒豈止誤事，還能要人性命。

這頓飯還沒有吃完，國安就闖了進來，逮個正著。一鍋端到了皇宮大獄。說話者被斬首，聽眾則全部以「知反不告」被絞死，告密之人則得五品官。一頓飯，不！一句話，命運頓然逆轉。禍從口出，福從口來。食從口，言從口。古人食言並重，真真經驗之談。

太后坐鎮宮中，俯視眾生，不露聲色地在大唐帝國掀起了一場血雨腥風的告密風暴。朝廷內外，尤其是李唐宗室，人人自危，承襲祖父李勣爵位的英國公李敬業及弟弟李敬猷聯合駱賓王等一批遭貶的下層官員，彙集揚州，打出了匡復廬陵王的旗號。他們打開府庫，占領錢坊（相當於古代的銀行），釋放囚徒，發

---

10 陳弱水，〈初唐政治中的女性意識〉，收錄：鄧小南主編，《唐宋女性與社會》，下冊，上海辭書出版社，2003年，第664頁。

11 〔唐〕武則天，〈如意娘〉，《全唐詩》，卷五五。

12 李永祜主編，《奩史選注》，中國人民大學出版社，1994年，第372～373頁。

放武器，幾天工夫就聚集精兵十萬，一時風起雲湧，蔚為壯觀。

大才子駱賓王激情澎湃，奮筆疾書，中國戰爭史上最著名的一篇檄文橫空出世。文中曆數武氏之罪孽，激勵國士奮起，為國鋤奸，膾炙人口之警句比比皆是。例如：

「偽臨朝武氏者，人非溫順，地實寒微。昔充太宗下陳，嘗以更衣入侍，洎乎晚節，穢亂春宮。密隱先帝之私，陰圖後庭之嬖，踐元後於翬翟，陷吾君於聚麀。」「加以虺蜴為心，豺狼成性。近狎邪僻，殘害忠良。殺姊屠兄，弒君鴆母。人神之所同嫉，天地之所不容。猶復包藏禍心，窺竊神器。君之愛子，幽之於別宮；賊之宗盟，委之以重任。嗚呼！霍子孟之不作，朱虛侯之已亡。燕啄皇孫，知漢祚之將盡。龍漦帝后，識夏庭之遽衰。」「班聲動而北風起，劍氣沖而南斗平。暗嗚則山嶽崩頹，叱咤則風雲變色。」「一抔之土未乾，六尺之孤安在！」「試觀今日之域中，竟是誰家之天下！」

太后見檄，拍案叫絕，大呼：「如果我不是我，我也要反對我！」並且質問：「宰相怎麼能遺漏這樣的人才！」

太后在朝廷做了三件事：

一是追削李敬業祖考官爵，發冢斫棺，收回賜姓「李氏」，複姓徐氏[13]；取消優待和榮譽表明中央的政治姿態。想不到，老徐家的祖宗死了都不踏實，竟落得個「發冢斫棺」的下場。太后此舉，倒是頗有女人撒潑的風采。

二是調兵遣將，命李孝逸為左玉鈐衛大將軍、揚州行軍大總管，將兵三十萬，討伐叛軍。李孝逸乃淮安王李神通之子，博學多才，乃太后愛將。

三是消弭朝中的反對聲音，傳遞出堅決平叛的意志，將反對用兵的內史（宰相）裴炎處死，借此打擊異己勢力。

起兵矛盾對準太后，實乃生死存亡，絕無妥協之餘地。不知趣的裴炎竟然勸告太后還政皇帝，叛亂可不討自平。結果遭人指控為勾結叛軍，被投入大牢。有人勸他向太后悔過，裴炎正色道：「宰相下獄，安有全理！」大臣們紛紛抗議，「如果裴炎都謀反，那把我們也算上。」儘管文武大員好多人都為裴炎作證，有人還為此下獄。最終裴炎仍是被處斬。他死前，對兄弟說，「你們官職都是憑自己本事掙來的，我沒幫上一點忙，現在卻要因為我流放邊疆，實在對不起！」又對太后說，「你從我家沒抄到一點值錢的東西，真是不好意思！」[14]

太后秋後算帳，幾個曾為裴炎求情的宰相無一倖免。劉齊賢貶吉州（今中國江西吉安）長史，胡元范流放瓊州（今中國海南），郭待舉貶岳州（今中國湖南嶽陽）。劉景先幾度遭貶，最終被逼自殺。身在北疆前線的單于道安撫大使、左武衛大將軍程務挺因密表申冤，被指控「與裴炎、徐敬業通謀」，下詔斬殺於軍中，並查抄其家。程務挺驍勇善戰，威震邊關，突厥因之不敢南下牧馬。待到突厥聽說程務挺死了，無不宴飲相慶；歡慶之餘，甚是惋惜，就為程務挺立祠，每次出使，必要禱告敬拜。想不到，敵國的心腹大患，不死於沙場，卻死於本國主子之手，武氏真是自毀長城。

叛亂者恢復中宗年號，並找了一個長相酷似太子李賢的人。宣稱「李賢就在揚州城，他讓我們舉兵造反。」當時，叛亂者有兩個方案，一是打出匡復唐室旗號，趁熱打鐵，一鼓作氣，拿下洛陽；一是占領金陵，

13 李勣本名徐世勣，字懋公，為瓦崗軍李密部下，歸降李唐後，高祖李淵賜其姓「李」，後為避太宗李世民名諱而改名為李勣。命運之詭譎無過於此。當年其乃祖巧使四兩撥千斤之手法，將武則天推向皇后寶座，他萬沒想到嫡孫竟會以如此方式毀掉他的一世英名和全族性命。「勣諸子孫坐敬業誅殺，靡有遺胤，偶脫禍者，皆竄跡胡越。」（〔後晉〕劉昫等，《舊唐書．李勣列傳》）

14 忠於李唐的裴炎早已做好以死盡忠的準備。早在嗣聖元年（西元六八五年），武承嗣請立「武氏七廟」，裴炎進諫道：「太后母儀天下，不應偏私於親屬。難道太后忘記呂氏敗亡的教訓了嗎？」太后道：「呂后將權力交給生者，因此失敗。現在我不過是追尊死者，有什麼妨礙呢？」裴炎道：「應當防微杜漸。」太后不悅。睚眥必報的武氏此刻就已經記恨上了這位「老頑固」。裴炎之死也就是早晚的事兒了。

建立根據地，然後問鼎中原，攻守兼備，進退有據。但徐敬業偏偏選擇了一個失敗性最大的方案。有識者當即指出，徐敬業「不併力渡淮，收山東之眾以取洛陽，敗在眼中矣」。因為「山東豪傑以武氏專制，憤惋不平，聞公舉事，皆自蒸麥飯為糧，伸鋤為兵，以俟南軍之至。不乘此勢以立大功，乃更蓄縮，欲自謀巢穴，遠近聞之，其誰不解體！」後人評論說，徐敬業如能直指河洛，專以匡復為事，縱然失敗，也不失為忠義之士；但他妄希金陵王氣，謀圖割據，以叛逆之心起兵，必敗無疑！

開始官軍數戰不利。最後藉著天氣乾燥，因風縱火，大敗叛軍。徐敬業挈妻子準備入海投奔高麗。由於風浪太大，被擱在岸上。叛將王那相起了反心，割下徐敬業兄弟及駱賓王的首級投降朝廷。[15]

平生一顧重，意氣溢三軍。
野日分戈影，天星合劍文。
弓弦抱漢月，馬足踐胡塵。
不求生入塞，唯當死報君。

——〔唐〕駱賓王．《從軍行》

作者出身寒門，七歲能詩，號稱「神童」。才華橫溢，早負盛名，一腔抱負，志在沙場揚威，報效君王。為了理想亦曾從軍西域，宦遊蜀中。或戍邊，或入幕，雖一介書生，卻志在建功立業。這首《從軍行》就是作者志向的體現。無奈時運不濟，命途多舛，宰相遺才，報國無門。加之武后荼毒天下，令性格桀驁剛烈的駱賓王心中忿恨，待到遇上一幫同病相憐的同道之人時，互倒苦水，共同罵娘，遂有揚州起兵之事。但徐敬業本非可托之主，賓王當真不知乎？惜哉！悲哉！

短命的叛亂，虎頭蛇尾，草草收場。朝野內外，反抗者文的失敗，武的也失敗。太后笑了。在太后的笑聲中，整個帝國都感到了不寒而慄的死亡恐慌。她迅速加大了告密的力度和步伐。垂拱元年（西元六八五年）二月，平定叛亂後僅僅二個月，太后就迫不及待地頒布了正式的「告密法」。規定「朝堂所置登聞鼓及肺石（肺石因石色赤如肺而得名），不須防守，有擊鼓或立石者，令御史受狀以聞。」恐怖之網鋪天蓋地，罩到了每一個人頭上。唯有太后一人能夠收網。

血雨腥風

武則天不是告密政治的發明者，專利權屬於漢武帝。但她確實後來居上，將「告密」發揮得淋漓盡致。她是這樣的女人，做事不是第一，就是力爭最好。在中國告密政治史上，武帝和武后堪稱一對最佳男女拍檔[16]。然而，此二人卻還難稱「登峰造極」，因為千年以後，史元帥和毛太陽將其發揮到了無以復加的境地。

告密政治是一種恐怖政治。它的特點之一是每個人都獲得了空前的平等性。每個人都有平等的機會和權力去指控他人、誣告他人、陷害他人。每個人都被獨裁者授予了誹謗他人和殺害他人的合法權力。這是一場前所未有的人人害我、我害人人的群眾運動。運動的規則是所有人都必須盡情表達出對一個人的效忠，運動的結果則是每個人都不知道如何才能表達出對這個人的效忠。

太后雷厲風行，但又有條不紊。她不但有計畫，而且有創意。她首先設計了檢舉箱。它由四個銅匣組成。每個銅匣有四格，各有機關，表疏可入不可出。銅匣放置在一個功能齊全的專門房間。既方便投放不同資料，

15 五年後（永昌元年，西元六八九年），徐敬業的另外一個弟弟徐敬真又引發了一場驚天大案。徐敬真從流放地繡州逃走，打算投奔突厥，路過洛陽，得到朋友洛州司馬房嗣業、洛陽令張嗣明一些資助。到了定州，為官府所獲，房嗣業縊死，張嗣明、徐敬真被誅，籍沒其家。朝野之士連引坐死者甚眾。彭州長史劉易從也受此案牽連，被就地處死。吏民憐其無辜，競解衣投地說：「為長史求冥福。」有關部門評估，這些衣服多得竟達十多萬錢。

16 宋朝洪邁大概是最早將二武並提的史家。「漢之武帝，唐之武后，不可謂不明，而巫蠱之禍，羅織之獄，天下塗炭，后妃公卿，交臂就戮，後世聞二武之名，則憎惡之。」（〈漢唐二武〉，《容齋續筆》，卷五）

又便於保密。房中東西南北四角各置一個檢舉箱，並賦予其相應的含義。東方「延恩」，用來投置歌功頌德的文章和向朝廷求職的簡歷；南方「招諫」，用來投置批評朝政的文章；西方「伸冤」，用來投置喊冤的訴狀；北方「通玄」，用來投置評論天象災變及軍國大事的信件。太后希望這能讓她實現對天下大小事情的完全掌控。繼而她下旨，凡有告密者進京，不管是農夫還是樵夫，地方官一律不得盤查和刁難，必須妥善安置在官府驛站，並按照五品官員的伙食標準來盛情招待，還要提供交通工具，最後安全地送到太后行宮。如果所說符合太后心思，平步青雲；如果所說不實，不予追究。最初，大多人將信將疑，繼而有人衣錦還鄉，最終則是趨之若鶩。千年以後的「大串聯」[17]想必是受此啟發。

這是一個胡說就能做官的年代，這是一個黑白顛倒的年代，這也是一個無比亢奮的年代。似乎真的是言論自由了。當然，所有的言論最終都是說給獨裁者聽的，也只有獨裁者聽到這些言論才有意義，於是謠言四起，密探遍地，人人狂熱，人人自危。

尚書都事周興、京城混混來俊臣糾集無賴數百人組成一個遍布朝野的龐大告密集團，專以誣告為能事。一人指控，百人起鬨。很快，周興竄升秋官（刑部）侍郎，來俊臣爬到御史中丞。來俊臣與徒弟侯思止、萬國俊等人還合寫了一本告密政治的經典著作《告密羅織經》，有系統地總結了形形色色的告密手段和誣告技巧，詳細講解了網羅無辜、織成反狀的具體方法和詭祕技術，堪稱告密「紅寶書」。據說，宰相狄仁傑看完《羅織經》後，驚出一身冷汗。武則天看完則歎道：「如此機心，朕未必過也。」

胡人索元禮，因告密而擢升為游擊將軍。他生性殘忍，擅長株連，推一人必令引數十百人。太后把抓到的人都交給索元禮拷問。索元禮充分發揮想像力，發明了無數種酷刑，其中最駭人的是十個大枷：「定百脈」、「喘不得」、「突地吼」、「著即承」、「失魂魄」、「實同反」、「反是實」、「死豬愁」、「求即死」、「求破家」。他還為種種慘無人道的酷刑賦予了很多生動的名號，諸如：以椽關手足而轉之，謂之「鳳皇曬翅」；以物絆其腰，引枷向前，謂之「驢駒拔撅」；頭戴枷鎖，吊掛於樹，謂之「犢子懸車」；使跪捧枷鎖，累磚其上，謂之「仙人獻果」；使立高木之上，枷柄向後拗之，謂之「玉女登梯」；或倒懸石縋其首，或以醋灌鼻，或以鐵圈轂其首而加楔，至有腦裂髓出者。總之聞所未聞，稀奇古怪，林林總總的的酷刑不下數十種。

這批「人頭羅剎」般的酷吏中，更有後來居上的所謂「三豹」，即監察御史李嵩、李全交，殿中侍御史王旭。三人各有諢號，李嵩為「赤黧豹」，李交為「白額豹」，王旭為「黑豹」。三人皆「狼戾不軌，鴆毒無儀，體性狂疏，精神慘刻」。審訊之前，「必鋪棘臥體，削竹籤指，方梁壓踝，碎瓦搘膝。」犯人見了無不驚恐萬狀，望風自誣。「肆情鍛鍊，證是為非，任意指麾，傅空為實。」就連周公、孔子也自認殺人，伯夷、叔齊也甘願伏罪。以致酷吏前輩，來俊臣、索元禮之流也要自愧不如，甘拜下風。那些被指控者無不心有餘悸地說，「牽牛付虎，未有出期；縛鼠與貓，終無脫日。妻子永別，友朋長辭。」就連京裡人打賭也要說，「若違心負教，橫遭三豹。」[18]

致命的恐懼深入骨髓，沒有骨氣的軟骨病就成為官場流行的職業病。最噁心的是侍御史郭霸竟然恬不知恥地大吃來俊臣的糞便。[19]這是一個盛行革命的時代（武后稱制被稱作「則天革命」），也是一個大建天堂的時代（武則天先後建造兩次都失敗了），還是一個官員大躍進的時代（告密即可得官），同時更是一個接連突破人性底線、人性降至谷底的時代。

17 文革用語，從1966年9月5日起，大、中學校在中國全國範圍內「大串聯」，到全國各地點燃「革命火種」。這種數以千萬人計的乘車、吃飯、住宿都不要錢的「大串聯」，給鐵路運輸和國民經濟帶來極大的壓力，造成秩序嚴重混亂。而且，這種串聯活動使各地的文革和派系鬥爭更為激化，在社會上產生了極大的混亂。

18 〔唐〕張鷟，《朝野僉載》，卷二。

19 〔唐〕張鷟，《朝野僉載》，卷五。

在太后的暴政指令下，劊子手們以一天等於二十年的大躍進速度，使朝野頓時變成了一個鴉雀無聲的恐怖鬥獸場。血肉橫飛的慘像在太后眼中卻是那麼的賞心悅目。

六十出頭的太后，心理年齡卻驚人年輕。她感覺自己的第二春來了，對血腥氣依然充滿著不可思議的痴迷。當年，預測家李淳風說，人老了心會變得慈悲，好像沒說中。她每天都要聽到最新的殺人消息，否則就會食不甘味，夜不能寐。酷吏集團現在成為太后的新寵兒。她要求酷吏隨時報告新刑具的發明和使用效果，以及新破獲的謀反組織和個人。她尤其喜歡深夜召見酷吏，一邊舒適地半躺半臥在番邦進貢的象牙床上、七寶帳中，一邊悠閒自得地聽著劊子手們興奮的邀功和匯報。沒人知道她身體的祕密。她驚喜地發現身上已顯乾枯的皮膚似乎正變得光滑滋潤。嗜血的盛宴讓太后和酷吏胃口大開，漸漸使那搖曳的燭光散發出了曖昧的色情氣息，豔麗的床幃也越發陷入一種濃濃的淫蕩慾念。不必諱言，從高大壯碩的和尚到削瘦精幹的酷吏，太后都有興趣嘗試。她深信不疑，這是自己生命力旺盛的表現，也是延續活力的保證。

陰謀陽謀

恐怖政治的高壓迫使人人都想發瘋。這正是太后的打草驚蛇之計。但這更像是貓抓老鼠的遊戲。李唐宗室之中，一幫驚恐不安的「小白鼠」漸漸聚集起來。韓王李元嘉、霍王李元軌、魯王李靈夔、越王李貞及李元嘉之子李譔、李元軌之子李緒、虢王李鳳之子李融、李靈夔之子范陽王李藹、李貞之子琅邪王李沖，都是宗室當中最具感召力的領袖人物。在太后充滿猜忌的目光中，王子王孫們悄悄進行著一場復辟陰謀。

垂拱四年（西元六八八年），李譔先是以皇帝李旦的名義給李沖寫了封密信，「朕遭幽禁，諸王發兵速來救我。」李沖又偽造皇帝詔書，告知諸侯王，「武氏篡我李唐神器，不反不行。」范陽王李藹對大家說，「我們四方諸王一齊動手，定能匡扶基業。」

八月，琅邪王李沖募兵五千多人，率先在博州（今中國山東聊城）起兵，七日兵敗被殺。他的父親越王李貞聞李衝起，亦舉兵於豫州（今中國河南汝南）。九月，將五千兵馬分為五營，火線突擊提拔九品以上官員五百多人。李貞使道士及僧侶誦經祈禱，以求事成，左右及戰士皆帶辟兵符。誰知，並未刀槍不入，鬥爭旋即失敗。李貞與妻子自殺。

原本商量好一起動手，結果事到臨頭，卻都成了縮頭烏龜，除李貞倉促相應外，諸王皆作壁上觀，焉有不敗之理。

復辟失敗，太后趁機擴大戰果，指使周興等爪牙進行搜捕、誅殺諸王。這是一份長長的但並不完整的皇室成員名單。

東莞公李融被人告密，和江都王李緒一併被斬首於市。汝南王李煒、鄱陽公李諲等宗室十二人被殺，家屬發配嶲州（今中國四川西昌市）。捎帶著也殺了鄱陽公李諲的岳父天官（吏部）侍郎鄧玄挺。殺宗室鄂州刺史嗣鄭王李璥等六人。殺零陵王李俊、黎國公李傑。[20] 韓王李元喜、魯王李靈夔、黃公李譔、常樂公主被抓到東都，迫脅其自殺，更其姓曰「虺」，親黨皆誅。「虺」是古書上說的一種毒蛇。

紀王李慎確實沒參與諸王起兵，也被抓捕，死於流放途中。其長子東平王李續等人，也相繼被誅，家徙嶺南。霍王李元軌因與越王李貞合謀，流放黔州，檻車押送，死在半道。太平公主的丈夫薛紹以及他的兩個哥哥皆因與琅邪王李沖通謀而入獄。結果兩個哥哥被殺，薛紹因太平公主求情，得以免死，仍被打入死牢，杖一百，餓死於獄。滕王李元嬰之子李修琦等六人流放嶺南。

20 零陵王李俊是高宗之子零陵李王明的兒子。高宗死的前一年，武則天指使黔州都督謝佑，逼零陵王李明自殺。謝佑平時都和十幾個大小老婆一塊睡覺，有天夜裡卻被人砍掉了頭。零陵王李俊被殺後，在他家裡找到了謝佑的首級，已經漆成尿壺，上面刻著「謝佑」兩字。估計是李俊使刺客所為。

越王李貞一案，牽連多達六七百家，更有五千口人被罰為官奴，一律流放豐州（今中國福建福州市）。

醴泉（今中國陝西禮泉縣）人侯思止，文盲，此人生性詭譎，無賴之徒。原本是個賣燒餅的小販，估計燒餅烤的也不怎樣，生意不好，生活無以為繼，就跑去渤海高元禮家中為奴。恆州刺史裴貞曾經杖責一個下屬，此人懷恨在心，遂指使侯思止誣告裴貞勾結舒王李元名（高祖第十八子）謀反。周興奉旨查辦，結果李元名父子先後被殺；裴貞亦遭滅族。侯思止鹹魚翻生，借此發跡，官封游擊將軍。高元禮深諳見風使舵之術，眼瞅著侯思止一夜之間，從下賤的奴僕躍升為朝廷命官，令這位昔日的主子不禁大為驚恐，遂改稱侯思止為「侯大哥」，極盡諂媚之事。他深知侯大哥不學無術，斗大的字不識幾個，就給他建議：「當今聖上，不拘一格降人才，如果有人說大哥您不識字，您就說：『獬豸獸』也不認字，但照樣能分辨忠奸。」女皇果然這樣詢問，侯思止逐字複述，果然龍顏大悅，立馬提拔他做了朝散大夫，左台侍御史。

當初，侯思止看見鄰家賣瓜，就想拿一個，瓜主不給。侯思止懷恨在心，跑去官府說那人的瓜地裡有白兔，縣官貪鄙，派人去抓，結果將瓜地踏了個稀巴爛。於是侯思止發跡後，人稱「白兔御史」。

魏王武承嗣使周興羅告罪名，誣告澤王李上金（高宗第三子）、許王李素節（高宗第四子）謀反，結果李素節被縊殺，李上金被自殺。其諸子及支黨悉數被誅。殺南安王李穎等宗室十二人，又鞭殺太子李賢二子。

宗室李孝逸文武雙全，又平定了徐敬業叛亂，深受武后寵幸，遂遭到武承嗣嫉恨，遂行誣告之事。謊稱李孝逸曾自誇：「名中有兔，兔，月中物，當有天分」。太后因李孝逸曾有功，大發善心，沒有斬立決，而是削除名籍，流放儋州而死。

女皇殺子屠孫，意興闌然。短短三年工夫，唐之宗室殆盡。被殺諸王、妃、公主、駙馬等，皆拋屍荒野，無人埋葬。其幼弱存者多流放嶺南，或拘囚歷年，或逃匿民間，為人傭保。此外，又株連親黨數百家。惟有千金長公主因多次進獻猛男，又自請給女皇當孝女，改姓武氏，故以巧媚得全。其餘者，像嗣雍王守禮、永安王守義、長信縣主等雖也被賜姓武氏，仍無助於命運的改變，照樣還是與睿宗諸子一起幽閉宮中，不見天日，一關就是十來年。每年還要挨幾頓板子，傷疤層層累結，屁股上「瘢痕甚厚」，坐火爐上半天都沒知覺。

皇嗣（睿宗，其實是廢帝）更是受到高規格的監禁。尚方監裴匪躬、內常侍范雲仙就是因為私謁皇嗣，被腰斬於市。自是公卿以下皆不得見。雖已形同囚犯，但皇嗣仍然不斷躺槍，有人告發他潛有異謀，女皇命來俊臣拷打訊問皇嗣左右，左右不勝楚毒，皆欲自誣。太常樂工安金藏大呼，「願剖心以明皇嗣不反。」引佩刀自剖其胸，五臟皆出。女皇聽聞後，不禁吃了一驚，急令轝入宮中，叫御醫全力搶救。先將五臟放回肚子，以桑皮線縫之，再敷以靈藥，經夕復生（玄宗即位，追封代國公）。[21] 女皇親自探望，難過地說：「沒想到我親生兒子的清白還要讓你來證明。」皇嗣由是得免。

皇嗣倖免卻未能保護自己的女人安全。長壽二年（西元六九三年）宮婢團兒為太后所寵信，恨皇嗣和她一夜激情卻又不給她名分，就誣告皇嗣妃劉氏、德妃竇氏為巫蠱詛咒女皇。第二天，劉妃與德妃在朝見女皇之後，被一塊殺掉，埋於宮中，莫知所在。懦弱的皇嗣見了母皇一句話不敢多說，莫須有的罪名，不問情由的殺戮，自己的女人活不見人死不見屍，就像什麼事也沒發生一樣。團兒還不解恨，又要報復皇嗣，皇嗣不得已說出了實情，女皇就殺了團兒。

是時，告密者皆引誘奴婢告發主人，以求功賞。

德妃的父親竇孝諶為潤州刺史，德妃死後，母親龐氏受到驚嚇，夜不能寐，就常常半夜起來做法禱解，遭家奴誣告，說她懷恨在心，詛咒太后。太后令監察御史薛季昶審訊，薛季昶就向太后稟報，指控龐氏詛咒屬實，當斬。其子竇希瑊向侍御史徐有功訟冤，徐有功秉公執法，認為無罪。薛季昶就攻擊徐有功包庇

21 〔唐〕李亢，《獨異志》，卷上。

叛黨，法司判處徐有功絞刑。女皇召見徐有功，「你為什麼要放走那些罪犯？」他說，「錯放，是我的小過；好生，是你的大德。」太后說，「朕可以饒龐氏一命（與其三子皆流嶺南，孝謀貶羅州司馬），但不能放你一馬，這官你就別做了。」

在這樣一個光怪陸離的時代，一抹亮色便足以永恆。

太后是個很記仇的人，睚眥必報。當初，高宗不斷將權力出讓給武后，宰相郝處俊多次勸阻，從而得罪了武后。若不是郝處俊言行謹慎又死得早，武后一定不會放過他。[22]正好有奴僕誣告郝處俊的孫子郝象賢謀反，太后想起了往日的仇怨，新仇舊恨一起算，命令酷吏周興負責此案，結果判處郝象賢滅族罪。郝家人大呼冤枉，不斷向監察御史任玄殖申訴。任玄殖上奏朝廷，聲稱判定郝象賢謀反證據不足，太后很不滿，覺得任玄殖瞎搗亂，直接將其官帽摘了。郝象賢臨刑前，破口大罵太后，將宮裡種種見不得人的勾當一股腦兒的抖了出來，聽得圍觀百姓目瞪口呆。太后惱羞成怒，下令將郝象賢碎屍萬段，並掘開其父親、祖父的墳墓，毀棺焚屍方休。自此以後，法官每次執行死刑，都要先用木丸塞住犯人的嘴，防止他們吐槽。郝象賢用死，推動了帝國的法制建設。

刀光血影使一切話語變得多餘。從聞聲殺人到殺人不聞聲，武則天創造性地將恐怖政治推向了史無前例的高峰。

大開殺戒

告密政治在酷吏中間引發了一場轟轟烈烈的競爭性殺人遊戲。

周興與索元禮、來俊臣競為暴刻，周興、索元禮所殺各數千人，來俊臣所破千餘家。酷吏們的殺人比賽使得眾多的鮮活生命成為一個個枯燥的數字。

周興奏誣宰相魏玄同對太后不敬，「太后老了，不如侍奉嗣君來得長久。」太后勃然大怒，不加審訊，就把他弄死在家裡。監刑御史房濟對魏玄同說，「你怎麼不告密呢，那樣就有機會面見太后，洗清冤屈。」魏玄同鐵骨錚錚，鎮靜地說，「人殺鬼殺，有何區別，豈能作告密之人！」周興又暗殺了夏官侍郎崔詧，甚至誣陷唐代名將——百濟人、右武衛大將軍燕國公黑齒常之謀反，將其下獄。黑齒常之自降唐始，大小數十戰，屢立戰功，戰功彪炳，如今卻背上了謀反的罪名，心中一片悲涼，遂在獄中含冤自縊。左肅政大夫、同平章事騫味道被周興指控參與宗室王公謀反，味道與其子騫辭玉皆被殺。

負責審理騫味道案件的是殿中侍御史周矩。當初，騫味道是周矩的上司，對周矩十分輕視，多次批評他「不能了事」。周矩奉命審理騫味道，得意洋洋的對老上司說：「騫公常責備我不了事，今天我一定要為騫公了事！」隨後他羅織罪證，將騫味道所謂的謀反罪名坐實。

秋官尚書南陽侯張楚金，為周興所陷，配流嶺表。[23]地官尚書、同鳳閣鸞台三品韋方質為人剛正，不肯依附於武承嗣、武三思之流，謊稱有病而不肯行禮，不久即遭周興搆陷，流放儋州（今中國海南儋州），籍沒其家。韋方質很快死去。值武氏改朝換代之前，內外大臣坐死及流貶數不勝數。

左金吾大將軍丘神勣為女皇剷平李唐宗室立下汗馬功勞，也是個令人聞風喪膽的屠夫。逼殺太子李賢，博州屠城，都是他的「傑作」。如今倒好，他也成為恐怖政治的犧牲品。更搞笑的是，有人告發周興與丘神

22 若非郝處俊等人的勸阻，高宗早就將位子讓給老婆了。上元「三年，高宗以風疹欲遜位，令天后攝知國事，與宰相議之。處俊對曰：嘗聞禮經云：『天子理陽道，後理陰德。』則帝之與後，猶日之與月，陽之與陰，各有所主守也。陛下今欲違反此道，臣恐上則謫見於天，下則取怪於人。昔魏文帝著令，身崩後尚不許皇后臨朝，今陛下奈何遂欲躬自傳位于天后？況天下者，高祖、太宗二聖之天下，非陛下之天下也。陛下正合謹守宗廟，傳之子孫，誠不可持國與人，有私於後族。伏乞特垂詳納。』中書侍郎李義琰進曰：『處俊所引經旨，足可依憑，惟聖慮無疑，則蒼生幸甚。』帝曰：『是。』遂止。」

23 〔唐〕張楚金，〈樓下觀繩伎賦〉，《全唐文》，卷二三四。

勣通謀。太后命來俊臣審訊。他請周興吃飯，嘆氣說：「現在的罪犯啊！個個嘴硬，我實在沒轍了。」周興說：「這太好辦了。取個大甕，用炭火四周圍起加熱，再將囚犯放入甕中，何事不招！」於是，來俊臣找來一口大甕，如法炮製，然後起身，對周興一拜，「請兄入甕。」周興頓時傻了眼，搗蒜一般叩頭求饒，終被流放嶺南。

然而，此等惡徒，躲得了公法，卻躲不過私法。周興作惡多端，為禍多年，仇家遍布四海，途中就被仇家殺掉。當月，丘神勣被斬於太乙門前菜市口，監斬官為武三思。

專制體制下的恐怖政治猶如一張遍布利刃的大網，百官黎民皆為魚蝦，不過大小肥胖有別爾，惟有漁夫收網撒網，掌控一切。

納言史務滋與來俊臣一塊審訊劉行感案件，來俊臣密奏史務滋與劉行感關係親密。太后命來俊臣將史務滋也一併抓起來，史務滋嚇得自殺。岐州刺史雲弘嗣被誣，殺人已經殺到手軟的來俊臣為圖省事兒，將其逮捕後，問都不問，直接斬首，再偽造證據上報。殺玉鈐衛大將軍張虔勖也是這個手法。來俊臣審張虔勖案，命衛士以刀亂砍殺，梟首於市。酷吏草菅人命，女皇卻敕旨褒獎酷吏辦案有功，海內聞風消音，箝口之術立竿見影。箝口之後擋不住做夢，於是就有了「夢遊」被殺者。鸞台侍郎、同平章事傅遊藝是個一年內歷經衣青、綠、朱、紫，火箭式竄升的「四時」幹部。或許這個官場的幸運兒太得意了，以至於做夢都淨是好事。這下，竟然夢見自己登上了湛露殿。一覺醒來，他覺得這是個吉兆，就私下說給好友聽，卻被告發，下獄，自殺。

來俊臣可謂酷而貪的標本。他向左衛大將軍泉獻誠索賄不得，就誣告他謀反，縊殺在獄中（沒過兩年，來俊臣坐贓貶同州參軍）。來俊臣誣冬官尚書蘇干與琅邪王沖通謀，殺之。來俊臣黨人羅告司刑府史樊惎謀反，誅之。樊惎之子擊鼓喊冤，沒一個法官敢受理，絕望之餘刨腹自殺。秋官侍郎劉如璇看見後，竊嘆而泣。來俊臣就說劉如璇同情叛黨，也應以叛黨論罪，就被流放絞州。死於來俊臣之手的還有太子少保、納言裴居道，尚書左丞張行廉，鸞台侍郎、同平章事樂思晦，右衛將軍李安靜，道州刺史李行褒兄弟全家。

箕州刺史劉思禮拜術士張憬藏為師，學習相人之術。張憬藏說劉思禮將來位至太師。劉思禮念太師位極人臣，非佐命無以致之，乃與洛州錄事參軍綦連耀謀反，陰結朝士，托相術，許人富貴。明堂尉吉頊得知後，就上報此事。女皇讓河內王武懿宗追查此事。武懿宗承諾劉思禮，只要「廣引朝士」，就免其死罪。於是，劉思禮為了保命開始胡亂咬人，凡是平時武懿宗瞧不順眼的，全都羅織了進來。鳳閣侍郎同平章事李元素、夏官侍郎同平章事孫元亨、知天官侍郎事石抱忠、劉奇、給事中周譒及王勮兄涇州刺史王勔、弟監察御史王助等，凡三十六家，無一倖免，皆海內名士，嚴刑逼供，屈打成招，皆族誅之，親舊連坐流竄者千餘人。待到借刀殺人的任務完成，劉思禮也因某犯罪被殺。

武懿宗自天授以來，秉承太后旨意，誣陷良善，不計其數。此人性情殘暴，加之身材短小，腰背彎曲，相貌醜陋，為時人所不齒。人稱「豺狼」。

長弓短度箭，蜀馬臨階騙。
去賊七百里，隈牆獨自戰。
忽然逢著賊，騎豬向南趣。
——〔唐〕張元一．《嘲武懿宗》

左司郎中張元一聽聞武懿宗率兵二十萬，討伐契丹時「敵軍未至，帥已逃跑」的醜聞後寫下了這首戲謔諷刺詩。前四句嘲笑武懿宗個子矮小，就像一支短箭，拉弓的時候無法射出去；即便是體型矮小的蜀馬，懿宗也搆不著，須從一個高台階上蹦到馬背上；距離敵軍尚有七百里之遙，「可愛」的懿宗卻已經靠在牆角獨自舞刀弄劍，好像已與敵軍交火。後兩句武則天不解，就詢問張元一：「懿宗不是有馬嗎？幹嘛要說他騎豬呢？」元一解釋說：「騎豬者，是夾豕走也。」（豬，即豕。豕、屎同音）原來是在嘲笑武懿宗還未見到敵人，就嚇得屁滾尿流，夾著屎（豕）逃命。武則天哈哈大笑。由於女皇「大悅」，所以武懿宗也沒敢把張元一怎麼樣。獨裁者的認可就是最有效的護身符。

有人告嶺南流人圖謀造反，女皇派遣司刑評事萬國俊下去復查。萬國俊到廣州，召集所有流亡人士，不分青紅皂白，就要強迫他們自殺。流人號呼不服，萬國俊就派兵把他們驅趕到河裡，全部斬殺，一天殺三百多人。然後偽造罪證，返京匯報。他認為其他各地流放犯，肯定也有怨望謀反者，應該盡快殺掉。女皇很滿意，擢萬國俊為朝散大夫、行侍御史。又派遣右翊衛兵曹參軍劉光業、司刑評事王德壽、苑南面監丞鮑思恭、尚輦直長王大貞、右武威衛兵曹參軍屈貞筠皆攝監察御史，分赴各地，誅殺諸道流人。劉光業等以萬國俊多殺蒙賞，爭效之。劉光業殺七百人，王德壽殺五百人，自餘少者不減百人，多年以來流放的各類犯人這次都被殺光了。女皇估計著人殺得差不多了，才假惺惺的發話「六道流人未死者可以和家屬還歸鄉里」。

衡水人王弘義，素來無行，見到村中老人在村邑齋堂禱告，遂胡亂誣告，說是老人們意圖聚眾謀反，冤案殺二百餘人，王弘義卻擢授游擊將軍，緊接著又升遷為殿中侍御史。有人誣告勝州都督王安仁謀反，安仁不服，王弘義二話不說就砍了他的頭，甚至連脖子上的枷鎖也懶得取下來。又把王安仁兒子抓來，也照此辦理，再將父子兩顆人頭裝在盒子裡，呈給女皇。路過汾州（今中國山西汾陽市），司馬毛公請他吃飯，這廝突然翻臉，令人將毛公推出去斬首，用槍挑著血淋淋的人頭回到洛陽，路人無不魂飛魄散。當時，女皇在麗景門內設置特別監獄，由來俊臣負責，凡入此獄者，非死不出，王弘義戲呼為「例竟門」。

當時，告密成風，密探遍布，朝士人人自危，見面都不敢打招呼，道路以目。因為不斷有人遭祕密逮捕，所以每天早晨上班時，都要與家人哭泣訣別：「不知能否再見？」[24]上班如赴刑場。滿朝文武皆如戴罪之囚，驚恐萬狀，朝不保夕。

女皇自垂拱以來，任用酷吏，先誅唐宗室貴戚數百人，次及大臣數百家，其刺史、郎將以下，不可勝數。

以至於每任命一批官吏，奴婢竟然私下嘀咕：「鬼僕又來矣。」意思是又來了一批做鬼的材料。旬月之際，輒遭逮捕和滅族。告密者不可勝數，蝗蟲般鋪天蓋地湧向京城，不可遏止的投機欲望驅動他們所過之處一片狼藉。持續十多年的恐怖政治已使太后開始厭煩和疲倦，殺戮與鮮血帶給她的興奮刺激也逐漸開始麻痺、消滅。

翻雲覆雨

恐怖政治沒有鮮花，但有花絮。

來俊臣羅織誣告同平章事任知古、狄仁傑、裴行本、司農卿裴宣禮、前文昌左丞盧獻、御史中丞魏元忠、潞州刺史李嗣真謀反。狄仁傑是個老獄吏，知道怎麼救自己。他先是痛痛快快地承認了謀反，為自己贏得了一點時間。接下來趁著監獄待報行刑，不復嚴備之際，狄仁傑撕裂被單，書寫冤狀，藏置綿衣中，對獄卒說，「天熱了，想讓家人把棉衣拿回去。」他兒子狄光遠得書，立刻對官府說他也要告密，女皇迅速召見他。女皇覽之，追問來俊臣，他矢口否認，「狄仁傑如果不反，怎麼會自己承認！」來俊臣又偽造狄仁傑等人的「謝死表」，使人奏之。女皇召見狄仁傑，問他「為何承認謀反」，他坦承，「若不承認，臣早就死了。」女皇又問，「為何作『謝死表』？」他矢口否認。出表示之，乃知其詐。這才將全家七人放了出來。

告密政治下，人性扭曲已成常態。為攫取高官厚祿，不惜以親人獻祭。殿中侍御史霍獻可，是司農卿裴宣禮的外甥。他對女皇發誓，「陛下不殺裴宣禮，我就死在你面前。」用頭猛撞殿階，血流沾地，以示為

24 同平章事李游道、王璇、袁智弘、崔神基、李元素、春官侍郎孔思元、益州長史任令輝，皆為王弘義所陷，流嶺南。

人臣不私其親。以後霍獻可上朝就總是用綠帛裹著傷口，並特意在幞頭下露出一點，希望女皇能夠看見，知道他的忠心。

有以朋友為犧牲者。長壽元年（西元六九二年）五月，禁天下屠殺及捕魚蝦。右拾遺張德生了個兒子，一高興，就偷偷宰殺了一隻羊宴請同僚，補闕杜肅吃飯時就偷了一塊肉藏到懷裡，回去給女皇打了小報告。次日上朝，女皇祝賀張德喜得貴子，張德大驚失色，叩頭服罪。太后賣個人情，「以後請客，也要防備小人。」拿出杜肅的告密信讓他看。向女皇出賣朋友的杜肅沒想到自己反被女皇所賣。從此他的臉就成為朝中人人得以唾之的肉痰盂。

暴政催生色情，從古到今，屢試不爽。

右司郎中喬知之有個小妾叫碧玉，能歌善舞，美貌異常，喬知之對她愛不釋手，甚至為之不娶妻。武承嗣藉口讓碧玉來家教姬妾妝梳，霸占不還。喬知之憤痛成疾，在白色絹帛上寫了一首《綠珠怨》，重金賄賂看門的，偷偷送給碧玉。

> 辭君去君終不忍，徒勞掩袂傷鉛粉。
> 百年離恨在高樓，一代容顏為君盡。[25]

碧玉看到詩後，淚流滿面，絕食三日，投井而死。等把屍體撈出來，武承嗣看到了碧玉裙帶上這首詩，大怒，指使酷吏羅告罪名，將喬知之滿門抄斬。

殿中侍御史王旭名列「京城三豹」，綽號「黑豹」，是個典型的性變態和性虐狂，他利用恐怖政治下打壓政敵的方便，對擄掠來的美女肆意玩弄，稍有不願配合者，就用繩子「勒其陰」，令粗壯大漢用竹片抽打陰部，痛苦難忍。有次，王旭把一個女子倒著懸吊起來，頭髮上還繫著一塊大石頭，逼迫她承認與長安尉房恆通姦。一連折磨三天，女子發誓說：「我死了也要到陰間報仇。如果閻王讓我轉世到宮中，我一定要向皇上申訴。死也不放過你。」王旭這才有些恐懼，把女子放了。[26]王旭陰損毒辣，又被人喚作「鬼面夜叉」。

關於王旭的覆滅，裡面還有個為兄復仇的故事。話說，宋王李憲（唐睿宗長子，本名成器）府中有個屬吏名叫紀希虯。他的哥哥在四川做縣官，因貪贓獲罪，王旭奉命前去審訊，此人好色成性，一眼看中了犯官的妻子，強行姦汙，然後添油加醋的將犯官罪行加中，判了死刑。紀希虯得知後，既痛且恨，無奈酷吏隻手遮天，只能迂迴復仇。他派家奴潛伏至王旭的工作單位御史台做僕人，並很快取得了王旭的信任。僕人留心觀察，將王旭收受賄賂的情形全都記錄在冊。待到受賄額達到千貫的時候，跑回府中將帳本拿給紀希虯看，希虯知道自己人微言輕，於是向主子宋王哭訴求助，宋王仗義執言，拿著證據去請皇帝定奪，下詔撤職查辦，終因巨額受賄罪，半貶半流式的降職為龍川尉（今中國廣東龍川縣）。誰知此人風光慣了，一遇挫折就想不開，竟然憤恚而死。海內無不拍手稱快。

來俊臣五毒俱全，倚勢貪淫，士民妻妾有美者，千方百計也要搞到手。先是威逼脅迫，若不得手，就使人羅告其罪，矯稱敕以取其妻，前後羅織誅人，不可勝計。他色膽包天，宰相以下的官員妻妾，他一個都不放過，他甚至造冊登記，然後按圖索驥，霸而占之，肆意染指。

時間久了，來俊臣又想開個洋葷。他聽說西突厥可汗斛瑟羅家有個姑娘，能歌善舞，就想搞到手，讓人誣告斛瑟羅謀反。這些番邦酋長便聯合起來，集體上訪，不惜自殘其體，以表忠心，在朝堂前以刀劃面、割耳、叫屈喊冤者數十人。（只是碰巧來俊臣被殺，才得倖免。）

利令智昏的來俊臣最後竟然膨脹到要羅告武氏諸王及太平公主，還說皇嗣李旦及廬陵王李顯與南北牙宿衛兵一起謀反。諸武及太平公主恐懼，共發其罪，「繫獄，有司處以極刑。」女皇欲赦之，奏上三日，按

25 〔唐〕張鷟，《朝野僉載》，卷二。

26 〔唐〕張鷟，《朝野僉載》，卷二。

下不出。女皇游苑中，宰相吉頊執轡，女皇問最近社會上有何議論，他說，「外面人都奇怪怎麼還不把來俊臣處死。」[27]女皇說，「俊臣有功於國。」說完長嘆一聲，「罷了，早死早超生吧！」

權力就是如此，它能迷失人的心性，竊取人的理智，拿去人的性命。正因如此，人類才要想盡辦法的把權力關進籠子，對其使用進行種種約束。神功元年（西元六九七年），自比石勒的來俊臣作為大周帝國的最後一個酷吏，帶著野心和夢想，很不甘心地死掉了。

命運的詭譎在於，酷吏之死也要有人陪葬。這個人還恰是他的老對手。監察御史李昭德素來鄙視來俊臣，來俊臣臨死找個墊背的，誣告李昭德謀反。二人同棄市，時人無不痛昭德而快俊臣。仇家爭啖俊臣之肉，斯須而盡，抉眼剝面，披腹出心，騰蹋成泥。女皇知天下惡之，下詔數其罪惡，將其全家滿門抄斬。士民相賀於路，「今夜可以踏實地睡個覺了。」

來俊臣得勢時，在朝廷上下安插了眾多黨羽，每次破格提拔的都有數百人之多，加之女皇獎勵告密揭發，動輒封官。導致當時出現了「緋衣比青衣多，象板比木笏多」，即高官比下官多的怪現象。來俊臣死後，負責任免官員的人事主管大臣紛紛向女皇自首：「臣亂陛下法，身受戮；忤俊臣，覆臣家。」

女皇心裡有數，酷吏只是自己的替罪羊。但她不能明說。沒有恐怖，就沒有穩定；沒有穩定，就沒有盛世。「打爛一個舊世界，重建一個新世界」。這場延續十二年的恐怖政治給她的大周帝國帶來了空前的繁榮。這是保障她政權穩固的絕對基礎。別人可以否定酷吏，她不能。當然，這並不妨礙她可以故作姿態。「向時宰相皆順成其事，陷朕為淫刑之主。」有罪的是酷吏，有錯的是宰相，皇帝永遠正確。這是皇權邏輯的第一法則，倘若有問題，第二法則規定：請參照第一法則執行。

乍看則天革命的訣竅不外乎一打一拉。「則天初革命，恐群心未附，乃令人自舉。供奉官員之外，置裡行、拾遺、補闕、御史等，至有車載斗量之詠。」[28]把當官的打怕了，自然沒人敢說話了；把當官的餵飽了，自然光剩好話了。但武則天之高明，不在於此，在於將文武之道操作得有板有眼，一張一弛，她不忌諱左右開弓，兩面出擊，文化革命和恐怖革命兩手抓，兩手硬。

在恐怖革命的高潮中，武則天開始了她的文化革命。文化革命的第一場戲是製造改朝換代的輿論。新輿論離不開舊傳統。天人感應派上了用場。新豐縣露台鄉有座山在一場地震中隆起三百尺，並形成一個巨大的池塘，「池中有龍鳳之形。」[29]武則天認為這是上天昭示的祥瑞，就赦免這個縣的囚犯，並將這座山更名為「慶山」。湖北人俞文俊「膽大妄為」，竟然對該現象提出了與女皇針鋒相對的解釋，認為這是女皇掌權，陰陽不和的災異徵兆。結果可想而知，太后盛怒之下，將其直接流放嶺南。餘怒未消，遂特遣追命殺手「六道使」將其斬殺於半道。

但這種守株待兔般的等待遠不如異想天開的創造。更何況對六十多歲的老女人來說也是時不我待。就在平定諸侯王叛亂那年（垂拱四年，西元六八八年），善察聖意的武承嗣讓人在白石上鑿了「聖母臨人，永昌帝業」八個字，再用紫色藥物加工處理，渾若天成。指使人獻給武則天，說是從洛水中發現的。武則天大喜，命其石曰「寶圖」。隨即將諸州都督、刺史及宗室、外戚提前十天召集到神都，舉行了一場舉世矚目的盛大受寶儀式。而且，諸種異象層出不窮，也越說越玄乎，儼然一場武周大革命中的「浮誇風」。

27 別忘了這個人，雖是告密起家，卻在關鍵時候不乏見識。吉頊與張易之、昌宗皆為控鶴監供奉。吉頊承間說二人勸武皇立廬陵王。二人屢為武皇言之。吉頊復為武皇具陳利害，武皇意乃定。
28 〔唐〕劉肅，《大唐新語》，卷十三。
29 〔唐〕劉肅，《大唐新語》，卷十三。

垂拱四年五月十八日，太后身著神女禮服登上天壇，睿宗皇帝、皇太子緊隨其後，有如兩個大齡「花童」。文武百官組成了龐大的國內方隊，蠻夷酋長組成了顯赫的國際方隊，東西相對，嚴謹有序，中間則陳列著一排排各國進貢的和各地進獻的珍禽、奇獸、雜寶。廣場四周彩旗招展，鑼鼓喧天。文物鹵簿之盛，唐興以來絕無僅有。首先，皇太后自我加冕為「聖母神皇」，緊接著昭告天下，更命「寶圖」為「天授聖圖」；洛水為「永昌洛水」，封其神為「顯聖侯」，加特進，禁漁釣，祭祀級別等同於四岳；又改嵩山為「神岳」，封其神為「天中王」，拜太師、使持節、神岳大都督，禁放牧。此後好些年，洛水沿岸的漁民和嵩山中的獵戶、牧民，不得不紛紛改行。

下一步，「聖母神皇」著手建造明堂。太宗、高宗之世，就反復議論過明堂問題，但都不了了之。現在女皇稱制，決定把這個國字號的形象工程重新上馬。女皇任命自己的和尚面首薛懷義為工程總指揮。女皇覺得洛陽宮正殿乾元殿的位置最好，於是下令將本已十分高大的乾元殿推倒，就地建造明堂。

在女皇的日夜督促之下，作為帝國最具時代感的標誌性建築，明堂以令人炫目的速度矗立在神都中心。它高達二百九十四尺，長寬各三百尺。任何一個角度看，都是一個完美的立方體。共三層：下層法四時，塗有青紅白黑四方顏色。中層法十二時辰，上為圓蓋，九龍捧之。上層法二十四節氣，亦為圓蓋，「頂上鑄鐵為鸑鷟，高二丈，以金飾之，軒軒若飛。」另外，「鑄銅為大火珠，飾以黃金，煌煌耀日。」[30]寓意著女皇光芒四射如日中天的無上權威。中有巨木十圍，上下通貫，用來支撐欂柱和斜柱。周圍環繞鐵渠（類似不封閉的巨型鐵管），象徵辟雍。號曰「萬象神宮」。

明堂建成，大赦天下，向百姓開放，允許東都婦女和各地父老免費參觀一年。神都的女子有福了，她們因皇帝是女性而享受特權，這在一個男尊女卑的社會，是從來不曾想像得到的事情。她們率先進入女皇將要辦公的場所，親身實地地感受到了女皇對子民的關愛。在這種精心營造出來的盛大節日氣氛中，御史傅遊藝更是錦上添花，不失時機地率領關中百姓九百多人詣闕上表，請求改國號為「周」，賜皇嗣姓武氏。

百官及帝室宗戚、遠近百姓、四夷酋長、沙門、道士合六萬多人，聞聲而起，也紛紛上表要求更改國號，皇嗣自己也「識時務」的懇求改姓武氏。群臣一致表示：「有隻鳳凰從明堂飛入上陽宮，又落在左台梧桐之上，停了一會，飛向東南。還有數萬隻赤雀盤旋在萬象神宮上空，煞是壯觀。」

萬象神宮成為帝國新的政治中心。武則天在這裡頒布了她的施政大綱，所謂「頒九條以訓於百官」。連著兩年，武則天都在神宮舉行祭祀和國宴，接受百官朝賀，還召開政治會議，安排來年工作計畫。女皇還自創帝國神曲——「神宮大樂」，甚至興致勃勃地親自導演九百人的大型歌舞。在這些場合，女皇都身著盛裝，頭戴冠冕，腰插大圭，手持鎮圭。女皇雖年近古稀，但很會化妝，就連左右親近都看不出她脖子上的絲絲皺紋。西元六九二年，六十九歲的女皇竟然長出兩顆新牙，於是乎改元「長壽」。權力的刺激，信心的爆棚，加上性愛的呵護，女皇的皮膚依然光潔，眼神依然銳利，氣場依然壓倒一切。在璀璨燈光的輝映之下，女皇宛若降臨人間的天神。她要按照自己的意願重新規劃人世間的一切。改姓氏，改年號，改正朔，改國號，都是在這裡完成的。女皇有了自己的新名號「聖神皇帝」。當然，她是一個與時俱進的人物。此後，她的尊號不斷更新：聖神皇帝→金輪聖神皇帝→越古金輪聖神皇帝→慈氏越古金輪聖神皇帝→天冊金輪聖神皇帝。她不但要當皇帝，而且還必須做自己帝國的皇帝。

載初元年（西元六九〇）九月九日，武則天登上則天樓，宣布改唐為周，洛陽為都城，改元天授，賜酺七日，「在宥天下，咸與惟新」，神州上下，普天同慶。大周帝國正式亮相。並在周朝滅亡一千年後，重新啟用週曆，改十一月為正月，十二月為臘月，正月為一月。時間的指針被女皇調到一個開闢歷史新紀元

30 〔唐〕劉肅，〈輯佚〉，《大唐新語》。

的最佳時刻。史家稱：「太后操奩具坐重幃，而國命移矣。」[31]意思是，女皇在梳妝台上或閨房裡發動了一場史無前例的革命。

女皇用自己的實際行動昭告世人、昭告歷史：皇帝，不是男人的專屬品。

既然武周鼎革，氣象更新，那麼李唐就是革命前的舊政權了。解放前的一切自然都必須被否定，否則革命也就失去了正當性。要否定的內容很多，除了它的功績、地位，也包括它的歷史。新的太廟建在東都，規格是七廟室，奉祀武皇七代神主。西京太廟則改名為享德廟，只保留高祖、太宗、高宗的三座祭殿，其餘四室強制關閉，廢除一年四季的祭奠大禮。同時，改革國家的祭祀管理制度，改太廟署為清廟台，擴大機構，增加編制，提升行政級別，提高官員俸祿。目的是推動那些具體掌握歷史解釋權的官員能更加自覺地為新政權服務。在這個背景下，有關舊社會的一切歷史記憶在革命政權中得到有條不紊地大規模清除。

破舊——立新。武三思懂得這個淺顯的道理。他不失時機地發動四夷酋長與耄耋老人上書女皇，欲捐錢百萬億，鑄銅鐵為天樞，立於端門之外的定鼎門，銘紀功德，黜唐頌周。女皇高興的恩准了。由於工程過大，導致之前改採購的銅鐵不夠，只好徵集民間農器來湊數。天樞建成後，高一百零五尺，徑十二尺；八面，各徑五尺。下為鐵山，周長一百七十尺，高兩丈，共用銅鐵兩百多萬斤。四周以銅為蟠龍、麒麟盤旋縈繞；上為騰雲承露盤，徑三丈，四龍人立捧大火珠，高一丈，「望之如日初出。」[32]象徵著女皇猶若灼灼太陽，普照大地。工匠毛婆羅造模，武三思為文，上面刻有百官及四夷酋長的名字，女皇親自題寫「大周萬國頌德天樞」八個鎏金大字，鐫刻於上，力道十足。天樞猶如「定海神針」一般佇立在帝國神都的中央，傲視蒼穹。

轍跡光西崦，動庸紀北燕。
何如萬方會，頌德九門前。
灼灼臨黃道，迢迢入紫煙。

仙盤正下露，高柱欲承天。
山類叢雲起，珠疑大火懸。
聲流塵作劫，業固海成田。
帝澤傾堯酒，宸歌掩舜弦。
欣逢下生日，還睹上皇年。

——〔唐〕李嶠‧《奉和天樞成宴夷夏群寮應制》

天樞建成，女皇大宴夷夏群寮。宴會上，中外官員們爭先獻詩，以歌頌這一歷史性的偉大時刻。大才子李嶠在詩的開頭先吹捧武則天的文治武功，聲威廣播外內海，可與日月爭輝。然後描述天樞的形狀，指出天樞豎立的處所，竟將一個告密成風的恐怖國度粉飾為堯舜盛世，並以彌勒菩薩下凡來神化武則天。

又鑄銅為「九州鼎」。九鼎分別刻畫有各州的山川物產圖像。其中，象徵九州之中的豫州鼎高一丈八尺，重一千八百石；其餘各州鼎高一丈四尺，重一千二百石。共耗用銅材五十六萬七百多斤。禹鑄九鼎，僅為傳說，女皇則將其變為現實。自玄武門曳入，因為太重了，女皇命令宰相、諸王率領南北牙宿衛兵十多萬人，加上皇宮遊樂園的犛牛、白象，這才把九州鼎費勁拉到通天宮。[33]為了表示慶賀，武則天親自創作了一首《曳鼎歌》，在朝儀上指揮百官大合唱。

31 〔北宋〕歐陽脩等，《新唐書‧后妃列傳上》。
32 〔唐〕劉肅，〈輯佚〉，《大唐新語》。
33 明堂建成，則天又令在明堂後面造天堂，安置佛像，高一百多尺。剛動工，就被大風颳倒。重建工程進展緩慢，遲遲未能完工。後在一個夜裡，佛堂著火，延燒明堂，天亮時，二堂化為灰燼。女皇下令照著原來的明堂規模和樣式重新建造。新明堂號為「通天宮」。

羲農首出，軒昊膺期。
唐虞繼踵，湯禹乘時。
天下光宅，海內雍熙。
上玄降鑑，方建隆基。

女皇曆數三皇五帝，頌揚武周政權是光輝燦爛的和諧社會。這是一篇政治宣言，抒發了勝利者的豪情，女皇志得意滿之情溢於言表。

接下來，改革文字。此舉意圖有二，一是廢舊字，去晦氣。二是造新字，圖吉利。如改「月」字為「囝」。「口」代表月圓之形，「子」代表神話中廣寒宮裡的玉兔或金蟾。且月圓代表圓滿，十分吉利。又如改「照」字為「曌」，該字從雙「目」從「空」，有「目空一切」之意，可謂霸氣十足。女皇的堂外甥鳳閣侍郎宗秦客揣摩女皇的心思，新造了十九個字，用來表示「天」、「地」、「日」、「月」、「星」、「君」、「臣」、「國」、「人」、「聖」、「生」、「年」、「載」、「正」[34]等。政治高壓之下，新字很快推行全國。規定百官奏疏一律使用新字。官僚們透過重新認字，而使自己降低到了一個初級文化水準上，從而心悅誠服於女皇的聖明獨照。「造字運動」的愚民目的不言自明。透過象徵日月當空照的「曌」字[35]，女皇特別為自己創造一字的權謀心機更是表露無遺。這種專為自己造字的做法使得女皇在歷史上獨占鰲頭。

佛教界也不甘落後。天授元年（西元六九〇年）七月，由白馬寺主薛懷義牽頭，與東魏國寺僧人法明等夜以繼日地炮製了一部《大雲經疏》，作為女皇的生日獻禮，該書對原已流傳的《大雲經》，斷章取義，穿鑿附會，借用經書中淨光天女將君臨一國的佛祖預言，並與彌勒佛信仰結合為一體，公然宣稱女皇是彌勒佛轉世，當取代李唐為閻浮提主。女皇喜不自勝，下旨將除懷義外（薛懷義已封鄂國公）的九個作者一律賜爵縣公，並賜紫袈裟、銀龜袋；同時下詔將《大雲經》頒布天下，兩京諸州都要建造一所大雲寺，用來收藏《大雲經》，並特設高級講席讓和尚宣講這部佛經。不光本土和尚極力逢迎，就連客居中土的南印度高僧菩提流志也不甘寂寞。他借譯經而為女皇的改朝換代提供「神意」支撐。他在《寶雨經》的譯文中加進了一段佛遺東方日月光天子現女身統治世間的內容。令女皇欣喜異常。實際上，在菩提流志之前，《寶雨經》已經有過兩種漢譯本。一是梁天監年間扶南（今柬埔寨）僧曼陀羅仙所譯的七卷本，一是陳朝扶南僧須菩提所譯的八卷本。這兩種譯本都沒有日月光天子現女身為國王的說法。菩提流志譯文新加的這段文字顯然是杜撰而來。

專制體制下的宗教，多半只知邀功爭寵。

李唐立國，尊奉道教始祖老子為李氏先祖，所以佛道之爭中，吃虧的總是佛教。但風水輪流轉，由於佛教界鼓吹武周革命，為革命事業做出了突出貢獻，討得女皇歡喜，政治地位遂一改之前劣勢，迅速蓋過道教。加之，道教乃前朝李氏所尊奉，新朝新氣象，女皇自然要「除舊布新」，扶植佛教。天授二年（西元六九一年）四月二日，女皇下令：「釋教開革命之階，宜升道教之上，僧尼處道士女冠之前。」城門失火，殃及池魚。非但道士女冠的地位驟然下降，結果連《老子》也在科舉的科目中取消了，而讓舉子們都來改學女皇新著的百姓守則——《臣軌》。

其實，不光道教失落，儒學也跟著落魄。則天革命以來，多以武氏諸王及駙馬都尉為祭酒，博士、助教亦多非儒士。再加上祭郊丘、建明堂、拜洛神、封嵩山，用的都是弘文館國子生。學生們整日忙著參加各種典禮儀式，圖風光，貪熱鬧，顧不上深入研習《六經》。二十年間，學校殆廢，學術不昌。恐怖政治之下，人人只知逢迎拍馬，噤若寒蟬，學術環境愈加惡劣，哪有專心研學之空間。還有當時受酷吏所誣陷和迫害

34 〔清〕厲鄂，《玉台書史》，《香豔叢書》，上冊，人民中國出版社，1998年，第523頁。

35 黃永年，《六至九世紀中國政治史》，上海書店出版社，2004年，第174頁。

的儒生們，幾乎個個妻離子散，家破人亡，遲遲未能得到全面平反。可見，儒學非但不是女皇發動文化革命的主要依靠力量，反而成為文化革命的打擊和排擠對象。

醉生夢死

政治是男人的遊戲。搞政治必須先搞懂男人，否則玩不來。

武則天一生經歷過許多個男人，從九五之尊到販夫走卒，從中年熟男到貌美少年，真可謂形形色色。所以她既懂政治，又懂男人。她知道如何用男人，也知道如何寵男人。武則天為了讓自己的男寵開心，很下本錢。

馮小寶，陝西戶縣人氏。他本是一個潦倒的江湖郎中，擺攤在洛陽城中，人高馬大，孔武有力，想必為了推銷自己的祖傳「大力丸」，時不時的還得比劃兩下子。靠著家傳的一些房中術偏方，小寶迅速成為東都性娛樂界的明星，一時間在京都的貴夫人中間炙手可熱。千金公主嘗試之後，深為讚許，就把他視為奇貨可居，精心包裝一番，進獻給了已顯疲態的武則天。則天一試之下，心花怒放。她決定給自己的新寵改頭換面，以全新的面目隆重推出。

在女皇的一手操辦下，馮小寶變成了「薛懷義」。立馬感覺就出來了。先是改換髮型著裝，剃了個禿，披上袈裟，一副有道高僧的模樣，再給個名分，讓他到「天下第一古剎」白馬寺做主持。人稱「薛師」。然後提升其家族的地位和聲望，令太平公主的老公，即駙馬都尉薛紹認他做乾爹。女皇特許薛懷義自由出入禁中。補闕王求禮不辨究竟，竟然懵懵懂懂地提意見，「太宗時，有個叫羅黑黑的音樂家，太宗為了讓他教授宮女彈琵琶，就先把他閹了，才讓入宮。陛下要是讓薛懷義入宮，也得把他閹了，這樣他就不能在宮中亂搞了。」對這個傻乎乎的官員，女皇倒是沒有動怒，一笑置之。

女皇不但把自己的頂級座駕給小寶坐，還派了一大群宦官侍奉他。馮小寶開始得意了、膨脹了，神氣十足。這個粗鄙的傢伙似乎覺得能將高高在上的女皇置於胯下，也就將天下人置於胯下了。總有那麼一些人，與領導吃了幾次飯，睡了幾次覺，貌似關係很近，於是乎就產生一種虛幻的感覺，覺得自己也是領導了，開始目中無人，頤指氣使。真是可悲可笑之極！

薛懷義就像是一個大人物，神氣活現，耀武揚威。百姓恐之如虎，避之如仇。誰要是靠近他的車子，誰就會被打的頭破血流。若是見了道士就更是往死裡打，甚至剃光頭，肆意羞辱。一興奮起來還會把朝廷御史打個半死。

朝廷大臣和皇親貴胄見了薛懷義個個都是低三下四，匍匐禮謁，唯恐得罪這個混球。每當薛懷義出行，張岌就趕緊趴倒在地，讓薛懷義踩身上馬，然後張岌又「掌擎黃幞」，緊隨其後。[36]武承嗣、武三思這幫炙手可熱的權貴在薛懷義面前就像一個跟屁蟲，鞍前馬後為之效勞，既是車伕，又是馬伕，還是競聘上崗。薛懷義對他們招之即來揮之即去，視若無物。宗楚客更是諂佞成性，可謂此間極品。他開動大腦，親自為薛懷義作傳二卷，可謂蕩氣迴腸，「論薛師之聖從天而降，不知何代人也，釋迦重出，觀音再生。」[37]馬屁拍到這個份上，讓人真是哭笑不得。薛師很中意，女皇很高興。宗楚客的官自然也是越做越大，一年未滿，位至宰相。

女皇為了讓男寵高興，把國庫交給他，任其揮霍。數年之間，所費億萬計，府藏為之空虛。薛懷義用財如糞土，武則天施捨如敝履。時間長了，薛懷義覺得入宮太受約束了，更願意在白馬寺和女皇幽會。他喜歡以坦腹於床的方式迎接女皇。女皇喜歡他的野性，但厭惡他的粗野。恰逢女皇有了新歡——御醫沈南

36 〔唐〕張鷟，《朝野僉載》，卷五。
37 〔唐〕張鷟，《朝野僉載》，卷五。

璆。於是，在一次尋歡於瑤光殿後，就把他殺了。

女皇想換換口味了。知母莫如女。太平公主將自己玩膩的一個男寵送給了老媽，這是一個尤物般的美少年，他就是赫赫有名的張昌宗。昌宗舉賢不避親，謙虛地對女皇說，他族兄張易之的陽具比他還大，且精研房中術多年，堪稱專家。[38]這對近似雙胞胎的活寶在女皇身上著實花了不少心思，也費了不少氣力。鏡殿中的二龍戲鳳也就成為朝堂上演的最新一出政治色情劇。

鏡殿青春祕戲多，玉肌相照影相摩。
六郎酣戰明空笑，隊隊鴛鴦浴錦波。[39]

這首充滿香豔氣息的諷刺詩頗為有名，出自元末明初的著名詩人楊維楨（字廉夫，號鐵崖）之手。「六郎」自然指昌宗，「明空」表面上指鏡殿四周的鏡子，而實際上指武則天。因為「明」「空」二字上下相疊即她自創的名字「曌」。

作為劇中的男主角，二張出身名門（宰相張行成的族孫），有才藝，善音律，傅朱粉，衣錦繡。在女皇身邊的撒嬌獻媚、打情罵俏是他們每日每夜的全部工作。他們把女皇哄開心了，女皇則讓他們變得更開心。張昌宗升為散騎常侍（後為春官侍郎），張易之升為司衛少卿（後為麟台監）；還把二人的母親封為太夫人，賞賜不可勝紀。

平明出御溝，解纜坐回舟。
綠水澄明月，紅羅結綺樓。
絃歌爭浦入，冠蓋逐川流。
白魚臣作伴，相對舞王舟。
——〔唐〕張易之．《泛舟侍宴應制》

淮南有小山，嬴女隱其間。
折桂芙蓉浦，吹簫明月灣。
扇掩將離曲，釵承墮馬鬟。
歡情本無限，莫掩洛城關。

——〔唐〕張昌宗．《太平公主山亭侍宴》

全唐詩中所收錄二張的詩並不多，張易之四首，昌宗三首，且多半是他人代筆，但還是傳遞出一些信息。《泛舟侍宴應制》中所描述的紅羅綠水，盪舟湖面的場景，應是二張陪伴女皇的日常內容之一。張昌宗的《太平公主山亭侍宴》則透露出二人非一般的親暱關係，想必作於昌宗入宮之前。

更令人稱奇的是，女皇還主動安排朝廷官員給自己情人的母親提供免費穩定的性服務。張易之的母親阿臧寡居多年，看上了年輕帥氣的鳳閣侍郎李迥秀，迫於女皇的淫威，小李只得委身於阿臧。雖同飲合歡酒，但年老色衰，一嘴口臭的阿臧實在讓小李大倒胃口。心有不甘卻要強顏歡笑，李迥秀只能借酒澆愁，醉生夢死，整個人都廢了。他終日昏醉不醒，夜夜頻喚不覺，以此來躲避阿臧的性索求。[40]但這沒關係。在女皇看來，這是自己對男寵的一份心意。女皇的心意就是獲寵的祕密。於是乎，一幫宵小之徒如蟻附羶，前赴後繼的投入到了這場令人作嘔的醜劇當中。武承嗣、武三思、武懿宗、宗楚客等朝廷政要都爭著給二張牽馬踸車，以此為人前炫耀之資本；著名詩人宋之問一心想要服侍女皇，可惜女皇嫌他口臭，不讓他擔任北

38 李永祜主編，《奩史選注》，第136頁。
39 〔明〕沈德符，《敝帚齋余談節錄》，《香豔叢書》，上冊，第241頁。唐人早有「鏡殿寫青春」之語。（〔唐〕劉憲，《奉和幸大薦福寺應制》，《全唐詩》，卷七一。）
40 〔唐〕張鷟，《朝野僉載》，卷三。

門學士，老宋就找了給張易之端尿盆這件適合的工作[41]；崔湜更是個無下限的貨色，他竟然將自己美豔的妻子連同兩個漂亮女兒一併拱手獻給了張易之，換來了中書侍郎平章事（宰相）的高官。[42]被人譏諷為「托庸才於主第，進豔婦於春宮」[43]。

有人讚美張昌宗長得英俊，說：「六郎（昌宗小名）面似蓮花。」宰相楊再思不以為然，昌宗問他緣故，楊諂媚道：「蓮花似六郎耳。」武三思則討好張昌宗是神仙王子喬投胎轉世。女皇就讓張昌宗衣羽衣，吹簫，乘木鶴於庭中。張昌宗常給女皇煉製神丹，女皇服用後感覺奇佳。兩人常攜手漫步於宮殿之上，鴻衣羽裳，鸞姿鳳態，很有點飄飄欲仙之感。百官遙望，驚為天人。無恥文人紛紛賦詩吹捧，肉麻地說六郎是女皇的神仙伴侶。

王子喬，愛神仙，七月七日上賓天。白虎搖瑟鳳吹笙，乘騎雲氣吸日精。吸日精，長不歸，遺廟今在而人非。望山頭草，草露濕人衣。

——〔唐〕宋之問．《王子喬》

聞有衛天客，披雲下帝畿。三年上賓去，千載忽來歸。昔偶浮丘伯，今同丁令威。中郎才貌是，柱史姓名非。祇召趨龍闕，承恩拜虎闈。丹成金鼎獻，酒至玉杯揮。天仗分旄節，朝容間羽衣。舊壇何處所，新廟坐光。

——〔唐〕崔融．《和梁王眾傳張光祿是王子晉後身》

武三思吹捧張昌宗是神仙王子喬轉世，並「於緱氏山立廟」，詩人宋之問對此深以為然，揮毫立就，一首《王子喬》誕生了。詩中極盡辭藻，將昌宗比喻為吸日月之精華的仙人，馬屁算是拍到家了。有唱自然有和，一人一下，馬屁倍兒響。大才子崔融毫不示弱，一首更加肉麻的五言排律吐將出來。崔融用典信手拈來，果然才氣非凡，他不但將張昌宗比喻為傳說仙人王子喬、丁令威，又贊其貌勝潘安，比肩李耳，不過姓名不同罷了。身著仙衣，往來於偃師緱山與洛陽之間，為女皇帶來吉祥長壽。

宮中醜聞不斷，甚至傳到了民間，女皇也有點不好意思了，為了掩人耳目，也為了抬高二張的文化教養和文學品味，就讓二張與大作家李嶠等一干輕佻文人學士在宮中編修了一套大部頭的詩歌選集類書《三教珠英》，最後以張昌宗掛名領銜獻上。其實，二張「目不識字，手不解書，謝表及和御製皆諂附者為之。所進《三教珠英》，乃崔融、張說輩之作，而易之竊名為首。」[44]

女皇慾壑難填，不久又在全國精挑細選了一大批美少年入宮服侍，並設立控鶴監（後改為奉宸府），作為安置和管理男寵的專職機構。（向來後宮所設皆為男性皇帝之妃嬪，女皇創舉，空前絕後）這讓許多勢利之徒趨之若鶩。尚舍奉御柳模自稱他的兒子柳良賓皮膚光滑細嫩，「美鬚眉」；左監門衛長史侯祥則是毛遂自薦，明明家有老婆妻妾，仍然懇請入奉宸府為女皇效勞，並聲稱自己的陽具「壯偉」，尤勝薛懷義。少言寡恥之徒的嘴臉讓老先生朱敬則實在忍受不住了，他上書女皇修身節慾，不可過度。女皇微微一笑，賞賜

41 宋之問「患齒疾，口常臭」，想做北門學士，則天不許。宋之問作《明河篇》，向女皇表明心跡。「明河可望不可親，願得乘槎一問津。更將織女支機石，還訪成都賣卜人。」女皇表示，她不是不知道宋之問「有才調」，只是受不了他的口臭。這使得宋之問「終身慚憤」。（〔唐〕孟棨，〈怨憤〉，《本事詩》）「侍御史郭霸嘗來俊臣糞穢，宋之問捧張易之溺器，並偷媚取容，實名教之大弊也。」（〔唐〕張鷟，《朝野僉事》，卷五）

42 獻女求官者既不始於崔氏，更不終於崔氏。五代時，有一縣官徐某，女兒極美，他想升為州官，「自郫城宰欲求彭牧」就將女兒送予上司。但又不好對女兒開口，就讓老婆出面做工作，「以紅綃數寸書二十八字，遣其妻私示其女。」民間議論徐某此舉甚乖父女之道。寫詩諷刺他：「深宮富貴事風流，莫忘生身老骨頭。因其太師歡笑處，為吾方便覓彭州。」（〔後蜀〕何光遠，〈非告勒〉，《鑑誡錄》，卷八）

43 〔唐〕張鷟，《朝野僉載》，卷五。

44 〔唐〕張鷟，《朝野僉載》，補輯。

彩錦百段。不過奉宸府中也不乏一些才能文學之士：左台中丞吉頊、殿中監田歸道、夏官侍郎李迥秀、鳳閣舍人薛稷等。他們的主要工作就是「三陪」，陪吃、陪喝、陪玩。

武則天畢竟是武則天。即便在醉生夢死之際，她也沒忘了利用男寵保持對朝臣的高壓和警惕。所以在朝議和國宴上，張易之兄弟的座次都在其他大臣之前。這是一種後酷吏時代的桃色政治和豔情政治。

二張依靠色相得寵，又自恃女皇寵幸，飛揚跋扈，橫行無忌，自然招致很多人的不滿。其中，二張最為痛恨的當屬宰相魏元忠。

二張有個弟弟名叫張昌儀，此人靠著二張的關係，也是平步青雲，扶搖直上，曾做過洛陽令，而當時的洛陽長史就是魏元忠。在魏元忠上任之前，張昌儀蠻橫慣了，每次到洛州長史衙門參拜，都不按規定在庭下站立，而是大搖大擺地徑直走上長史辦公的大廳；魏元忠到任後，叱令他下去。此舉讓張昌儀很丟面子，就把此事報告了二位兄長，魏元忠與二張的梁子由此結下。

一次，張易之的家奴在神都洛陽的街市上橫行霸道，驕縱不法，魏元忠下令將其杖斃。後來，魏元忠入朝為相，武則天徵召張易之的弟弟岐州刺史張昌期入朝，想要任命他為雍州長史。朝會之際，武則天向諸位宰相問道：「誰可勝任雍州長史之職呢？」元忠說：「現在眾多的朝臣之中，沒有哪一位比薛季昶更合適的了。」武則天說：「薛季昶長期在京府任職，朕打算另外任命他一個職務。你們覺得張昌期這個人怎麼樣？」宰相們揣摩聖意，紛紛回答說：「陛下聖明，在沒有更合適的人選了。」唯獨元忠提出反對意見：「張昌期無法勝任這一職務！」則天面有不悅，詢問原因，元忠回答說：「張昌期年紀尚輕，經驗不足，業務不熟。之前他在岐州任官時，岐州戶口逃亡嚴重，所剩無幾。雍州乃京畿重地，事務繁多、任務艱巨，張昌期自然不如薛季昶精明強幹、熟悉政務。」武則天沒有再說什麼。魏元忠還曾當面向武則天進言道：「從先帝在位直到現在，臣蒙受朝廷大恩，如今臣得以忝列宰相之位，不能為國家竭忠效死，致使小人（二張）得以在陛下左右弄權，這是臣的罪過呀！」武則天聽後很不高興。張易之兄弟對他更是恨之入骨了。

司禮丞高戩，是太平公主的情人。恰好武則天生病，張昌宗害怕一旦武則天去世，自己會被魏元忠殺掉，於是誣陷魏元忠曾和高戩私下商議說：「太后年歲太大了，我們不如倚仗太子，這樣才是長久之計。」武則天十分生氣，下令將魏元忠和高戩逮捕入獄，並準備讓他們兩人與張昌宗在朝廷上當場對質。張昌宗暗地裡找來鳳閣舍人張說，用高官厚祿收買他，要他出面證明魏元忠確實說過上面的話，張說答應為他作這樣的證明。第二天，武則天召來太子李顯、相王李旦以及諸位宰相，讓魏元忠與張昌宗當著大家的面互相對質，雙方各不相讓，因而無法作出決斷。張昌宗說：「張說聽到魏元忠說的話，請陛下召見張說詢問。」

張昌宗指控宰相魏元忠、太平公主的情人高戩與鳳閣舍人張說謀反。貶魏元忠為高要尉，高戩、張說流放嶺表。太子僕崔貞慎等八人到郊外給三人餞行，張易之就又誣告崔貞慎等謀反。女皇派監察御史馬懷素審訊，指示他，「這件案子我已經定性了，你去就是簡單瞭解一下情況。」馬懷素據實以聞，女皇大怒，「你也要反嗎？」馬懷素說，「我只是實話實說。生殺大權在您手裡，您想殺誰就殺誰。您要我說，我只有這話。」女皇略為冷靜，崔貞慎等人這才逃脫一罪。

反過來，雖有確鑿證據，張昌宗私交術士，妄占吉凶，竊窺神器，誰也告不倒他。他兄弟張昌儀就常說，「得勢時千人推我不能倒，失勢時萬人擎我不能起。」[45] 宋璟好容易逮個機會把張昌宗抓到了御史台，還沒說兩句話，女皇就下旨特赦了他。宋璟跌足嘆氣，後悔「沒有先打爆這小子腦袋，負恨終生」。

然而，張氏兄弟的種種行徑，已經暴露了他們內心深處的恐懼，「以色事人者，色衰而愛弛，愛弛則恩絕」的道理他們不會不懂。《朝野僉載》中的一個故事，顯示了張氏內心的惶恐。

「張易之剛建起一座大堂，宏偉壯麗，用錢達數百萬錢。紅泥粉牆，雕樑畫棟，琉璃為瓦，沉香為飾，

45 〔唐〕張鷟，《朝野僉載》，補輯。

可謂是巧奪天工，豪華典雅。夜間有鬼在牆上寫了幾個字：『能得幾時。』易之見後很不爽，讓人把字削去。第二天又寫上了。如此前後寫削六七次。易之內心惴惴不安，就在那題字的下面又寫了幾個字說：『一月即令足』，意思是一個月就滿足了。鬼似乎也滿足了，從這以後再也沒有發現寫什麼。半年以後，易之全家被殺，抄沒入官。」

既如此，二張種種作死的舉動也就不難理解了。

神龍元年（西元七〇五），八十二歲的女皇終於感覺自己老了。儘管她高超的化妝術瞞過了所有人的眼睛，連身邊親近的子孫也沒看出她衰老的跡象。但女皇心裡有數，來日無多了。現在她一天到晚都待在長生殿，懶洋洋地依偎在男寵年輕的身體上。一覺醒來，二張華美的人頭已在自己眼前落地。她知道大勢已去。大權旁落加速了死神的到來。昏濁的目光似乎看到了高宗向她招手。「我去見老公了，不能再稱皇帝了。就要和王皇后、蕭淑妃還有褚遂良等人見面了，就把這些人都赦免了吧！也算是個見面禮。」

關於武則天的下場，《朝野僉載》中記載了這麼一個故事：

> 天授（六九〇～六九二）年間，則天好改新字，又多忌諱。有幽州人尋如意上書拍馬屁：『國』字「口」中的『或』字有違天象，請在『口』中安『武』以鎮之。則天大喜，下制即依。過了個把月，有人說「武」字退到了「口」中，跟把「人」放在「口」中的「囚」字差不多，太不吉利了。則天愕然，遽追制，把「口」中的「或」改為「八方」（上「八」下「方」），即「圀」。後孝和（即中宗李顯，最初的謚號為孝和皇帝）即位，果幽則天於上陽宮。因為這上陽宮的「上陽」二字，跟「八方」二字一樣，含有明空昭朗之意；「八方」在「口」中，剛好預言了幽禁武則天於上陽宮。[46]

時人牽強附會，編出這樣的故事來表達對於武則天政權的不滿。而當時諸如此類的政治預言和謠言還有許多。不過，想必武則天並不在意民眾與後人對她的評價，一如乾陵前所樹立的無字碑一般，功過是非，任憑後人。死了，都這麼的蠻橫與霸氣！不過，這倒與她的性格十分相合，一個喜歡把事做絕的女人。

政治弄潮兒

輪迴

武則天開創了一個陰盛陽衰的政治格局。中宗與韋后以某種輪迴的方式再現了這種格局。有其父必有其子。但中宗較之高宗更是等而下之。高宗可稱平庸，中宗則堪稱昏庸。與此相對照的則是生命力頑強而又野心勃勃的韋后。作為患難夫妻，中宗對韋后的依賴和恩愛更甚於高宗和武后這對先浪漫後殘忍的政治夫妻所有的某種畸形感情。

當初，韋后和中宗被流放到房陵（今中國湖北房縣），路途遙遠，枯燥乏味，走著走著，竟忙裡偷閒地在半道上生了個女孩兒，這就是後來性情乖張飛揚跋扈的安樂公主。安樂公主是中宗延續家族血脈的封筆之作，加上條件惡劣，中宗對之疼愛加鍾愛再加憐愛。中宗脫下自己的內衣細心地包裹著安樂公主的嬌嫩肌膚，名曰「裹兒」。儘管安樂的出世給中宗帶來了稍許安慰和歡樂，但流放環境的恐懼和險惡始終讓中宗噩夢連連。中宗在房陵與韋后過著如同囚犯的幽閉生活，備嘗艱危，情愛甚篤。中宗比乃父高宗更懦弱，一聽到宦官那尖尖的叫聲，就渾身發抖，害怕得要自殺。每當這時，韋后總是把他緊緊摟在懷裡，呵護嬰兒似地輕聲安慰他，「禍福無常，大不了就是一死，也不著急這一會兒。」這種驚恐無助的日子讓中宗產生了對韋后的深深依賴。堅強的韋后給了他妻子與母愛的雙重呵護。他常常感動地發誓，「我當了天子，就等於你當家了，一切都聽你的。」

武則天死了，中宗終於可以自己作主了。但這種翻身做主人的日子沒有享受幾天，傀儡的日子就又來了。但我想對於中宗這種沒心沒肺的人物，做傀儡也許一開始不大適應，但過不了多久，他就會適應，甚至喜歡上這樣的生活。當上皇帝的中宗果然沒有食言，將家庭的掌舵大權交給了自己的老婆。

韋后的野心越加膨脹，她在努力的模仿自己內心的偶像——武則天。她仇恨武則天，因為讓她遭受了十五年的流亡之苦；但她更嫉妒、羨慕、崇拜武則天，因為其所作所為真正打動和喚醒了她的欲望，她渴望成為一個武則天般的女人。如果有可能，超越一下也是可以的。她開始指手畫腳，干預朝政，一如武后所為。朝臣們驚嘆的發現，天皇和天后似乎還魂了，場景再現，只不過二人變換了模樣。歷史似乎給我們開了一個不大不小的玩笑，它倒退了。在這個過程中，韋后得到了上官婉兒的幫助。這是力量與智力的聯合。韋后雖然權欲熏心，但卻是個沒讀過幾本書的粗人，志大才疏，干預朝政畢竟也是需要點文化水準。而上官婉兒則彌補了她的不足。上官婉兒端正雅麗，言語溫婉，聰慧善文，早在則天時代，就是皇帝的得力助手、高級祕書祕。對於朝廷政務，可謂得心應手。所以深得韋后歡心。韋后感覺二人特有緣，就把她引薦給了自己的老公，名列婕妤。二女侍一夫，配合默契，頗有相見恨晚之感。二人結盟，共同把持朝政。

上官婉兒早先侍奉武則天時，就與武三思情投意合，勾搭成奸。她唆使中宗把安樂公主嫁給了武三思的兒子武崇訓。結果，表兄弟變成了兒女親家。這樁親上加親的婚姻給骯髒的政治交易蒙上了一層迷人的色情帷幕。帷幕之下，上官婉兒與武三思得以舊夢重溫。激情之餘，上官婉兒又把武三思引薦給了韋后。沒想到千年前的大唐宮闈，竟然玩起了換夫換妻的性遊戲。當然，它不僅是對肉慾的貪婪，更是對權力的沉迷。

韋后本是個強悍的女人，懦弱的中宗自然難以稱心，她內心渴望強悍男人的撫愛。她對武三思很滿意。床笫之歡加上弄權之樂，倍感刺激。如此，武三思東山再起，得以再次自由出入宮禁。就連中宗也都熱情有加地把武三思當成一家人，毫不見外。幹啥都在一起。韋后與武三思坐在龍床上下雙陸棋，中宗自己則興趣盎然地在旁邊給她們點數籌碼，樂此不疲。這個場合，上官婉兒總是趴在中宗肩上，看到情人快輸了，不由地發出清脆而快活的尖叫。四人合演著一齣荒唐而糜爛至極的宮闈政治醜劇。

武三思現在成了中宗的座上客。宰相張柬之等皆受制於武三思。武氏勢力的復活彷彿暗示著後武則天時代的開始。

武三思與韋后商量著除去復辟唐室的功臣人物。他們用明升暗降的辦法，將宰相敬暉、桓彥范、張柬之、袁恕己、崔玄暐全部進爵為王，罷免政治職務，只是在每月朔望（農曆的每月初一和十五）上朝。（不久，五王又被貶為外地刺史，先後死於流放之所。）武三思有計畫地恢復則天之政，不贊成者一律罷官，先前被五位宰相所罷免的人員則一一復職。武三思不但與中宗分享著他的女人，而且分享著他的國家。每當朝會之時，看著端坐在龍椅上的「綠帽哥」，再看看自己的姘頭，武三思的內心在竊喜，在得意，也在沉淪。借助韋后和婉兒這兩個帝國最有權勢的情人，武三思很快征服了整個帝國。

色情

皇后緋聞以驚人的速度在發酵。政府與民間史無前例的關注起同一個話題，大家每天都在興趣盎然地關注和談論著這場宮廷豔情連續劇。

一些以忠臣自居的人，自認負有特別的道德使命，他們開始激烈抨擊韋后和武三思的淫亂，聲稱應當將二人梟首都市。武三思得到密報，正中下懷，順勢把這些人都抓了起來。法官審問時，聽到罪犯們義憤填膺的抨擊這些宮闈私事，嚇得聽都不敢聽，裝作睡著了。罪犯們卻越說越起勁，法官只好匆匆將他們押回大牢。罪犯們硬是掙脫開來，堅持說下去，以致有人胳膊都被扭斷了。後來，這些人大部分都被殺，個別逃脫者也都自殺於比干廟裡，以此表示自己的忠貞。

中宗也非常惱怒有人說他天天戴著綠帽子，更惱怒這些臣子偏要跑去比干廟自殺。這不等於影射自己是當代商紂嘛！世外高人韋月將對於這場醜劇也忍不下去了，提前出關並上書控告武三思穢亂宮廷，中宗自己卻先惱了，命速斬之。黃門侍郎宋璟要求再復審，中宗更加怒不可遏，來不及穿好衣服，趿拉著一隻鞋，就竄出側門，氣急敗壞地吼道，「我已經讓人把他殺了，你還說啥！」宋璟說硬著頭皮說，「你要殺他，就先殺我。」這時，左御史大夫蘇珦、給事中徐堅、大理卿尹思貞也都趁機勸諫夏天殺人，有違時令。中宗就把韋月將流放嶺南。秋分剛過一天，天濛濛亮，廣州都督周仁軌就將韋月將處死。這顯然是得到武三思的指令。周仁軌從此與宮中聯繫頻繁，成了韋后和武三思的得力幹將。後來，周仁軌又殺了皇后父母的仇人，韋后就喊他乾爹。

武三思想利用綠帽子事件作篇大文章。他安排人將皇后的穢行，寫成大字報，張貼在東都商業區的天津橋兩旁；再讓御史大夫李承嘉誣告，這些有損帝國臉面的事情都是五王所為。武三思一邊叫安樂公主在宮中挑撥離間，一邊指使侍御史鄭愔在朝廷散布輿論。結果，當初為李唐復辟立下汗馬功勞的五位忠臣，全都被判流刑，先後死於流放地。對其家人也沒放過，五家子弟凡是年齡在十六歲以上者，全都流放嶺南。

收拾完朝廷，再來收拾家庭。皇后現在要清除的目標是太子李重俊。因為太子不是皇后親生，這注定他要身不由己地成為宮廷淫亂集團必須除之而後快的眼中釘。韋后和武三思密謀於床上，上官婕妤在旁邊煽風點火，藉著下詔之便，吹捧武氏，貶損太子。安樂公主與駙馬武崇訓也是狗眼看人低，常常凌辱太子，呼之為「奴才」。武崇訓又教唆公主給中宗說廢掉太子，立己為皇太女，儼然要做合法接班人。若非宰相魏元忠冒死進諫，使得中宗意識到問題的嚴峻性，糊裡糊塗的中宗沒準就應允了。此事令安樂大為光火，罵罵咧咧地說到：「魏元忠只不過是一個土到極點的山東倔老頭，有什麼資格議論朝政？阿武（武則天的綽號）的兒子都能做天子，天子的女兒有何不可？」

太子李重俊平日裡受盡欺凌，咬咬牙也就暫時忍了，得知安樂的所作所為之後，終於忍無可忍，遂與左羽林大將軍李多祚、將軍李思沖、李承況、獨孤禕之、沙吒忠義等人密謀，帶著三百多羽林千騎兵，衝進武三思家中，將其父子一舉斬殺。又使左金吾大將軍成王李千里及其兒子天水王李禧分兵把守宮城諸門，太子與多祚引兵自肅章門斬關而入，直撲樓閣搜捕上官婕妤。婕妤高聲呼喝地說，「太子殺了我，還會殺皇后，殺皇帝，咱們都得死。」中宗信以為真，慌不擇路地帶著韋后、安樂、上官等人爬到了玄武門的城樓上躲避兵鋒，同時調集兵馬阻擊太子。一番交戰，士卒倒戈，太子兵敗，逃亡至城南的終南山中，跟隨者只剩下幾個親隨，在樹下歇著的時候，卻為叛徒殺害。中宗竟然用太子的首級祭奠武三思父子靈柩，懸掛於朝堂之上，以儆效尤。

武崇訓死了，安樂公主成了寡婦，但她反而有因禍得福之感。因為她與前夫的堂兄弟左衛中郎將武延秀早就有一腿。當初，在她和武崇訓的婚禮上，玉樹臨風的武延秀就深深吸引了她。慇勤的武延秀對她獻歌一首，更使她芳心大動。隨後，二人眉目傳情，同床共枕，早已是家常便飯。

武崇訓前腳走，武延秀後腳來。武延秀出了洞房，就上廟堂。第二天就被提升為太常卿。晚上接著在兩儀殿[1]宴請群臣，花枝招展的安樂公主看著伏地稽首的三公九卿，心裡樂開了花。情場得意，官場更得意。不用春風，自己就是春風。安樂公主既能來風，又能造勢。不可一世的她，連太平公主也要忌憚三分。

太子案中損失最大的是上官婕妤。情人死後，她很失魂落魄。中宗為了讓她開心，就把她升為昭容。不久，愛熱鬧的中宗又在宮中置修文館，從百官裡面挑選了二十多個文人為學士，指定上官昭容負責。每游幸禁苑，或宗戚宴集，學士們也都來參加，賦詩唱和，由上官昭容作主評出優劣，優者賞錢。

正月晦日（農曆每月最後一天，正月晦日為唐代法定春遊節假日）這天，中宗帶領大批御用文人遊覽昆明池，並命大家賦詩，收穫百餘篇。然後叫上官昭容選出一首，「為新翻御製曲。」上官昭容下筆如飛地對每首詩作出了精當點評。大家都很佩服她的評審眼光和鑑賞能力，各自取走了自己的詩歌。只有沈佺期、宋之問「二詩不下」。過了一小會，「一紙飛墜，競取而觀，乃沈詩也。」上面寫著，「二詩工力悉敵，沈詩落句云：『微臣雕朽質，羞睹豫章材。』蓋詞氣已竭。宋詩云：『不愁明月盡，自有夜珠來。』猶陟健舉。」沈佺期這才服氣，「不敢復爭。」[2]實際說來，這些宮廷賽詩會算不上是真正的詩歌大獎賽，評出來的所謂優秀詩歌也沒人當真。但由於這些吆五喝六的詩會往往規模很大，五品官以上都參加，熱鬧非凡，諛辭貫耳，於是便形成了一種醜陋的藝術風氣，一種華而不實的豔麗文體就這樣從宮中向社會流行起來。

饕餮

韋后和上官昭容有意識地模仿武則天。為了提高女人的地位，她們先是改革喪禮，讓皇帝下詔要求天下士庶為母服喪三年，一如為父守喪；五品以上官員的老娘和老婆沒有因兒子和丈夫而得到封號的，出殯和葬禮也都可以使用軍樂儀仗。進而，又開放女權，規定：太平、長安、安樂、宜城、新都、定安、金城七個公主都可以建立自己的衙門，並有權任命官吏。一時間，權出女門，女權高漲，大唐差不多成了女兒國。

太子李重俊的失敗，大大刺激了韋后集團搶班奪權的野心，一批趨炎附勢、毫無節操的妄人瞅準風向，大造祥瑞，開始為改朝換代製造聲勢。武則天屍骨未寒，韋后等人就準備拷貝她的業績了。只不過，後者較之前者，實在是太不上檔次了。神龍三年，宗楚客牽頭，率百官上表，請求加皇后尊號為順天翊聖皇后。翊，輔佐之意。景龍二年，宮人奉命造勢，聲稱在皇后的衣箱中有五彩祥雲騰空而起，中宗信以為真，竟然命人按照描述將其畫了出來，在朝堂上展覽。然後大赦天下，文武百官的母親、妻子全部加封邑號。

1 一在太極殿。
2 〔宋〕計敏夫，《唐詩紀事》，卷三。

右驍衛將軍、知太史事迦葉志忠煞有其事的上表聲稱：想當年，高祖皇帝受命之前，天下人人傳唱《桃李子》；太宗皇帝受命之前，人人傳唱《秦王破陣樂》；高宗皇帝受命之前，人人傳唱《側堂堂》；天后受命之前，人人傳唱《武媚娘歌》；當今聖上受命之前，人人傳唱《英王石州》；而順天皇后受命之前，天下人無不傳唱《桑條韋也》、《女時韋也》。天地四方，舉手頓足，載歌載舞，普天同慶。即便是上古舜帝時期，演奏《簫韶》時的百獸共舞也無法同日而語啊！皇后乃是天帝之女，合日月之精華，理應尊為國母，主持祭祀桑蠶的大典，以安天下。臣斗膽進獻《桑條歌》十二篇，伏請陛下將其公布海內，列入樂府，配祀宗廟，傳於後世！中宗也很為老婆感到自豪，興高采烈地同意了。然後，特地賞賜迦葉志忠這個馬屁精一處豪宅，精美絲織品七百段。太常少卿鄭愔進一步引申發揮，竟然搞出了一台《桑條歌》的大型歌舞劇和朗誦版，同樣得到重賞。這還沒完，宗楚客指示補闕趙延禧穿鑿附會，將《桑條》解釋為上天預兆的符讖，應當載入食材。中宗欣然同意。趙延禧也因此升官為諫議大夫。

韋后與上官昭容不滿足於後宮的封閉天地，她們覺得高高的大殿與宮牆有一種壓抑感，繁冗的禮節也讓人住得很不舒服，於是就在皇宮的外面建造了一片多功能府邸，亭台樓閣，園榭廊廡，富麗堂皇，比東都還要華麗。這裡既是國家的決策機構，又是幽會情人的風月場所。這種新型的開放性宮闈政治，為朝士趨炎附勢，以求進達，大開方便之門。昭容的謀略遠在韋后之上，軍國大計，殺生大柄，盡操其手。[3]

武三思忙著伺候韋后，才貌雙全的崔湜就成了上官昭容的新情夫，屋裡屋外都很賣力，昭容沒有虧待他，讓他做了宰相。有了情婦罩著，崔湜抖擻精神，傾附勢要，贓賄公行，順昌逆亡，結果是聲名狼藉，官吏選拔制度破壞殆盡。崔湜的府邸成了菜市場，各色人等只要錢財齊備，都能來這裡謀得一官半職。進進出出，好不熱鬧。他的老爹崔挹幫著兒子賣官，私下收了人家錢，崔湜事先不知道，等到宣布官員名單，卻沒這個人。這個人就投訴崔湜，「你家人收了我錢，為啥不給官做？」崔湜惱怒地說，「誰收了你錢，我把他抓來當場打死！」這個人說，「你要是真把他打死了，就有大麻煩了。」侍御史勒恆與監察御史李尚隱聯名上書，揭發崔湜。上官昭容就拉上安樂公主和武延秀兩口子，一塊兒向中宗說情，「曲為申理」，中宗就讓崔湜到襄州去做刺史，暫避風頭。沒多久，官復原職。

較之上官一夥兒，安樂公主更為驕橫，「光豔動天下，侯王柄臣多出其門。」她恃寵驕恣，賣官鬻爵，勢傾朝野。有時乾脆自己擬好聖旨，用手捂住內容，讓中宗簽字蓋章。中宗看也不看，說笑間就把字簽了。長寧公主及皇后妹妹成國夫人、昭容老媽沛國夫人鄭氏、女官柴氏、賀婁氏、女巫第五英兒和趙氏，也都依勢用權，賣官賣爵。請謁受賕，即便是屠夫酒保傭僕，只要花上三十萬，就可以「墨敕除官，斜封付中書」，時人謂之「斜封官」。

「斜封官」，也稱「墨敕斜封官」，是唐代的非正式任命官員，也是時人對由非正式程序任命的官員的一種蔑視性稱呼。這種官職的任命狀是斜封的，要從側門交付中書省辦理，而且它上面所書「敕」字是用墨筆，這與中書省黃紙硃筆正封的敕命是不一樣的，「斜封官」由此得名。

當時，斜封官都不透過中書、門下兩省任命，直接下達有關部門，是做官的捷徑。趨之若鶩者有如過江之鯽。兩省長官皆不敢過問，惟有吏部員外郎李朝隱是個硬漢子，他前後退回的就有一千四百多人，可見人數之眾。此外，員外、同正、試、攝、檢校、判、知官等候補、臨時性官職也有好幾千人。更誇張的是，女權集團竟然在西京、東都分別設有兩個吏部侍郎，「為四銓」[4]，專辦選注斜封官，每年突擊提拔官吏數萬人。

在女權集團看來，國家的一草一木都可用來斂錢。這些不知羞恥的女人們已經將出售權力進一步發展

3 〔唐〕武平一，〈景龍文館記〉，《太平廣記》，卷二七一。

4 對吏部三銓而言。唐代對文武官吏選授考課制度，由吏部和兵部之尚書、侍郎分掌其事。尚書為尚書銓，掌五品至七品選；侍郎二人分為中銓與東銓，掌八品、九品選，合稱三銓。

到出賣信仰。由於僧道免服賦稅徭役，因此歷朝歷代皆對寺道編制控制很嚴，全國僧道人數均有定額，辦理相關法律手續。若一旦發現非法僧道，要連坐懲罰當事人、地方官和相關寺道三方面，弄得許多想超脫紅塵的善男信女不得其門而入。[5]有需求就會有市場，女權集團深諳此道，信仰之門遂成為她們的發財門路，她們開出的價碼是三萬錢，只需花三萬錢您就可以遁入空門。女權集團不但出售度牒，而且「多營佛寺」，把佛寺道觀當作一種掠奪財富的國營壟斷性企業，這種變態的寺院經濟就此在全國蔓延開來。

與攬權、圈錢相匹配，女權集團也在毫無節制地追求奢華。公主們競起第舍，相互攀比，以侈麗相高，而其精緻尤勝皇宮。安樂公主不但營造了空前豪華的府邸和「安樂佛廬」，還想把諾大的昆明池據為己有。沒搞到手，就強拆民居，搶奪民田建造了更加廣闊的「定昆池」，一心要勝過昆明池。安樂公主有條裙子，價值一億錢，粟粒大小的花卉鳥獸，栩栩如生，正視旁觀，日中影中，各為一色。無恥之徒司農卿（相當於今中國國家糧食局局長[6]）趙履溫為了給安樂公主蓋一所京城最華麗的別墅，竟然挪用國庫，築台穿池，大興土木，堆砌的假山竟然模仿華山。這個小丑，不惜卑躬屈膝，降低身段，「斜褰紫衫，為公主背挽金犢車。」也就是斜脫下朝服，把韁繩套在自己脖子上，擼起膀子，像牛一樣給公主拉車，以博公主一笑。

日子流水似的過去。危機的漩渦也在慢慢聚集。有關皇后的緋聞從未消停過。定州人郎岌給朝廷寫信：「韋后、宗楚客這對狗男女將會禍亂朝廷。」韋后氣急敗壞的要人用棍子把他打死。許州司兵參軍燕欽融也跟著上書：「皇后淫亂，干預國政，宗族強盛，安樂公主、武延秀、宗楚客等圖危宗社。」中宗召見燕欽融，當面質問。欽融叩頭爭辯，神色不撓，中宗為之默然。宗楚客假傳聖旨，令禁衛軍將其抓捕，還示威性地將其身子拋擲於殿庭柱石之上，當即頭碎頸折，血賤玉階。中宗雖不追究，但心裡很不痛快。他那難得一見的不滿表情，有人看在眼裡，記在心上，令韋后及其黨羽開始感到憂懼。

韋后現在越來越感覺形勢不妙。她悄悄地把幾個情夫召集起來，開了個碰頭會。她的這些情夫各有所長。其中，散騎常侍馬秦客精通醫術，光祿少卿楊均擅長烹調，他們讓韋后全面享受了飲食男女的妙處。

幾個人正在商量對策，安樂公主突然闖了進來。她是螳螂捕蟬，黃雀在後。她琢磨著，先讓老媽臨朝，做武后第二；自己做皇太女，將來做武后第三。這對貪婪成性，卻又志大才疏的母女，就這樣一拍即合地制定了一樁謀殺親夫親父的歹毒計畫。

生得窩囊，死得更窩囊。中宗在吃下了自己老婆和女兒拿來的甜餅之後，一頭栽倒在地，中毒身亡。[7]

上官昭容與太平公主偽造遺詔，立年僅十六歲的溫王李重茂（中宗第四子）為皇帝，即殤帝，李旦輔政，韋后為皇太后攝政，以穩住李姓勢力。老公死了，韋后名正言順的臨朝攝政，並改了一個很有中興意味的年號「唐隆」。

賭徒

現在朝廷差不多成了清一色的女人天下。韋后、上官昭容、太平公主，加上安樂公主，四個心懷鬼胎的女人，各樹朋黨，相互詆毀。當然，韋后勢力最大。

在安樂公主、宗楚客、武延秀及諸韋的吹捧和擁戴之下，韋后越幹越起勁，也越發表現出武則天的風格和氣勢。她任命賀婁氏為內將軍，掌管宮中禁軍，負責自己安全。南北衛軍、台閣要司現在也都被韋氏

5 當時尼寺人滿為患，許多女尼找不到可以接受她的寺院，只能居家修行。（姚平，《唐代婦女的生命歷程》，上海古籍出版社，2004年，第246頁）

6 編注：類似於台灣行政院農業委員會農糧署署長。

7 有人說中宗是病死，所謂韋后弒君篡逆，都是李隆基政變時編造的理由。（黃永年，《六至九世紀中國政治史》，上海書店出版社，2004年，第212頁。）

子弟占據，他們廣聚黨眾，中外連結，儼然新貴。宗楚客又密上圖讖，說韋氏稱帝，天命所歸，他甚至圖謀再搞一次「毒燒餅事件」，弄死剛剛登基的小皇帝。韋后等人深知，事到如今，阻礙自己前進的勁敵就要數太平公主與相王李旦了。

太平公主是高宗與武則天兩位帝王的小女兒，深得寵愛，她不僅容貌與武則天相像，「方額廣頤」，性情才幹也頗有相似之處，「多陰謀」，無怪乎則天常說此女「類我」。由於母親的特殊情懷，所以打小兒就對其進行刻意培養，參與機密，處理政務，可謂得則天大帝之真傳。不難想像，韋后與上官婉兒對武則天的嫡傳弟子——太平公主，那是相當忌憚，嫉妒當中夾雜著恐懼，頗為複雜。在太平面前，無論是出身，還是智力，她們都自慚形穢。因此，韋后當政期間，有意識地對其進行排擠和邊緣化。但太平可不是好欺負的善人，她一刻也沒閒著，利用自己的魅力和財力，收攬人心，積蓄力量，像一隻潛伏在枯草當中的雌獅，注視著不遠處的獵物，只等最佳時機就撲上前去，一擊致命。

相王第三子臨淄王李隆基是李唐皇室中的俊傑，不同於父親的碌碌無為，忍辱負重，是年二十六歲的他「性英明果斷」，是個了不起的人物。眼瞅著，韋氏集團圖謀再次顛覆李唐，效仿武則天來一次「二次革命」。李隆基怎能坐以待斃，遂暗中與姑姑太平公主及公主的兒子衛尉卿薛崇簡準備先發制人。唐隆元年（西元七一〇年），七月二十一日，二鼓聲後，天星散落如雪，葛福順率領部署在玄武門的羽林軍發動突襲，刀光劍影間韋氏黨羽人頭紛紛落地。李隆基勒兵玄武門外，三鼓，聞聲，率領羽林兵衝入宮中。韋后慌忙逃入飛騎營，為飛騎兵卒所殺。安樂公主正在寢宮對鏡描眉，忽覺脖子一涼，已經身首異處。剩下的只有上官昭容了。她戰戰兢兢地端著蠟燭迎接李隆基，妄圖僥倖活命。李隆基令人將其斬於旗下。拂曉，一切恢復平靜。

中書令宗楚客喬裝打扮一番，穿著孝服、騎著毛驢逃跑，結果被城門士卒認出，一刀斬於驢下。祕書監汴王李邕的妻子是韋后妹妹崇國夫人，御史大夫竇懷貞的妻子是韋后乳母王氏，這時都親手砍下自己妻子的頭獻給太平公主，劃清界限，以表忠心。太平公主令人將馬秦客、楊均、葉靜能等人的頭顱懸掛在城門樓上，並將韋后的屍體陳列於市；同時派兵到韋后的老家杜曲，執行斬草除根的滅絕行動，家族百餘口一個不剩，襁褓嬰兒也未能倖免。

經過這一系列變故，太平公主勢力膨脹到了空前的地步。想當初，武皇有意識地培養太平，甚至連她的婚姻都安排好了。為了這樁婚姻，武皇不惜殺人。她將太平公主嫁給自己伯父武士讓之孫武攸暨。武攸暨那時已經結婚，武皇派人殺掉他的結髮妻子，硬是把自己女兒塞給了他。太平公主雖然不滿意母親包辦的婚姻，但為了支持她的女皇事業，也只得作出犧牲。被母親澈底打碎愛情夢的太平公主終此一生不再對真情和浪漫抱有任何幻想。放縱情慾，濫交情人，成為她生活的主要色彩。她和母親一樣，對魁梧的和尚情有獨鍾，而且是洋和尚。破了色戒的胡僧慧范，在太平公主的庇護下，更是色膽包天，欺男霸女，無惡不作，受到御史大夫薛謙光的嚴厲彈劾。公主向母親哭訴，薛謙光被貶到外州。女皇意味深長地點撥女兒，愛情不能用來復仇，它只是復仇的價碼。數年之後的睿宗時期，又有個不識趣的御史慕容珣彈劾公主的情人，同樣遭到貶斥，因為皇帝認為他離間骨肉親情。

失去了愛情，得到了權力。母女間的這場另類權色交易，實際上是延續女皇帝國的一種古老的家族方式。儘管太平公主多少分享了女皇權力的一杯羹，但由於武皇管制嚴酷，不敢過於招搖。誅殺二張，是太平公主參與的第一次政變。中宗時，韋后、安樂公主、上官昭容這三個最不可一世的女人都懼她三分。和李隆基聯手誅殺韋氏，是太平公主參與的第二次政變。兩次政變奠定了太平公主在朝中的獨尊地位。睿宗每圖議大政，必與公主協商。諸位宰相也常常上門請示匯報，就像是公主的祕書。宰相奏事，睿宗總是先問：「公主知道了嗎？」皇帝對公主言聽計從。自宰相以下，大臣進退全在公主一句話。「自寒亢躐進至侍從，旋踵將相」的火箭式官員作為公主依靠的新生力量，遍布廟堂。

公主成了沒有女皇名號的皇帝。趨附其門者如市如潮。三個兒子薛崇行、薛崇敏、薛崇簡一齊封王。京城周圍遍布公主的田園別墅和錢莊店鋪。經營種類從土地到文物，經營範圍遠至嶺南、巴蜀，全國各地進貢者絡繹不絕，甚於宮廷。不光物質文明，精神文明也抓。公主大力提拔引進天下士人。她認為儒生雖然既清高又迂腐，但重金厚禮卻是和他們打交道的最好方式。有了重金厚禮，再曉以天下大義，什麼事都好辦了。沒多久，太平公主便成為讀書人心中的女神。

一山不容二虎，哪怕一公一母。昨天盟友，今日對手，是政壇常有的事。太平公主現在與太子李隆基已勢不兩立。公主派人日夜監視太子，以防萬一。同時，公主還在睿宗身邊安插耳目。細到雞毛蒜皮的瑣碎小事，無不知曉。公主又派人把宰相叫到府裡，暗示要廢黜東宮，說李隆基既非嫡出，亦非長子，沒資格做太子。這些言論傳到睿宗耳朵裡，他心生一計，以退為進的試探說，「朕打算傳位太子，如何？」太平公主反而急了，很不同意，「你歲數又不大，著什麼急！」

太平公主看中書令韋安石不甚聽話，就給他個左僕射兼太子賓客的虛銜，打發走了，然後讓竇懷貞做侍中。竇懷貞出身外戚世家（高祖父竇毅是唐高祖李淵的岳父），父親也曾官至宰相，但此人奴顏媚骨，見風使舵，毫無節操。韋后得勢之時，他為了避韋后父親韋玄貞的名諱，自改姓名為「從一」，立志跟隨韋后，「從一而終」。韋后將一個既老且醜的奶媽王氏塞給他做老婆，他感激涕零。韋后一垮台，他又立馬殺掉王氏，投靠太平公主。真可謂兩面三刀。此時的他，一下班就要到太平公主家中匯報工作，實際上成了公主的私人祕書。當時，公主想修建金仙、玉真兩座道觀，群臣多諫，唯有竇懷貞鼎力支持，並親自當起了監工。人們說他以前是韋皇后的阿奢（時人對奶媽丈夫的稱呼），現在是公主的管家。

太平公主有計畫地對宰相班子進行換血，宰相七人，五出其門。文武百官一大半也被收羅旗下。太子也沒閒著，全速加快了接班的步伐。西元七一二年，睿宗深恐在這樣下去，李唐江山又要大亂，於是毅然把帝位讓給了兒子李隆基，改元先天，是為著名的唐玄宗。只是睿宗仍然掌握朝政大權：朝廷三品以上官員的任免權和軍政大事的決定權。睿宗的讓位加劇了李隆基和太平公主的矛盾。雙方都在積蓄力量，準備幹掉對方。這一年，太平公主的第二任丈夫武攸暨死了。他戴了這麼多年的綠帽子，終於可以回歸安寧了。當初，太平公主曾警告睿宗，即便傳位，也要大權獨攬。果然，她又靠著太上皇的信任，擅權用事，經常與新皇玄宗發生矛盾。

先天二年（西元七一三年），太平公主祕密召開政變動員會，與會人員陣容強大，「眾星雲集」，有當朝宰相竇懷貞、岑羲、蕭至忠、崔湜，太子少保薛稷、雍州長史新興王李晉、左羽林大將軍常元楷、知右羽林將軍事李慈、左金吾將軍李欽、中書舍人李猷、右散騎常侍賈膺福、鴻臚寺卿唐晙和公主的老情人胡僧慧范，經過熱烈的討論，大會決議：一不做二不休，廢黜皇帝。同時準備了第二套方案，命宮女元氏尋找時機，隨時毒殺玄宗。

玄宗得到密報，天平公主將在七月四日動手。於是，玄宗先下手為強，於初三日以迅雷不及掩耳盜鈴響叮噹之勢將公主黨羽一網打盡。太平公主逃入終南山一寺院，三日後僥倖下山，被勒死在家裡。小兒子薛崇簡沒有參與政變，且在平日屢次諫阻其母舉事而受到責打，得免一死，並改姓李，留任原職。以示新皇恩怨分明，寬宏大量。其餘家人、黨羽數十口一律斬殺。

公主先前在樂游原上建造的豪華度假村沒收充公，大部分賜給了玄宗的四個兄弟，其餘部分改建為大型廣場，供市民娛樂休閒。由於公主家產太多，清查了幾年才登記完畢。「廄牧羊馬、田園息錢，收之數年不盡。」[8]堆積如山的玉器珍玩，令見過世面的玄宗也不禁大開眼界。當然，所有珍寶玩物最後都一股腦地搬進了宮裡。這又一次證明了皇權法則就是贏者通吃。

8 〔北宋〕司馬光等，《資治通鑑》，卷二一〇。

公主當年欲占春，故將台榭壓城闉。
欲知前面花多少，直到南山不屬人。
——〔唐〕韓愈．《游太平公主山莊》

詩中，作者以「欲占春」、「壓城闉」暗諷了太平公主昔日的驕橫，「前面」、「不屬人」卻是對「欲占春」者的極大嘲諷。

政治犧牲品

自武則天始，韋后、安樂、上官、太平等人前仆後繼，抗拒男權，挑戰命運，衝撞秩序，開創了一個空前絕後的「女權」時代。它為害尤烈，卻又不失光彩，在中國歷史上抹下了一筆濃重的桃紅色。然而，伴隨著太平的覆滅，也宣告了一個時代的結束。時鐘撥回到了從前，一個個宮廷女人面對波譎雲詭，險象環生的政治鬥爭，無力抗爭，任憑命運的擺布，淪為政治鬥爭的犧牲品。

回眸一笑百媚生，六宮粉黛無顏色。

作為唐朝，或許也是中國歷史上最著名的兩個女人，楊貴妃和武則天雖都屬以色侍人，但兩人性格和命運迥異。武則天是挑戰命運，牽著命運走；楊貴妃是順從命運，跟著命運走。或許緣於唐朝皇室素有互贈綠帽兒的習尚，瓜田李下也無嫌疑。男女亂倫，葷素不忌，一片開放氣象。武則天和楊貴妃雖都曾在皇帝父子的龍床上摸爬滾打過，但程序相反。武則天先父後子，楊貴妃先子後父。

相比於後來的風光，楊玉環幾乎想不起來第一任丈夫給過她什麼，但壽王的專一還是曾讓她動情難忘，壽王李瑁是玄宗的第十八子，母親為武惠妃，他是個性格平和的男人，沒野心，不張揚，在玄宗的幾十個兒子中不顯山不露水。他有了楊玉環這樣的絕色女人，平生心願已足，置身花叢，卻心無旁騖。但他不知道傾國傾城往往意味著傾家蕩產。父皇對於兒子當然不會把事做得那麼絕。父皇拿走了兒子的傾國傾城，也適當給他一些補償。但這補償顯然彌補不了兒子喪妻之痛。最荒誕的莫過於，妻子未死，丈夫卻感覺生不如死。玄宗後來給壽王娶了左衛郎將韋昭訓女兒，雖然也是國色天香，但壽王覺得巫山雲雨是那麼遙不可及。不久，他就患上了抑鬱症。而這種抑鬱又常使他必須忍受一種痛苦的清醒。

龍池賜酒敞雲屏，羯鼓聲高眾樂停。
夜半宴歸宮漏永，薛王沉醉壽王醒。

——〔唐〕李商隱．《龍池》

玄宗攜貴妃來華清池洗浴，叫來諸皇子陪酒，酒宴排開，歌舞昇平，看到昔日的愛妻，今天成了父親的新寵，遠遠望去，花枝招展，千嬌百媚，似乎比跟著自己快活多了，那壽王酒宴上能喝得下去、回來後能睡得著覺嗎？

奪走兒媳婦的行徑，並沒有讓玄宗感到任何愧疚和不安。即便死個兒子也不如死個寵妃讓他傷心。武惠妃剛死那時，玄宗茶飯不思。後宮佳麗數萬，沒一個看上眼的。他甚至懷疑，是不是選美大臣吃了回扣，怎麼選進宮的淨是些下等貨色？皇帝無心後宮，妃嬪宮女們也覺得百無聊賴，只得絞盡腦汁的想出各種法子挑逗皇帝，希冀龍心愉悅。

王仁裕的《開元天寶遺事》中記載了這麼兩個小故事，可一窺宮中氛圍。

「開元末，明皇每至春時旦暮，宴於宮中，使嬪妃輩爭插豔花。帝親捉粉蝶放之，隨蝶所止幸之。後因楊妃寵，遂不復此戲也。」[1]

「明皇未得妃子，宮中嬪妃輩，投金錢賭侍帝寢，以親者為勝，召入妃子，遂罷此戲。」[2]

看來，貴妃入宮之前的好一段時間，玄宗的確空虛乏味，沒一個稱心如意的。佳麗三千，不過爾爾，臨幸哪個都差不多，乾脆賭上一賭，稍減苦悶之情。但此等局面，怎能長久？於是，他重新派出各路選美使臣到全國搜尋。

現在，玄宗沒心思幹別的，整天就是翻看送上來的美女畫像。看來看去，還是沒一個中意的。他決定擴大搜索範圍。所有人都在挑選之列。

有人報告壽王妃楊玉環絕世無雙。也有人暗示，楊玉環已不是處女[3]，選進宮中不大合適。玄宗嗤之以鼻，「誰說皇帝一定要搞處女？」玄宗立刻下旨召見。果然名不虛傳。玄宗暗自讚嘆。玄宗開門見山，「你想做一輩子王妃，還是想做貴妃？」楊玉環莞爾一笑，瞧著眼前這位眉毛鬍子白了一大把的老頭，嬌滴滴的說「你不需要先問問你兒子的想法嗎？」玄宗說，「這是你我之間的事。」楊玉環說了一句名言：「天子之事也未必就是天作之合。」「所以要從長計議。」玄宗說，「在你正式入宮之前，朕先給你個女道士的身分，道號『太真』。朕在宮中給你建所太真宮，作為你的臨時寢宮。這樣你我就可長相廝守。過幾年就封你做貴妃。」

日光斜照集靈台，紅樹花迎曉露開。
昨夜上皇新授籙，太真含笑入簾來。
——〔唐〕張祜．《集靈台．其一》

詩人張祜以明揚暗抑的手法，諷刺了玄宗與貴妃這種掩耳盜鈴的行徑，已然做下此等事情，倒不如厚

1　《唐五代筆記小說大觀．下》，上海古籍出版社，2000年，第1718頁。
2　《唐五代筆記小說大觀．下》，第1734頁。
3　楊玉環入宮是否處女在唐朝並不是一個問題。清朝人把它當成大事，鄭重其事地反復考證。朱彝尊相信楊玉環是「處子入宮」。（參見陳寅恪，《元白詩箋證稿》，上海古籍出版社，1978年新一一版，第19頁）

下臉皮來得爽快。

過了五、六年的地下情人生活，玄宗真的喜歡上了「肌態豐豔，曉音律，性警穎，智算過人」的楊玉環。他覺得再也不能等了。當即決定公開兩人關係。倩盼承迎、善解人意的楊貴妃入宮不到一年，就專寵無二。宮中號曰「娘子」，待遇一如皇后。那真是「回眸一笑百媚生，六宮粉黛無顏色。」

一人得道，雞犬升天的鬧劇在中國永遠都不過時。貴妃有三個姐姐，個個貌美如花，玄宗「呼之為姨」，大姐封韓國夫人，三姐封虢國夫人，八姐封秦國夫人。姊妹花們並承恩澤，出入宮掖，勢傾天下。以致皇帝的胞妹玉真公主見了三夫人也要避讓一邊不敢就座。一次，楊氏姐妹夜遊，與廣平公主僕人因爭著出西市門而發生爭吵，楊氏家奴揮鞭抽去，竟然打到公主衣服上。公主墜馬，駙馬程昌裔下馬攙扶，也挨了數鞭。公主向玄宗哭訴，玄宗下令杖殺楊氏奴。但第二天，程昌裔也被免官，不准再入宮朝謁。

佳人自鞚玉花驄，翩如驚燕蹋飛龍。
金鞭爭道寶釵落，何人先入明光宮。

此詩節選自蘇軾《虢國夫人夜遊圖》，再現了「爭道」的歷史場景，反映了楊氏恃寵驕肆，狐假虎威，家奴亦狗仗人勢。

十王宅及百孫院的王子王孫們也不敢怠慢，他們的結婚大事更是要請幾位夫人定奪，都得給韓、虢夫人送上千貫的錢財，請她們說媒撮合，否則到皇上那兒啥事也辦不成。貴妃家族的男性自然也不寂寞。貴妃叔父楊玄珪為光祿卿（後至兵部尚書），貴妃兩個堂兄弟楊銛和楊錡一個為鴻臚卿，一個為侍御史。楊氏一門尚二公主、二郡主。韓、虢、秦三夫人與銛、錡五家作為最有權勢的家族，在大唐盛世以令人炫目的速度橫空出世。從中央到地方，無不對之畏懼如虎，他們的話比皇帝詔敕還管用，四方賂遺，輻輳其門，惟恐居後，朝夕如市。

皇權政治就是這樣。當皇帝罩著你時，你就是天。要風得風，要雨得雨。楊貴妃專寵時，男男女女都圍繞她轉。貴妃喜歡騎馬，帝國首席官宦高力士天天等著給她牽馬。貴妃喜歡時裝，皇宮專為楊貴妃設計服裝樣式和織繡各種圖案的女工就有七百人。貴妃喜歡珍寶，宮中負責雕刻熔造的工匠，又有數百人。至於那些當官的更是恨不能把自己祖墳掘開找出一兩樣稀奇玩意獻給貴妃。嶺南經略使張九章和廣陵長史王翼運氣就不錯。以所獻精美，張九章官居三品大員，王翼則竄升戶部侍郎。榜樣力量是無窮的。沒幾天，貴妃家裡就成了天下頭號珠寶店。貴妃喜歡吃新鮮荔枝，嶺南（一說從今中國四川、重慶地區）官府就開闢了一條日行千里的綠色食品通道，號「荔枝道」，專門運送新鮮荔枝。「比至長安，色味不變。」貴妃家裡很快成了京城最大的保鮮水果商店。

長安回望繡成堆，山頂千門次第開。
一騎紅塵妃子笑，無人知是荔枝來。
——〔唐〕杜牧．《過華清宮絕句三首．之一》

貴妃得寵不但改變了自己的人生命運，也捎帶著改變了古老的男尊女卑觀念。老百姓都說：「生男勿喜女勿悲，君今看女作門楣。」光宗耀祖，光大門戶的不能只靠男人，更要靠女人。史書記載，那段時間，拋棄女嬰的人少多了。

姊妹弟兄皆列土，可憐光彩生門戶。
遂令天下父母心，不重生男重生女。
——節選自〔唐〕白居易．《長恨歌》。

看來，大詩人也很贊同民間的看法。

春宵苦短日高起，從此君王不早朝。

玄宗對貴妃的嬌寵可謂一時無兩。但也不是毫無摩擦。貴妃哪都好，但就是有點小心眼，是個出了名的醋罈子。凡是發現宮內哪個姑娘漂亮，貴妃總要想盡辦法將其打入冷宮，不能讓玄宗看到。妙齡美女「未容君王得見面，已被楊妃遙側目。妒令潛配上陽宮，一生遂向空房宿。」（〔唐〕白居易，《上陽白髮人》）人們相信，上陽宮就是貴妃專門「囚禁」後宮對手的場所之一。

在兩人關係史上，因為感情不專問題，貴妃至少打翻過兩個醋罈子，以致玄宗暴怒之下將貴妃趕回娘家。[4]當然，玄宗很快就後悔了，迫不及待地將貴妃重新接了回來。一個妃子跑回娘家兩次，又兩次被皇帝接回宮來，這在中國歷史上恐怕是絕無僅有了。

第一次是在貴妃正式入宮僅一年後（天寶五年）。專夜專寵的待遇使貴妃常常有些忘乎所以。她不知道她的男人首先是個皇帝。她要憑藉自己的超凡魅力獨占皇帝。開始，玄宗還能忍受，時間久了也想換換口味。結果弄得貴妃醋性大發。本來一件很正常的事情現在竟然變得偷偷摸摸了，玄宗很不爽。貴妃不斷地敲打玄宗，「有了我，你就別再打其他女人的主意。尤其是梅妃。她是梅花，我是牡丹。你的枕頭上只能繡一朵花。」有天夜裡，貴妃得悉玄宗又溜到了梅妃那裡。妒火中燒的貴妃直闖進去，逮個正著。醋罈子的威力勝過原子彈。瞬間驚天動地，一片混亂。玄宗臉上掛不住了，氣急敗壞地大喊，「給我滾！」貴妃哭哭啼啼地跑回到隔著一條街的楊銛家，並且發誓再也不進宮了。

貴妃一走，玄宗幹啥都提不起勁，吃啥都沒胃口，看誰都不順眼。不是打這個，就是踢那個，逮著誰罵誰。高力士明白玄宗的心思。就把皇宮中的奇珍異寶全部送給貴妃，一下子送去一百多車。這是向貴妃暗示，你才是皇上真正的寶貝；玄宗還把自己吃的東西也分一半給貴妃送去。這是向貴妃暗示，你是我的另一半。貴妃又被感動了。她不禁想起玄宗對她說過的甜言蜜語，「你是我的摯愛至寶。我這輩子幹成兩件大事，一是做皇帝，二是得到你。」耳邊彷彿響起了玄宗專為她創作的曲子《得寶子》。於是就把自己刺血書寫的《金剛經》讓高力士帶給玄宗，並連夜從安興裡返回宮裡。玄宗為了迎接貴妃，甚至打開了輕易不開的禁門。自是恩遇愈隆，甚於以往，後宮嬪妃再無一人能分享玄宗的雨露恩澤。後宮整個成了冷宮。一切拈花惹草、招蜂引蝶的性遊戲澈底銷聲匿跡。

雲鬢花顏金步搖，芙蓉帳暖度春宵。
春宵苦短日高起，從此君王不早朝。
承歡侍宴無閒暇，春從春遊夜專夜。
後宮佳麗三千人，三千寵愛在一身。

——節選自〔唐〕白居易．《長恨歌》

第二次是在天寶九年（西元七五〇年），貴妃又抓住了玄宗外遇的把柄。這次可是貨真價實的包二奶。二奶是貴妃的三姐虢國夫人。本來在貴妃的嚴防死堵之下，玄宗老老實實過了幾年的一夫一妻制生活，再也沒碰其他妃子一下。但貴妃光顧盯著後宮，沒想到家賊難防，本家姐姐在她眼皮底下和玄宗眉來眼去地暗渡陳倉。貴妃心裡清楚，三姐的美豔不亞於自己，但風騷過之。玄宗垂涎欲滴也自在情理之中。雖說肥

4　也有人推測是因為貴妃紅杏出牆，才使得玄宗大動肝火。據說，玄宗大哥寧王的長子汝南王李璡，小名「花奴」，是個真正的帥哥，「姿質明瑩，肌發光細」玄宗說他「非人間人，必神仙謫墜也」。（〔元〕陶宗儀，《說郛》，卷一〇二）更難的是，他嗓音甜美，唱得一嘴好曲。玄宗常把他召進宮裡，陪侍左右。一來二去，貴妃與小寧王就不明不白起來。（參見徐有富，《唐代婦女生活與詩》，中華書局，2005年，第171頁）張祜的《寧哥來》云：「日映宮城霧半開，太真簾下畏人猜。黃翻綽指向西樹，不信寧哥回馬來。」小寧王從貴妃房間的匆匆離去，似乎暗示二人有過春宵苦短的一夜纏綿。

水不流外人田，但總不能香辣不忌吧！魚也要，熊掌也要。這就自然敗壞了貴妃的胃口。她發瘋似的又和玄宗大鬧一場。玄宗衝動之下，再次把貴妃趕出了皇宮。

虢國夫人承主恩，平明騎馬入宮門。
卻嫌脂粉汙顏色，淡掃蛾眉朝至尊。
——〔唐〕張祜．《集靈台．其二》

詩人張祜用含蓄的筆法，暗示了玄宗與虢國夫人的非正常關係，也諷刺了虢國夫人在玄宗面前的恃寵驕縱與風騷媚態。

偷情的刺激在於有人防範。一旦無人防範，偷情也就沒了樂趣。玄宗覺得還是貴妃好。但面子又拉不下來。楊國忠就找吉溫代為說項。他勸玄宗，「女人都是頭髮長，見識短，您何必與她計較呢！您和貴妃這麼深厚的感情，怎麼就忍心把她一個人冷落在娘家呢？常言道，家醜不可外揚。您即便是對她不滿，也要在宮裡教訓她啊。」玄宗故技重施，馬上叫人給貴妃送去自己剛吃了一半的宴席。貴妃淚流滿面。「既然惹陛下不高興了，我理應永遠離開皇宮。金玉珍玩，都是陛下所賜，不值得奉獻給陛下。唯有身子受自父母，可以聊表心意。」於是剪下一繚青絲，交給來人。玄宗手捧烏髮，老淚縱橫，讓高力士趕緊把貴妃接了回來。

分一次，感情深厚一層。兩次交鋒，貴妃都是大獲全勝。但玄宗也沒覺得自己輸了。因為他和貴妃已經有了某種近似普通人的夫妻之情。

玄宗現在已經完全習慣了和貴妃一家人享受天倫之樂。玄宗的音樂天賦常常在韓國夫人和虢國夫人吃飯時，得到隨心所欲的即興發揮。其樂融融之餘便是源源不絕的大把賞賜。玄宗最開心的事就是，每年給韓、虢、秦三夫人百萬錢，讓她們購買高級化妝品，打扮得漂漂亮亮。虢國夫人眉目傳情，一語雙關，「你覺得什麼脂粉配得上我這張臉呢？」玄宗呵呵大笑，「素面朝天最好。」

姊妹兄弟五家的府邸，都是建在京城黃金地段的頂級豪宅，富麗堂皇，如同皇宮。每造一間房子的費用，都要耗費千萬之多。他們甚至見不得別人有更好更大的房子。一旦發現，就會立刻推倒自己的房子，重建一座超過別人的房子。他們家裡就像一個永遠不能完工的建築工地，晝夜不停地建造著隨時都會被拆掉的亭台樓閣。虢國夫人最為豪蕩，她看中誰的地皮，立馬圈走。一天，她帶領數百工匠闖入韋嗣立家，拆掉舊屋，毀棄梁木，將韋家書籍、家具、財物一併拋擲路上。光天化日之下，來了個黑社會般的野蠻拆遷。事後只補償給了韋家區區十畝空地，拆毀的房宅卻沒有一分錢補償，損壞的家具器皿更是想都別想。韋嗣立好歹是前朝宰相，尚且如此，尋常人家的遭遇就可想而知了。

時間不長，虢國夫人又在宣陽坊蓋了一所豪宅。所建新樓樣式之時尚奇巧，令人歎為觀止。僅中堂就耗費二、三百萬之巨。設計之精巧，裝飾之嚴密，即便一隻螞蟻也不能遁形。連帶著他們的車伕奴僕，也都爭奇鬥勝，相互攀比。總之，貴妃姊妹的衣食住行都是無人可比的京城一絕。

由於貴妃愛美食，當時王公貴戚競相進食邀寵。天南海北的美味佳餚絡繹不絕地送入宮中。很難想像，貴妃那本已豐碩的身體，在補充大量高熱量食物後會不會嚴重走樣。但因肥胖而導致的夏熱難耐，想必是錯不了的。

「貴妃素有肉體，至夏苦熱，常有肺渴，每日含一玉魚兒於口中，蓋藉其涼津沃肺也。」[5]

「貴妃每至夏月，常衣輕綃，使侍兒交扇鼓風，猶不解其熱。每有汗出，紅膩而多香，或拭之於巾帕之上，其色如桃紅也。」[6]

---

5 〔五代〕王仁裕，〈含玉咽津〉，《開元天寶遺事》，卷下。

6 〔五代〕王仁裕，〈紅汗〉，《開元天寶遺事》，卷下。

好傢伙，怕熱怕到這份兒上，穿著已經極薄的綃衣，邊上宮女們大扇子伺候著，八成旁邊擱上一堆大冰塊。這在電氣時代之前，已經是製冷散熱的最高待遇了。但「猶不解其熱」。貴妃那得多豐滿啊！

但玄宗就愛這體型。他不但要讓愛妃吃得好，還得吃得放心、舒心。於是開動腦筋，任命宦官姚思藝為「檢校進食使」，負責檢測進貢食品的安全和質量。常常一天之中，進貢的水陸珍羞就有數千盤，一盤就要花費中等人家十戶資產。有一次，中書舍人竇華下班回家，正趕上宮中進貢美食，長長的隊伍一直排到十字路口，整條馬路幾乎成了人工的美食傳送帶。人喊馬叫，此起彼伏，維持秩序的數百個小太監手握木棒橫衝直撞，竇華差點挨上一棍。

紫駝之峰出翠釜，水精之盤行素鱗。
犀箸厭飫久未下，鸞刀縷切空紛綸。
黃門飛鞚不動塵，御廚絡繹送八珍。
簫鼓哀吟感鬼神，賓從雜遝實要津。

——節選自〔唐〕杜甫．《麗人行》

「紫駝之峰」、「水精之盤」、「犀箸」、「鸞刀」，寥寥數語將楊氏姐妹用餐時的奢靡、揮霍勾勒出來。不論是玄宗的賞賜，還是全國各地的進貢，楊氏五家都一模一樣。開元已來，皇親國戚的豪華鋪張，沒有能超過貴妃家族的。玄宗去哪裡玩，都帶著貴妃一家。每年十月，天氣轉寒，玄宗都要到華清宮泡溫泉，一直泡到來年暮春（農曆三月）。這時，從長安城一路向東數十里，最為壯觀的場面上演了！貴妃的姐妹們為了顯示自己的高端大氣上檔次，相互攀比，各不相讓，將各種飾品一股腦的往牛車上安裝，金銀瑪瑙，珍珠翡翠，每輛車子都費錢數十萬貫。結果弄得車子太重，牛都拉不動了，只得上報皇帝，改乘馬匹，接著又爭搶購買名貴馬匹。時辰一到，楊氏五家馬隊，一齊出動，楊國忠命人高舉劍南節度使大旗在前面開道，緊跟著每隊一色，五家合縱，五顏六色，漫山遍野，粲若雲錦，場面甚是壯觀。隊伍呼嘯而過，金銀首飾、鞋子、香囊、馬飾散落一地，璀璨耀眼，狼藉一片，數十里外香氣不絕。

繡羅衣裳照暮春，蹙金孔雀銀麒麟。
頭上何所有？翠微盍葉垂鬢脣。
背後何所見？珠壓腰衱穩稱身。

——節選自〔唐〕杜甫．《麗人行》

詩人借描寫楊氏姐妹精美奢華的服飾、頭飾來諷刺其驕奢淫逸。大唐帝國頂層人士的糜爛腐朽生活由此可見一斑。

姊妹弟兄皆列土，可憐光彩生門戶。

楊國忠本名楊釗，貴妃的遠方堂兄，也是張易之的外甥，也有人說是張易之的兒子。話說，則天天授年間，易之深受女皇寵幸，無人能及，但女皇私心很重，為了讓易之保留體力，好好伺候自己，所以詔令張府奴僕，易之回到府邸之後，絕不能再接觸任何女人，並做出了相應的防範措施，就連女奴亦不得靠近。這下可急壞了易之的老媽，女皇已是古稀之年，早已不能生育，又不讓我家兒子碰其他女人，這不等於讓老張家絕後嘛！於是就偷偷地把一個美女藏在了樓閣的夾牆中，如此一來，易之就違規與那女子偷情，生下了一個兒子。易之死後，該女帶著兒子嫁到了楊家。這小子就是楊釗。[7]

不管怎樣，楊釗繼承了前輩張易之風流倜儻、口齒伶俐的本事，但他因不學無術，酗酒賭博，借錢不

7 〔元〕陶宗儀，《說郛》，卷一一一（下）。

還，口碑極差，而遭到家族人的強烈鄙視。三十歲時，跑去四川當了幾年兵，混上了個新都尉。從軍隊轉業後，因囊中羞澀，無錢孝敬相關官員，結果沒法安置，只能滯留在當地四處遊蕩。恰巧楊玄琰（楊玉環生父）一家那時都在四川，楊釗就常到他家蹭飯，一來二去勾搭上了楊玉環那風情十足的三姐。得了些錢財，就跑去成都賭錢，結果輸了個光屁股，光溜溜地跑了回來。總之是個三、四十歲的人了，還一事無成。

等到貴妃一家得勢，楊釗還是一個街頭小混混。偶然機會，劍南節度使章仇兼瓊聽說楊釗是貴妃的族兄，立即聘為全權大使，攜帶厚禮，委派他到京師活動。楊釗來到了大都市長安，一一拜訪諸位姐妹，送上價值千金的四川名貴土特產。這時，虢國夫人丈夫剛死，寡居在家。久別重逢的楊釗來的正是時候，「久旱逢甘霖，他鄉遇故知」說的就是二人這種感覺。不用說，一半蜀貨都到了虢國夫人懷裡。很快，玄宗耳朵裡灌滿了有關楊釗的讚譽之辭。她們還說楊釗擅長玄宗喜歡玩的樗蒲。玄宗就讓楊釗專掌樗蒲的計分簿，他數學學得不錯，計算精確，分毫不爽，玄宗稱讚他人才難得，是個好「度支郎」。他趁機請求玄宗賜名給他：圖讖裡講我名字有「金刀」，不吉利，應改名。玄宗賜名「國忠」。

楊國忠與虢國夫人住的很近，辦事很方便。漸由最初的明鋪暗蓋，密約偷期，發展至後來的明目張膽，肆無忌憚。雖為眾人所知，但絲毫不覺羞愧。兩人並轡騎馬入朝，行走於大路中央，隨行的跟班和奴僕就有百餘人，「豔妝盈巷，蠟炬如晝」。民間特贈國忠一綽號——「雄狐」，意思是好色的亂倫之徒。楊國忠縱慾享樂，卻還振振有辭。他曾對鐵哥們講，「國忠出身下賤，不過是仰仗貴妃才爬到如今的地位。雖不知將來下場如何，但青史留名想必是與我無緣了，既然如此，那還不如盡享富貴，及時行樂。」

因此，攬權和貪財就成為楊國忠人生的兩大主題。楊國忠自得到玄宗寵信之後，開始了其火箭般躥升的仕途，最多時身兼四十餘職，自然權勢熏天。史載，楊國忠既居宰執，兼領劍南節度，勢漸恣橫。「居朝廷，攘袂扼腕，公卿以下，頤指氣使，莫不震懾。」[8] 詩云：「炙手可熱勢絕倫，慎莫近前丞相嗔！」[9] 同時，楊國忠身居要職，遂利用職權之便，賣官鬻爵，賄賂公行。中外人士，競相攀附，相府門庭若市。短短數年，國忠發家致富，府庫中僅高檔絲織品就達三千萬匹。堪稱大唐第一巨貪！

據說，當楊國忠炙手可熱，四方之士趨之若鶩之時，卻有一人剛直不阿，潔身自好，拒不趨炎附勢。「進士張彖，陝州人也，力學有大名，志氣高大，從未屈服於人。有人勸說張彖前往趨附楊國忠，以圖顯貴。張彖說：『你們這些人都說依附楊公之勢就如同倚靠泰山，以吾所見，卻如同依附冰山一般。若是皎日大明之際（代指政治開明），依附這座「山」的人可就要倒大楣嘍。』」[10]（冰山融化，自然洪水氾濫）

馬嵬坡下泥土中，不見玉顏空死處。

楊國忠權傾朝野之際，一個致命的對手登場了。這就是進京朝聖的范陽節度使安祿山。安祿山，營州（今中國遼寧朝陽）雜胡，本姓康，幼年喪父，因母改嫁突厥番官安延偃，遂改姓安，名祿山。此人從小在東北邊境的複雜環境中摸爬滾打，機警好學，精通多民族語言，適應能力極強。依靠軍功和鑽營，漸漸發跡，並博得天子的稱許與寵信。

將相不合使玄宗頗感棘手。他命貴妃兄妹與安祿山結為兄弟，以作調解和安撫。安祿山卻反過來降低輩分，玩了手太極，請求做貴妃的乾兒子。儘管「兒子」要比「媽」大上十七歲。玄宗與貴妃坐在一起時，

---

8 〔北宋〕司馬光等，《資治通鑑》，卷二一六。

9 〔唐〕杜甫，《麗人行》。

10 〔五代〕王仁裕，〈依冰山〉，《開元天寶遺事》卷上。

安祿山總是先拜貴妃。玄宗不解，他稱：「我們胡人都是只知有母，不知有父。」說得玄宗樂不可支。在貴妃的家宴上，安祿山始終都是最為活躍的人物。他大腹便便，走路都要兩人攙扶。但沒到此時，卻精神抖擻地邀請貴妃和他一起跳高難度的胡旋舞，竟然能「疾如風焉」，贏得眾人的陣陣歡呼。玄宗指著肚子問，「你這大肚皮都要耷拉到膝蓋上了，裡面裝的啥貨色？」安祿山說，「無他，惟有一顆赤心。」玄宗大笑不止。[11]玄宗在勤政樓宴請群臣，百官都坐在樓下，只有安祿山坐在玄宗東邊，周圍設置一道「金雞障」，並懸掛捲簾以示榮寵。太子提醒說，「臣子坐正殿，不合規矩。皇上這樣寵信他，恐怕會適得其反。」玄宗卻說，「這個胡兒面相奇佳，我這是要壓他一頭。」

歌舞昇平之下，岩漿蓄勢待發。坐在火藥桶上的玄宗渾然不覺。

萬國笙歌醉太平，倚天樓殿月分明。
雲中亂拍祿山舞，風過重巒下笑聲。
——〔唐〕杜牧．《過華清宮絕句三首．之三》

這首詩描繪了玄宗與貴妃在宮中和蓄意叛亂、造他們反的安祿山狂歡共飲的情景，極具諷刺意味。是對李、楊醉生夢死、不辨忠奸的譏諷和鞭撻。

從安祿山的檀香床到床上的所有用具，都是貴妃送的。貴妃有個瑪瑙枕，「枕之則十洲三島、四海五湖，盡入夢中。」玄宗叫它「遊仙枕」。安祿山愛不釋手，神色曖昧地說，真想枕著它長眠不起。貴妃莞爾一笑後說：「不難。」安祿山生日，便收到了一份戲劇性的大禮。玄宗召其入宮，貴妃用錦繡把他包裹起來，像個特大號的襁褓，使宮女們用彩轎抬著他，給他舉行了一場熱鬧非凡的象徵性洗禮儀式。玄宗賞賜貴妃洗兒金銀錢，又大大賞賜安祿山一把，盡興而罷。自是安祿山得以自由出入皇宮，或與貴妃對食，或留宿宮中，或玩得翻天。「楊貴妃與安祿山戲，祿山爪傷其乳」怕玄宗知道，就用抹胸來遮蓋。民間都在傳聞貴妃和安祿山之間那些不清不楚的內情，[12]玄宗就是不當一回事。貴妃入宮之際，玄宗已經年過半百，沉迷聲色，難免有力不從心的時候。安祿山探知以後，精心研製出一款壯陽藥——助情花。據說「大小如粳米而色紅。每當寢處之際，則含香一粒，情發興，筋力不倦。」[13]玄宗得此神藥，龍精虎猛，如有神助，自然龍心大悅，對安祿山愈加寵信。

玄宗做了幾十年的太平天子，早已厭倦了那些繁瑣的行政事務，越來越迷戀於深居禁中，聲色自娛，政事都交給李林甫打點。李林甫在相位十九年，姑息養奸，釀成大亂。但也只有李林甫那超逾常人的狡猾陰毒，才能使安祿山畏懼三分。等到楊國忠為相，安祿山視之如小兒。李林甫死了才三年，安祿山就反了。當時人人都看出安祿山必反，玄宗卻依然故我，不知他是真的老糊塗了，還是掩耳盜鈴，自欺欺人。反正，凡是說祿山要造反的，都被他綁起來送給了安祿山。

等到安祿山長子安慶宗和榮義郡主結婚，玄宗召安祿山進京觀禮，他卻辭疾不至，玄宗這才有些懷疑，但仍然抱著幻想，給安祿山寫了一封信，「朕在華清池給你造好了一座湯池，你十月的時候來好好洗洗。」安祿山目光曖昧地飄向遠方。「何必十月。只是我去了，貴妃還在嗎？」

玄宗知道，他一世英名就要毀到這個肥胖的胡兒手裡了。但他還不知道，這個胡兒還要毀掉他的摯愛。

漁陽鼙鼓動地來，驚破霓裳羽衣曲。

---

11 〔唐〕鄭棨，《開天傳信記》。

12 李白在詩中就揭露過這件事關皇帝名聲的宮廷緋聞。李白詩集中有〈雪讒詩贈友人〉，「大率載婦人淫亂敗國。」洪邁推斷，「予味此詩，豈非貴妃與祿山淫亂，而白曾發其奸乎？不然，則『飛燕在昭陽』之句，何足深怨也？」（〔南宋〕洪邁，〈太白雪讒〉，《容齋隨筆》，卷三。）

13 〔五代〕王仁裕，〈助情花〉，《開元天寶遺事》，卷上。

九重城闕煙塵生，千乘萬騎西南行。

——節選自〔唐〕白居易．《長恨歌》

內容生動地描寫了安祿山起兵南下，鼓聲震天，打破了宮內安逸享樂的太平日子，玄宗、貴妃等人倉皇出逃的情景。

出逃前，玄宗想禪讓於太子李亨。卻受到楊國忠的勸阻。楊國忠知道，他的好日子到頭了。但他不甘心，遂發動楊氏家族，作最後一搏。三個夫人嚎啕大哭，涙人兒一般，貴妃銜土陳情。玄宗只好打消這個念頭。這是正史所載貴妃的第一次直接干政，也是最後一次。

黎明，在無人知曉的情況下，玄宗命龍武大將軍陳玄禮率領六軍，保護著貴妃姊妹、皇子、皇孫還有楊國忠及親近宦官、宮女匆匆逃出延秋門。王妃、公主、皇孫不在京城的，都扔下不管了。這天，仍有不知底細的官員上朝。走到宮門，還能聽到報時的漏聲。警衛儀仗依然肅穆有序。誰知宮門一開，宮人蜂擁而出，皇宮大亂，士民逃竄。京城隨即陷入了無政府狀態，開始了一場無法無天的公然搶劫。鄉民跑到宮禁及王公官邸，取金寶，拉屎尿，還有人乘驢上殿，搬走龍椅。

到中午，玄宗還滴水未進。楊國忠買了一個胡餅給玄宗吃。走到馬嵬驛，將士飢疲，群情激奮。太子趁機策動陳玄禮發動兵變，認為禍由楊國忠，應該殺掉。正巧吐蕃國使者二十多人攔住楊國忠，嚷嚷餓了一天。他還未來得及說話，軍士大喊，「楊國忠與胡虜謀反！」一陣亂箭，楊國忠栽下馬來。楊國忠一瘸一拐跑到西門，被軍士追上，亂刀砍死，割下他的腦袋，挑在槍頭，豎立在驛門外。接著殺了他的兒子戶部侍郎楊暄及韓國、秦國兩夫人。玄宗聽到驛站外面喧嘩，杖屨出門，慰勞軍士。而後，眾人遲遲不肯散去，玄宗派高力士前去查看緣由。力士回話說：將士高呼「禍根尚在！」陳玄禮進一步說，「楊國忠謀反，貴妃不宜在皇上身邊，請陛下忍痛割愛。」玄宗說，「貴妃常居深宮，怎知楊國忠反謀！」高力士說，「貴妃誠然無罪，可將士已殺了楊國忠，貴妃若還在陛下左右，他們都不會安心的。將士們安心了，陛下才能安心啊！

望陛下三思。」

玄宗四顧之下，對高力士無奈的說，「梨者，離也。佛堂前這棵梨樹正好可以作貴妃的去處。」玄宗背過身去。貴妃把頭伸進了梨樹上的白綾，臉朝向北方。她知道，她死在了兩個男人手裡。

翠華搖搖行復止，西出都門百餘里。
六軍不發無奈何，宛轉蛾眉馬前死。
花鈿委地無人收，翠翹金雀玉搔頭。
君王掩面救不得，回看血淚相和流。

——節選自〔唐〕白居易・《長恨歌》

三十八歲的貴妃之死，對玄宗從此便有了某種揮之不去的終極意義。往日傾城傾國，今日真的既傾城又傾國。玄宗不明白，愛之錯，還是美之罪？沉溺於這些追問的玄宗可能想不到也不會相信，他的敵人安祿山也曾為馬嵬坡的千年一死而傷心得「數日嘆惋」。[14]

據說，馬嵬坡的一位老婦人在貴妃去世的地方撿到了一隻「錦勒」，即高檔絲襪。老婦如獲至寶，自此改行，聲稱：貴妃遺物，「過客每一借玩，必須百錢」，明碼標價，童叟無欺。老婦「前後獲利極多」，以此暴富。[15]貴妃真是澤被蒼生，遺物都能夠造福後人。

混亂之際，楊國忠妻子裴柔與小兒子楊晞還有虢國夫人和兒子裴徽騎馬逃到了陳倉，遭到縣令薛景仙

14 〔唐〕李肇，《唐國史補》，卷上。
15 〔唐〕李肇，《唐國史補》，卷上。

的追捕，慌亂中他們竄入竹林。裴柔對虢國夫人說，「給我償命。」就刺殺了她。[16]然後舉刀自殺，沒死成。縣吏把裴柔關到監獄，她還問：「你們是官還是賊？」獄吏說：「都是。」當夜死在獄中。

玄宗自蜀還京，「歸來池苑皆依舊，太液芙蓉未央柳。芙蓉如面柳如眉，對此如何不淚垂？」佳人已去，物事人非。何人與我共赴望月之約？[17]貴妃生前，玄宗常與其在華清池觀看舞女阿蠻最擅長的《凌波曲》。一日，玄宗臨幸華清池，召阿蠻再舞，舞罷，阿蠻取出當年貴妃所賜「金粟裝臂環」。玄宗睹物思人，老淚橫流，左右莫不嗚咽。玄宗悼念貴妃，特為其譜寫《雨霖鈴》，命梨園子弟演奏，不到一半，就已經「四顧淒涼，不覺流涕」了。[18]

玄宗每每想起心愛之人草草下葬，心中不安，遂詔令改葬。禮部侍郎李揆說，「楊國忠負國叛亂，所以被殺。如果改葬故妃，臣恐將士疑懼，再生不測。」玄宗便悄悄把貴妃從馬嵬坡驛西北十餘步遠的舊墳遷到了一處無人知曉的新冢。最初埋貴妃時，身體只用一條紫褥包裹著，現在肌膚已爛，香囊仍在。內官把它帶了回來。玄宗看見後淒惋不已，淚如泉湧。「誰為君王重解得，一生遺恨繫心腸。」[19]玄宗喃喃自語，讓宮廷畫師畫出貴妃的肖像，朝夕視之。

> 人間俯仰成今古，吳公台下雷塘路。
> 當時亦笑張麗華，不知門外韓擒虎。
>
> ——節選自〔北宋〕蘇軾．《虢國夫人夜遊圖》

詩人借陳後主、隋煬帝荒淫誤國之故事，諷刺玄宗與貴妃姐妹的荒唐。大唐最令人稱羨的繁華過去了。它以一個女人的香消玉殞為標誌。一百年來帝國政治中那些動人心魄的女人傳奇就此徹底消失在歷史深處。

至德二年（西元七五六年）春天，杜甫從叛軍陣營逃脫，看到了戰亂期間的長安，繁華不在，滿目瘡痍，禁不住寫下了《哀江頭》，以表國破家亡之痛！

明眸皓齒今何在？血汙遊魂歸不得。
清渭東流劍閣深，去住彼此無消息。
人生有情淚沾臆，江水江花豈終極！
黃昏胡騎塵滿城，欲往城南望城北。

想那貴妃本無心政治，不過想與老公比翼雙飛，白頭偕老，女人之正常訴求耳。與那些擅權干政的女禍倒也不盡相同。但楊氏一門畢竟因她而起，因她而權傾朝野，敗壞朝綱，她怎能逃脫關係？待到帝都淪陷，國破山河之際，她又怎能得以善終呢？以李、楊二人為首的大唐中央，醉生夢死之中，迎來了「胡兒」率領的滾滾叛軍。戰亂中，又將有多少戰士血染疆場，多少黎民百姓家破人亡，妻離子散呢？誰來為他們扼腕嘆息，懷古幽思呢？

鴟鳥鳴黃桑，野鼠拱亂穴。
夜深經戰場，寒月照白骨。
潼關百萬師，往者散何卒？

16 裴柔此舉顯然是因為憎恨虢國夫人勾引丈夫，但她自己大白天的夢中受孕何嘗不是紅杏出牆？（〔五代〕王仁裕，〈夢中有孕〉，《開元天寶遺事》，卷上）

17 玄宗曾在中秋月圓夜與貴妃臨太液池，憑欄望月不盡，帝意不快，遂命令左右：在池子的西岸另築一座百尺高台，來年朕將與貴妃在此望月。後安史之亂起，約定成空。（取自〔五代〕王仁裕，〈望月台〉，《開元天寶遺事》，卷下）

18 引自〔唐〕鄭處誨，《明皇雜錄．補遺》。

19 〔唐〕張祜，〈太真香囊子〉，《全唐詩》，卷五一一。

遂令半秦民，殘害為異物。

——節選自〔唐〕杜甫．《北征》

三郎掩面馬嵬坡，生死恩深無奈何。
瘞土驛傍何足恨，潼關戰處骨埋多。

——〔宋〕真山民．《楊妃》

莫唱當年長恨歌，人間亦自有銀河。
石壕村里夫妻別，淚比長生殿上多。

——〔清〕袁枚．《馬嵬》

政治參與者

巾幗英雄

李唐宗室之中，若說起「巾幗不讓鬚眉」，女將軍平陽公主自是首屈一指。

高祖在太原起兵時，三女兒平陽公主和丈夫柴紹都住在長安。柴紹說：「你老爸舉兵起義，我想前去助他一臂之力，但你我二人不宜一起離去，招人懷疑，但留在此地又很危險，為之奈何？」公主當機立斷：「你先走，我一個女人，容易隱藏，自有辦法。」柴紹星夜趕往太原，公主則直奔位於戶縣（今中國陝西戶縣）的別墅，散盡家財，招兵買馬，在終南山招募到數百個亡命之徒。

當時，西域胡人何潘仁在關中一代經商，腰包鼓了，野心也大了。看到天下大亂，竟也扯出旗號，自稱「總管」，呼嘯山林，聚眾數萬。平陽公主派家僕馬三寶前去聯絡何潘仁，三寶曉以利害，竟然說動了「何總管」，雙方共同攻下戶縣，並網羅到了歷史學家令狐德棻作為部隊記室。三寶奉命先後勸降了關中群盜李仲文、向善志、丘師利等人。遠近大小山寨的強盜和土匪都來投奔他們。公主指揮若定，頗有大將風度，明令軍紀，嚴禁剽掠。公主先是擊退隋朝的征討軍隊，再以勢如破竹之勢，迅速攻克了盩厔（今中國陝西周至縣）、武功（今中國陝西武功縣）、始平（今中國陝西興平市）等關中要地。史家稱她「勒兵七萬，威震關中」，號稱「娘子軍」。

唐家娘子軍令頒，娥眉當關壁壘嚴。
山色蒼蒼鷹盤空，水深滔滔魚深潛。
——〔民初〕李素．《娘子關》

李素，山西陽泉人，清末民初政治家。他佇立於家鄉的娘子關前，懷古詠史，寫下了這首詩。雖然娘子關得名於平陽公主多屬誤傳，但公主當年的颯爽英姿依然令後人感慨萬千。

平陽公主在隋朝的腹心地區建立了革命根據地，李淵獲悉之後，怎能不喜出望外，隨即派柴紹率軍渡過黃河去占領華陰（今中國陝西華陰市）以接應。公主則引精兵萬餘人在渭河北岸與李世民會師。隨後，他與柴紹分置幕府，率兵圍攻長安。

公主年紀輕輕，身處險境卻能獨當一面，為李淵定鼎關中，建立赫赫功勛，真人中英豪也！公主死後，高祖悲慟萬分，下旨厚葬，並特許葬禮中添加前後部羽葆、鼓吹、麾幢、虎賁、甲卒、班劍等以往只有戰功赫赫的男性勳貴才能享用的儀仗。太常不同意：「自古以來，女人葬禮都沒有鼓吹儀仗。」高祖堅持說：「鼓吹是軍樂。公主披堅執銳，衝鋒陷陣，亦是自古未有。」

唐朝公主葬禮用軍樂始於此。

一代賢后

長孫皇后出身鮮卑貴族，知書達理，性格謙和，十三歲時嫁給了太宗皇帝。那一年，太宗十六歲，放到如今，倆人都是典型的早婚。

太宗奪位之前，尚是秦王，與太子建成明爭暗鬥，宮中嬪妃自然也是雙方的爭取對象，長孫氏侍奉高祖和大小嬪妃都十分的恭謹，盡力彌合丈夫與公公之間的誤會，發揮了不小的作用。玄武門政變爆發前，秦王率兵進宮，長孫氏親自出馬慰勞激勵將士。令人感慨。但她深知女人參政的弊端，總是自覺的避免陷入政治漩渦，重蹈漢代外戚干政的覆轍。此舉令太宗皇帝與大臣對其頗為敬重，而這正是她的智慧之處。有次，太宗和她論及賞罰，她借用《尚書》裡的話說：「牝雞之晨，惟家之索。」意思是一旦母雞打鳴，家要破產。臣妾是女人，不便議論國家政務。」太宗堅持要她發表意見，她就裝作沒聽見，始終未發一言。

長孫皇后不但聰明，而且很善良。宮中妃嬪宮女有了過失，皇后總是寬容對待，如若碰上皇帝很生氣，那麼她就先順著皇帝的意思，要求依法嚴辦。待到老公氣消了，她再施展女人的魅力，為那些犯錯的姐妹求情，請求寬大處理。因此，後宮上下無不對其頗為感激和尊敬。

長孫無忌是皇后的兄長，亦是太宗的布衣之交，又是佐命元勛。太宗對他十分器重，倚為心腹。二人在一起時，總是不拘禮節，無忌甚至可以隨時出入皇帝的寢宮，太宗還打算任命他為宰相。這都讓皇后感到十分不安。她反復表示，「臣妾已是皇后，尊貴已極，實在不願看到兄弟子侄布列朝堂。漢代呂氏、霍氏的滅門之禍太可怕了。臣妾真的不想看到哥哥擔任宰相。」太宗不聽，仍然讓無忌當了宰相。皇后就私下叫無忌堅決辭去相位。太宗無奈，只好讓長孫無忌做了一個小一點的官。長孫皇后這才鬆了口氣。

皇后有個同父異母哥哥長孫安業，好酒無賴。父親死時，皇后和長孫無忌都還年幼，長孫安業沒個兄長的樣子，竟然把他們攆到了舅舅家。皇后從未提及此事，非但沒有怨恨他，還請太宗給他官做。後來長孫安業參與李孝常與劉德裕謀反一案，太宗要殺他。皇后又叩頭哭訴，請求太宗饒他一命：「天下人都知道這個哥哥對我不好，您現在把他處以極刑，人們肯定都以為是臣妾在報復他。這樣有損朝廷的聖明形象啊！」於是太宗饒了長孫安業一命。

長樂公主為皇后所生，太宗又特別鍾愛，出嫁之時，太宗特意指示有關部門嫁妝必須豐厚，甚至比永嘉長公主（高祖女兒）還要多出一倍。眾臣不敢多言，惟有魏徵對皇帝此舉提出了批評。太宗給皇后提及此事。皇后感嘆道：「以前總是聽您稱道魏徵如何如何，不知其故，今天才知他真的是位社稷之臣！臣妾與您是結髮夫婦，親密無間，但每次說話都還得先看臉色，不敢輕易冒犯。他作為臣下卻能如此犯顏直諫，真是難得啊！」於是請求皇帝派人賞賜魏徵五百匹綢緞，以表彰和鼓勵其犯言直諫的行為。

太宗有次怒氣衝衝地跑到後宮說：「朕早晚要弄死這個鄉巴佬。」皇后趕忙問是誰，太宗忿恨地說：「魏徵，他每每上朝都讓朕面上無光，下不了台。」皇后二話不說，回到臥房，換上朝服，站在庭院中央，鄭重的向太宗行禮。太宗驚異地說，「你這是幹什麼？」皇后說：「君主聖明，臣子才能正直。魏徵現在的正直，正說明陛下的聖明。臣妾怎能不向您祝賀呢！」長孫皇后的寥寥數語就令太宗轉怒為喜，還修補了君臣之間的隔閡。

長孫皇后喜好讀書，常常與太宗閒談歷史，並且善於用不經意的方式點撥太宗，使其在不知不覺中受到熏陶，「裨益弘多。」可見皇后是寓教於樂的政治高手。太宗也曾戲言，「聽君一席話，勝讀十日書。」

她教育子女，一是以身作則，二是嚴格管束。日常生活當中，長孫皇后都是以儉樸為先，吃穿用度，夠了即可，減少鋪張浪費。太子的乳母經常對皇后說，東宮的家具太少，應該再添置一些。皇后嚴厲的說：「身為太子，一國之儲君，應該擔心的是德不立，名不揚，難道還要擔憂器物不夠用嗎？」

皇后得了重病，太子承乾前去侍奉，傷心的說：「兒臣聽說，如果赦免囚徒，度人入道，就能得到上天的祈福。」皇后說：「死生有命，非人力所及，假如修行祈福可以延長壽命，我向來沒做過什麼惡事；假如做善事也沒有效果，還能求得什麼福報呢？至於赦免罪犯，那是國之大事。佛道兩教都是異端，蠹國病民，皇上又不喜歡，我怎能因個人而破壞天下的法度？讓它們來超度我，還不如讓我快點死。」朝臣一致要求大赦天下，太宗也同意了。已經臥床不起的皇后聽說後，仍是堅決的反對，只好作罷。彌留之際，皇后語重心長的對太宗說：「房玄齡侍奉陛下多年，足智多謀，小心謹慎，若不是大的過失，萬望陛下不要將其拋棄；至於臣妾的家人，陛下不必將他們放在心上，切勿重用。重用只會害了他們；自古聖賢皆推崇節儉薄葬，只有無道之時，才會大修陵墓，勞民傷財，徒遭有識之士的取笑。臣妾活著時沒有什麼貢獻，死後也不要厚葬，不須起墳，不用棺槨，所須器服，皆以木瓦。您若唸著臣妾的好，就請將我薄葬。」太宗一邊聽著妻子交待後事，一邊痛哭流涕，感慨萬千。貞觀十年（西元六三六年）六月，一代賢后長孫氏病逝於立政殿，年僅三十六歲。

裴回兩儀殿，悵望九成台。
玉輦終辭宴，瑤筐遂不開。
野曠陰風積，川長思鳥來。
寒山寂已暮，虞殯有餘哀。

——〔唐〕李百藥．《文德皇后輓歌》

長孫皇后還是個作家，她生前曾經寫過一本規範女子言行的書，名曰《女則》，共十卷，並親自作序。她還寫文章批評東漢明德馬皇后，認為她不能抑退外戚，一邊讓自己的父兄子侄盡為高官，權傾朝野，一邊又告誡他們不要講排場耍威風。完全是捨本求末，惺惺作態。她還對人講：「這本書是寫給自己看的，主要是提醒和約束自己。再說，婦人寫的東西沒什麼條理，千萬別給皇上瞧見。」後來，太宗還是知道了這本書，下詔將《女則》發行全國，作為大唐女人必備的「聖經」。

長孫皇后被後人視作一代賢后，女性楷模。她的光輝事蹟，歷代傳頌。

唐宗烈烈，踵美三王。
實惟哲後，左右椒房。
調和直諒，獎進忠良。
用俾房魏，動庸顯彰。
煌煌彤管，千載遺芳。

——〔明〕張居正．《長孫進賢》

知性美女

太宗的賢妃徐惠是個江南美女，湖州人。她天資聰穎，五個月會說話，四歲就能背誦《論語》、《詩經》，八歲時，無師自通的就能寫文章。據說是遍涉經史，手不釋卷，所寫文章，無不揮筆而就，詞華綺贍。徐惠的老爸徐孝德知道自己生了個才女，就試著讓她仿照《離騷》寫首詩，這就有了《擬小山篇》：「仰幽岩而流盼，撫桂枝以凝想。將千齡兮此遇，荃何為兮獨往？」表達了女為悅己者容的渴望和節操。父親大為驚歎。徐惠才名遠播，作品廣為傳播。太宗聽說後，心嚮往之，就把徐惠召進宮來，封為才人，再升充容。

太宗晚年，爭戰不休，宮中大興土木，天天蓋房子，百姓勞役興作，無一日休息。征伐高句麗，更是惹得民怨沸騰。徐妃就給太宗寫了封信，即歷史上著名的《諫太宗息兵罷役疏》：

> 為政之本，貴在無為。數年以來，國家一直都在打仗。東有遼海之軍，西有昆丘之役，士馬疲於甲冑，舟車倦於轉輸。再加上朝廷不停地大興土木，這就更危險了。自古以來，聖王安於卑宮，昏君打造金屋。所以有道之君，以逸逸人；無道之君，以樂樂身。妾知陛下明鑑未形，智周無際，但是知之非難，行之不易，陛下若能慎終如始，那就是大唐之福了。

歷代皆對此奏疏，評價甚高。元代戈直在《貞觀政要．集論》中說：「人臣進諫於君，古人擬之以之批鱗，雖士夫猶以為難，況婦人女子乎？」朱元璋更是感慨道：「乏人矣！昔唐太宗繁工役，好戰鬥，宮人徐充容（充容，九嬪之一，即徐賢妃，賢妃名號為追封）猶上疏曰：『地廣非久安之道，人勞乃易亂之源。東戍遼海，西役昆丘，誠不可也。』今所答皆順其欲，則唐婦人過今儒者。」[1]

在徐妃看來，批評君主正是為妃之道。所以她內心深處始終保持著一種獨立的追求。所謂「由來稱獨立，本自號傾城」[2]。在《進太宗》中，徐妃更是明確表示，「千金始一笑，一召詎能來。」看來，即便唐太宗也不能隨隨便便地對徐妃召之即來、揮之即去。

舊愛柏梁台，新寵昭陽殿。
守分辭芳輦，含情泣團扇。
一朝歌舞榮，夙昔詩書賤。
頹恩誠已矣，覆水難重薦。

——〔唐〕徐賢妃．《長門怨》

好一句「守分辭芳輦，含情泣團扇。」盡顯其自尊不可冒犯之情。題為《長門怨》的詩歌多為描寫失寵后妃憂傷苦悶的哀怨詩，但這首則不然。詩中的女性，不同於以往終日渴望君王招幸的嬪妃宮人，而是有思想、有感情、有尊嚴的女性。徐賢妃的《長門怨》充滿了人的尊嚴，既「怨」也「怒」。她敢於用「一朝歌舞榮，夙昔詩書賤」，大膽的表達自己對皇帝的不滿。而一旦失去感情，她有深深的絕望，「頹恩誠已矣，覆水難重薦」一句，寫得斬釘截鐵，以一種「決絕」態度表達了自己的自尊和傲骨。

太宗去世，徐妃追念夫君的知遇之恩，哀痛思慕，就此患病，又拒絕醫治，於是病情加重，很快步了太宗的後塵。重病之際，她曾表示，皇上待我恩情深重，吾不忍獨生。倘若魂魄有靈，希望能在地下服侍君王。這一年，她才二十四歲。

跋扈兒媳

肅宗李亨和中宗李顯很像，都是出了名的怕老婆，二人運氣不好，各自娶了個悍婦。中宗遇上了韋皇后，

1 〔明〕姚福，《青溪暇筆》，卷上。
2 〔唐〕徐賢妃，〈賦得北方有佳人〉，《全唐詩》，卷五。

肅宗則是碰上了張皇后。

張皇后，出身顯赫，祖母是玄宗皇帝的姨媽，也是養母竇氏。亦即肅宗與張氏可算是姨表兄妹。

張氏最初只是良娣，太子妃為韋氏。當初，韋氏的哥哥韋堅被李林甫構陷至死，嚇得時為太子的李亨趕緊和老婆劃清界線，離婚了事。張氏的機會來了。她身材豐滿，能說會道，善於逢迎，時不時還能為老公出出主意。於是，張氏漸漸取得了李亨的信任。李林甫曾鼎力支持武惠妃的兒子壽王李瑁接班，最終失利，接班的是忠王李亨，二人也因此結怨。楊國忠入朝之初，竭力巴結李林甫，聯合對付太子李亨。也就是說，接連兩任權臣，李與楊都和李亨不對頭。李亨只能夾著尾巴做人，日子很難過。

安史之亂，玄宗倉皇逃蜀，太子李亨與良娣韋氏在渡過渭河時，被百姓遮道攔住，請求留下來收復長安。嚇破了膽的李亨不敢應承，宦官李輔國卻認為這是千載難逢的好機會，擺脫玄宗，自立門戶，何樂而不為。張皇后也極力贊成，她和李輔國、三皇子李倓先後給李亨做思想工作，李亨回過神來，當初在京城，自己難以施展拳腳，如今出了宮，輪到自己報仇了。他不但沒有跟著老爹玄宗流亡四川，而且在馬嵬驛擺了一道，聯合禁軍首領陳玄禮發動兵變，除掉了楊氏集團。但由於陳玄禮仍然忠於玄宗，李亨也就沒能逼迫老爹退位。父子分道揚鑣成為必然，李亨遂帶上張良娣與李輔國一干親信打出收復兩京的旗號，一溜煙地跑去靈武（今中國寧夏靈武），獨立開闢抗戰根據地。《舊唐書》評論道：「馬嵬塗地，太子不敢西行。」即指此事。

跟隨李亨北上抗戰的官吏沒多少，稀稀落落，灰頭土臉，沿途也是風聲鶴唳。雖未必如史書所誇張的「一日百戰」，但風餐露宿，擔驚受怕應是肯定。這也為加深張氏與李亨的夫妻感情提供了契機。凡是李亨需要去的地方，張良娣都事先認真檢查一遍，做好安保工作。李亨說：「打仗不是女人的事，你不要事事都往前衝。」良娣說：「如今處在非常時期，兵荒馬亂，恐有倉卒，妾身先頂著，夫君就能安全了。」甚至每天晚上露營，張良娣也要睡在老公的外側。在靈武，良娣生下一子。三天後，她顧不得休養，就起來給戰士縫補衣服。李亨感動地說：「產後需要臥床休息，你可別累壞了身子。」良娣則說：「現在可不是修養的時候，妾身得幫你一把。」

天寶十五年（西元七五六年）七月九日，李亨在杜鴻漸等人的簇擁下，抵達朔方軍大本營靈武。僅過了三天，經過一番布置與籌劃，迫不及待的李亨就在靈武城的南門城樓登基了。戰敗期間，事出倉促，靈武又比不得長安，所以儀式頗為簡陋。登基後，李亨改年號為至德，玄宗爸爸在毫不知情的情況下直接下崗，成了太上皇。當天，先斬後奏的肅宗派使者前往四川，向太上皇通報這一消息。

經過數年鏖戰，唐軍終於收復長安。班師回京後，早已上位為皇后的張氏日漸跋扈，寵遇專房，與中官李輔國聯手持權禁中，干預政事，事事都要向她稟報。肅宗很不開心，也無可奈何。皇后為了專權，常給肅宗喝一種鴆腦酒，「令人夕醉健忘。」[3]肅宗漸漸覺得自己的腦瓜越來越遲鈍了。皇后特別喜歡接受內外命婦朝見的感覺，儀式隆重，母儀天下。她成了武則天的粉絲，開始處處效仿。她還暗示群臣上表尊己為「翊聖」，意即「輔佐天子」。肅宗徵詢李揆意見，李揆認為不妥。正巧出現月食，肅宗估摸這是後宮陰氣太重，就把這事擱下了。

玄宗喜歡住在興慶宮，那是他的龍興之地，住慣了。退休生活倒也清閒自在。但皇后與李輔國就不想讓老頭子舒坦，謀劃將玄宗遷到潮濕的西內（即太極宮；長安城中興慶宮稱南內，大明宮為東內），以加強監管。端午節那天，肅宗召見山人李唐。李唐來時，肅宗正抱著小女兒玩耍，他解嘲似地說，「當爹的喜歡女兒，沒啥奇怪的。」李唐接住話頭，「太上皇對您也是這種感情。」肅宗泫然涕下，「朕找你來就是為了這個事情。老婆現在我惹不起，老爹又不能不管。你說怎麼辦？」可是，肅宗唯恐老婆不高興，始終沒敢去西內看望老爹。

3 〔明〕陳耀文，《天中記》，卷四四。

早先，玄宗曾賞賜給兒媳婦張氏一件精美的七寶鞍。謀士李泌建議把它賞給前線的戰士，以鼓舞士氣。建寧王李倓也幫著勸說。結果得罪了皇后。加之驍勇善戰、耿直仁孝的李倓曾多次提醒父親防範野心勃勃的皇后與李輔國，於是皇后新帳舊帳一起算，就誣陷李倓圖謀加害皇長子廣平王李俶，也就是後來的代宗皇帝。結果肅宗聽信讒言，就將三兒子弄死了。這事把李俶嚇得半死，害怕張氏再來搆陷自己，就放下身段，竭力討好。但皇后對他還是不放心。若不是皇后的兩個兒子，一個夭折，一個年幼，沒了什麼指望，李俶多半難逃毒手。

皇后與李輔國都是貪戀權勢之徒，二人爭權，間隙日深，反目成仇。肅宗病重，皇后與宦官朱輝光等人謀立二皇子越王李係，順帶剷除李輔國集團，他們矯詔召太子入宮服侍皇帝，試圖一網打盡。危急時刻，李輔國迅速反水，投靠了太子李俶，將皇后陰謀告知，並開始反擊。他派親信宦官程元振率領禁軍逮捕了越王李係、朱輝光等人，再將皇后囚禁在別殿。

病入膏肓的肅宗連驚帶嚇，一命嗚呼。代宗上位，先將皇后廢為庶人，然後向天下公布了她的滔天罪行，名正言順地殺了父親的皇后。

女先生

清陽貝州（今中國河北清河）人宋若昭出身於儒學世家，祖上為著名詩人宋之問。其父宋廷棻，生下一男五女，兒子愚蠢透頂，榆木疙瘩一枚，朽木不可雕也，五個女兒卻個個聰明伶俐，善寫文章，史稱「皆警慧，善屬文」。宋氏五女分別為：若莘、若昭、若倫、若憲、若荀。其中，若莘、若昭文采尤高。宋氏姐妹品行高潔，超凡脫俗，鄙視那些毫無修養只知描眉畫眼，以色事人的花瓶。她們崇尚獨身，不願嫁人，而是想以學問來揚名傳世，家中父母也自視甚高，不願與那些小門小戶或暴發戶結親，辱沒祖上的名望。

而是任憑女兒隨性學習。

大姐若莘不但是個教授妹妹非常嚴格的師傅，而且也是個少見的女學者。她仿照《論語》體例寫就了《女論語》十篇。「以韋宣文君代孔子，曹大家等為顏、冉，推明婦道所宜。」若昭接著又為《女論語》作傳進行解釋。該書流傳甚廣，為《女四書》（另外三部為《女誡》、《內訓》、《女範捷錄》）之一，在思想和行為上對古代女子提出了嚴格要求和應遵循的基本禮節。

貞元年間（西元七八五年~八〇五），昭義節度使李抱真上表推薦，德宗將姐妹五個一塊召入禁中，「試文章，並問經史大誼，帝咨美，悉留宮中。」德宗喜歡作詩，五姐妹常與君臣唱和，每有新作，滿朝曰「善」，時稱「五宋」。德宗非常欣賞五姐妹的才學德行，不將她們視作普通的姬妾、侍女而是尊稱為「學士」。為了防止知識和情報的外流，德宗決定「祕禁圖籍」，加強對皇家圖書館的管理，由若莘來總負責這個工作。元和末年，若莘去世，中央贈封號河內郡君。

穆宗認為若昭的水準更高，就封其為尚宮（內廷女官名），接替了姐姐若莘的職務和工作。若昭歷經憲宗、穆宗、敬宗三朝，恭謹有禮，盡職盡責，皇帝與列位臣工皆尊稱其為「先生」。后妃和諸位皇子、公主也都以師禮相見。若昭死後，中央贈封號「梁國夫人」，並為其舉行了盛大而莊重的葬禮。若倫、若荀二人死的較早，文宗就讓若憲代司祕書，「以若憲善屬辭，粹論議，尤禮之。」大和年間，李訓、鄭注用事，為了搞掉宰相李宗閔，就誣告李宗閔與若憲私下交通。文宗大怒，「幽若憲外第，賜死」，家屬發配嶺南。李訓、鄭注失敗後，皇帝才明白過來，但已追悔莫及。[4]

4 〔北宋〕歐陽脩等，《新唐書．列女列傳》。

女響馬

若僅從時間上說，陳碩真可謂是中國歷史上女性稱帝的第一人，比武則天還要早三十多年。可惜她的造反規模太小，且以失敗告終，遂湮沒無聞。但其開天闢地般的女性稱帝行為，仍被現代史學家翦伯贊稱為「中國第一個女皇帝」。

陳碩真是睦州（今中國浙江淳安）人，一個虔誠而富有正義感的道教信徒，在百姓當中很有人望。有一次，她對鄉親們說，她奉師父太上老君的神諭，即將羽化升仙，與村民鄉鄰一一辭訣。誰知，陳碩真剛剛隱匿，就有人向官府告發她裝神弄鬼，妖言惑眾。官府火速逮捕了陳碩真，關押獄中。想必是中央覺得此人成不了氣候，竟下詔不予追究，免罪釋放。但百姓並不知露餡的事情，從此對陳碩真自是更加崇信了。

在陳碩真的影響下，妹夫章叔胤也成了一個激情而充滿獻身精神的道教徒。他常常對人們講，陳碩真是上天派到人間來的神人，法力無邊，變幻莫測，有役使鬼物，呼風喚雨之能。一傳十，十傳百，越傳越玄乎，百姓風靡相從。

太宗晚年征伐不斷，致使高宗即位之初，社會矛盾尖銳，民不聊生。永徽四年（西元六五三年）十月，陳碩真舉兵造反，自稱「文佳皇帝」，以妹夫為宰相。陳碩真撞鐘焚香，誓師出征，兵分三路，向周邊府縣出擊。

當時民間傳言陳碩真能交通神明，又曾上過天庭，認識玉皇大帝，犯其兵鋒者必有滅門之禍。兵士聞訊無不惶恐。婺州（今中國浙江金華）的司功參軍崔玄籍說：「起兵造反，打仗順利往往還不能成功，更何況這些借助妖妄迷信的烏合之眾，怎能長久呢！」刺史崔義玄令崔玄籍擔任前鋒，自己率領地方武裝緊隨其後。在淮戍（桐廬縣東二十五公里）與陳碩真兵馬相遇，抓獲間諜二十多人。

當晚，崔義玄夜觀天象，見有流星墜落於陳碩真兵營方向。信心爆棚的說：「將士們，這是上天滅亡叛軍的徵兆啊！」次日清晨，官軍發起攻擊。崔義玄身先士卒，護衛用盾牌來保護他。他大聲呼道：「長官怕死，誰還賣命！都給我閃開！」軍心大振，奮勇殺敵，叛軍大潰，降者萬計。

僅一個月，陳碩真、章叔胤就兵敗被殺了。時間雖短，卻也轟轟烈烈，表達了底層民眾反抗壓迫的不屈精神。誠然，底層民眾起事造反，往往伴隨著大規模的殺戮與破壞，但民眾的反抗權力又豈能被否定和剝奪呢？

四百年後，睦州出現了第二位造反領袖。他就是明教教主——方臘，一個在《水滸傳》中被樹立為反派的人物。他和陳碩真一樣，也借助宗教勢力來擴大影響。但方臘的造反規模，影響與效應遠勝於其前輩。而且，自從陳碩真造反以後，這個地方就代代相傳有「天子基」、「萬年樓」等歷史遺蹟。方臘憑藉這些民間信仰資源，很快建立起了自己的獨立王國。5

烈女

竇桂娘是汴州戶曹掾（相當於戶籍科科長）竇良的女兒。桂娘美麗端莊，秀外慧中，寫一手好文章。若不是因為事件的男主角李希烈只是個短暫割據的土皇帝，桂娘的事蹟必將光耀千古，不遜於西施貂蟬之輩。

德宗時，淮西節度使李希烈奉命征討割據淄青（淄青鎮，轄區位於今中國山東大部）的李納，他反與李納串通一氣，並與叛亂的河北藩鎮朱滔、田悅之流勾結，沆瀣一氣，自稱天下都元帥、建興王。西元七八四年，李希烈攻入汴州，旋稱楚帝，年號武成，並大封文武。剛到汴州，這廝屁股還沒坐穩，就急急忙忙

5 〔北宋〕司馬光等，《資治通鑑》，卷一九九；〔後晉〕劉昫等，《舊唐書》；〔北宋〕歐陽脩等，《新唐書．崔義玄列傳》；〔元〕脫脫等，《宋史．宦者列傳三》。

忙地四處獵豔。竇桂娘芳名遠播，李希烈自然不會放過，派手下打上門去，不由分說，掠之以去。

出門前，竇桂娘回望已陷入絕望的父親，自信地說：「別擔心孩兒的安危，我定能搞定他。讓您過上榮華富貴的日子。」李希烈一見桂娘，喜出望外。當即霸王硬上弓，夜夜笙歌，不在話下。面對殺人如麻，兇殘成性的李希烈，桂娘毫無懼色，曲意奉迎，一步步的將李希烈引入彀中。桂娘的才情讓人讚歎，桂娘的嬌媚更讓人沉醉，嬌滴滴的惹人憐愛，老李自然忍不住。桂娘太迷人了，老李怎麼都想不到這個柔弱的女人能把自己怎麼樣，對其寵信有加，毫不提防。他的好多軍事機密，就連老婆兒子都不知道，卻都對桂娘不加隱瞞，桂娘也時不時地給他出些主意，自然更受青睞。

桂娘有次對李希烈說：「你手下將校雖多，但對你忠心耿耿，又能打仗的，我看也就數陳仙奇了。聽說他老婆也姓竇，在家裡很得寵。如果我和她義結金蘭，再慢慢示以恩惠，曉以情理，必能助您緊緊控制住陳仙奇，讓他為你賣命。」李希烈深以為然。很快，桂娘就以姐姐自居，與陳妻親如一家。一天閒談時，桂娘試探性地關切說：「李希烈雖然現在囂張，但終究必敗，你也得提早給自己留個後路啊。」陳妻自然明白了她的意思。經過一番動員，陳仙奇也加入了「反李陣營」。碰巧，貪吃的李希烈吃牛肉吃出了毛病，腹瀉不止，陳仙奇就偷偷叫醫生把他給毒死了。

李希烈死後，他兒子一直祕不發喪，企圖在葬禮上殺死諸將，自立為帝。還未動手，這時有人獻上含桃（櫻桃），桂娘就對小李說，最好把含桃送給陳仙奇妻子一盤，打消其顧慮，以固其心。小李點頭稱是。桂娘巧妙地把絲帛染紅，上寫密信，然後以蠟包裹，狀如含桃，混雜其中。陳仙奇發丸見之，和親信薛育商量，「我說李希烈家裡這兩天怎麼總是一天到晚地敲鑼打鼓，絲竹不絕。原來有陰謀。」次日，陳薛二人發動兵變，包圍了李希烈府邸。小李子見勢不妙，只得出來謊稱：「我不敢稱帝了，只想做淄青節度使，你們饒了我吧。」陳仙奇厲聲指責說：「你老爹悖逆無道，天子命我取你父子人頭。」話音未落，手起刀落。眨眼間，李希烈一家老小一十七人盡數被斬。

桂娘用盒子盛著這些鮮活的人頭趕到京師獻給朝廷。天子下詔將李希烈的屍體陳列於市，以儆效尤。

這件事感動了大詩人杜牧。他當仁不讓地寫了一篇《竇烈女傳》。杜牧首先激賞桂娘的大智大勇大義。李希烈稱帝，桂娘為妃，既寵且愛，對於一個女人，此生足矣，夫復何求？但桂娘深明大義，不吝私情，忍辱負重，最終剷除奸賊，可謂有勇有謀，為國為民，以天下蒼生為念。「能得希烈，權也，娣先奇妻，智也，終能滅賊，不顧其私，烈也。」然後筆鋒一轉，憤然抨擊那些鬚眉濁物。「六尺男子有祿位者，當希烈叛，與之上下者眾矣，豈才力不足耶？」杜牧最後充滿信心滿滿地表示，「蓋義理苟至，雖一女子可以有成。」[6]

6 〔唐〕杜牧，〈竇列女傳〉，《全唐文》，卷七五六。

送出去的女人——和親公主

唐朝對四大鄰國：突厥、吐蕃、回紇、南詔的外交策略是分而制之。其中，糖衣肉彈是最具殺傷力同時又最為環保的武器了。三百年間，只有遠在天南的南詔僥倖沒有受到過唐朝女人的肉彈攻擊，其他皆無一倖免。其中，對吐蕃和回紇的肉彈外交可謂是成效顯著。

俗話說，肥水不流外人田。反過來就是，禍水應流外人田。女人是禍水，所以就應該盡量送給外國。這樣，肉彈攻勢就具有了一彈多用的雙重效果。送出女人，對大唐是少一害，對他國是多一弊。何樂而不為！

在唐人的外交思維中，禍水外引具有全方位的政治效用。昭宗時期的程晏就曾借毛延壽之口對此發表過一通歪理邪說：

> 宮中美人，可以亂人之國。最好將宮中美女，統統送往外國。因為把禍害中國的東西弄到外國，對大唐極為有利。想當年，閎夭向紂王進獻美人從而使西伯侯姬昌免除一死，商最終為周所滅；齊國贈送美女藝人給魯國，魯君沉醉其中，荒唐誤國，結果逼走了孔老夫子；秦國送給西戎一直美女樂團，從而離間了西戎君臣，因此誘降了賢臣由余。

皇帝喜歡的美女，往往會擾亂皇帝的心性。那麼把美女送到外國，中國皇帝自然就能心平氣和了，外國君主則會神魂顛倒。如果皇帝不喜歡的美女，送給外國也沒什麼用處。因為中國皇帝不喜歡的美女，外國君主肯定也不會喜歡。治國之道有三個境界，最高是無亂，其次是去亂，再次是遷亂。如果國家不能做到無亂，皇帝又無力去亂，那麼把禍亂引向外國就勢在必行。[1]

不敢說唐朝皇帝都樂意接受這種赤裸裸的肉彈外交策略。但至少他們都不堅決反對這麼做。因為「懷柔之道，今古攸同」[2]的國際政治理念，使他們深信這種做法的歷史正當性。當然，他們肯定不會說得這麼粗俗和露骨。相反，一種彬彬有禮的外交辭令倒是最為習常的表達方式。

現代人通常會這麼描述唐朝外交：外交是唐朝國家和外部世界交往的正式渠道和官方形式。由於它往往以和親方式體現出來，這就使得唐朝外交在很大程度上成為一種血緣外交、家族外交或親情外交。同時，由於和親外交主要透過女人嫁娶進行，這就使得它成為一種婚姻外交。

一般說來，唐朝對上門求婚的外國使臣都是來者不拒。但也偶有例外。這往往與皇帝本人對公主的偏愛有關。像太平公主就是武則天的最愛。當時，自恃軍力強大的吐蕃國就指名道姓地要娶太平公主。但武則天不想讓愛女遠嫁異邦，又不敢得罪強鄰，只好給她建造了一座道觀，「如方士熏戒」，這才把吐蕃的求婚使臣回絕了。[3]

雖然不能貿然說唐朝皇帝對公主遠嫁外國沒有絲毫感情因素，但更多的卻是利益考慮。這使得唐朝皇帝對於嫁到外國的公主身分並不十分仔細。相反，他們還主動地往裡面摻水。原因在於根深蒂固的「夷夏之防」觀念，讓他們骨子裡很看不起這些「蠻夷之人」，儘管他們常常被打的丟盔卸甲，倉皇逃竄。這是一種類似阿Q精神的玩意兒。話說回來，儘管用於婚姻外交中的公主大部分都有水分，不是宗室女，就是官

1 〔唐〕程晏，〈設毛延壽自解語〉，《全唐文》，卷八二一。

2 〔唐〕李隆基（玄宗），〈封和義公主出降寧遠國王制〉，《全唐文》，卷二四。

3 〔後晉〕劉昫等，《舊唐書》，列傳第一百四十九．東夷。

家女，甚至還有妓女[4]、婢女[5]，反正都不是貨真價實的公主，但這並不影響它能給大唐帶來實實在在的利益。兵不厭詐，政不厭欺。合兵道與政道於一體的就是外交。外交中的女人就這樣身不由己地充當了光彩奪目的歷史道具。

自從貴主和親後，一半胡風似漢家。[6]

大唐的第一個和親公主——弘化公主就是個宗室女，她遠嫁到了今中國青海一帶的吐谷渾國。

大漠風塵日色昏，紅旗半捲出轅門。
前軍夜戰洮河北，已報生擒吐谷渾。

——〔唐〕王昌齡，《從軍行七首·其五》[7]

貞觀九年（西元六三五年），太宗皇帝因為跟吐谷渾的某次和親搞到沒面子，感到非常生氣，便命令李靖、侯君集、李道宗、李道彥、李大亮和高甑生等大將率領突厥、契苾軍隊攻打吐谷渾。

話說大唐建國伊始，解放了曾為隋朝人質的各部落王子，其中就有吐谷渾首領慕容伏允的長子慕容順，他從江都的跑到了長安，進入了李唐的統治區域。李淵如獲至寶，遂以送還質子為籌碼，邀吐谷渾合兵攻打割據河西的李軌政權。吐谷渾應約。後李軌身死，大唐據有河西之地。慕容伏允思子心切，遂「頻遣使朝貢」，希望唐朝履約。李淵也算講信用，就將慕容順送歸。

伏允沒了後顧之憂，就開始對李唐不那麼恭敬了，發兵攻擊唐境。太宗皇帝派人問責，征伏允入朝。伏允可沒那麼傻，遂稱病，卻為其子慕容尊王求親。太宗為了籠絡吐谷渾，對其施加影響，同意許婚，但要求尊王親自到長安迎娶公主，尊王卻也耍起了滑頭，依葫蘆畫瓢，裝病不到。太宗很沒面子，自己的未來女婿也太不像話了吧！太宗下令停止和親，派使者康處直前去曉以禍福，望其悔悟。哪知伏允非但不聽，反而主動出擊，攻打唐境。太宗發怒，派左驍衛大將軍段志玄領兵反擊，以示懲戒。伏允年老昏聵，受奸人矇蔽，竟又扣留唐朝使臣。太宗皇帝發飆，遂有貞觀九年之事。

在唐軍的接連打擊之下，伏允自殺，其子慕容順繼立，又因久在隋朝為質，國內根基不穩，故而不久被殺。部下擁戴順子諾曷鉢為吐谷渾王。可憐的諾曷鉢年幼無知，吐谷渾遂國政大亂。太宗皇帝原本並未想將吐谷渾滅國，只是想控制該地，作為唐與吐蕃之間的一個緩衝地帶，眼看諾曷鉢孤立無援，遂適時的派遣大軍前往支援。攝於大唐軍威，吐谷渾國內漸漸穩定。太宗冊封諾曷鉢為河源郡王、烏地也拔勤豆可汗。

諾曷鉢對大唐的再造之恩，深表感激，親自入朝謝恩，正式求婚，並獻上牛馬羊一萬匹。諾曷鉢連年入朝，甚是恭敬，太宗皇帝對這個準女婿很滿意，比之前的尊王強多了。遂許婚，封宗室淮陽郡王李道明（唐高祖五叔李繪之孫）之女為弘化公主，嫁吐谷渾王。當然，對外要說這是皇帝的女兒。諾曷鉢渾然不知，自然感激涕零，叩謝天恩。

誰知，路上竟然出了個岔子。太宗令公主生父淮陽郡王李道明與右武威將軍慕容寶持節送親。半道上，不知怎地，李道明大嘴巴，竟然將公主本非皇帝親生女兒的國家機密洩露，不但惹得駙馬爺很失望，太宗皇帝更是顏面盡失，雷霆震怒。李道明回國之後，以洩露國家機密罪，奪去王爵。不管怎地，吐谷渾與大唐算是結親了。

吐谷渾找了個大靠山，旁邊的吐蕃不幹了。吐蕃贊普松贊干布認為正是由於吐谷渾的從中作梗，才使

4 〔後晉〕劉昫等，《舊唐書》，列傳第一百四十九・東夷。
5 〔宋〕王溥，〈回紇〉，《唐會要》，卷九八。
6 〔唐〕陶潛，〈隴西行四首〉，《全唐詩》，卷七四六。
7 收錄：《全唐詩》，卷一四三。

得自己無法娶到美麗的大唐公主，遂大舉入侵吐谷渾，隨後捎帶著擊破吐谷渾的盟友党項和白蘭部，直逼唐朝的松州西境（今中國四川省松潘縣），揚言若唐朝不把公主嫁給贊普，就要率兵攻打。泱泱大唐怎能受此等逼婚之辱，侯君集、牛進達等大將很夠力，率兵擊敗吐蕃軍，松贊干布大懼，在唐軍主力到達前，連忙退出吐谷渾、党項、白蘭羌，遣使謝罪。松贊干布見識了唐軍的強盛，決定改為和平求婚，再次請婚。

歷史上最為有名的和親公主——文成公主登場了，自然她也是一個宗室女（高祖堂侄李道宗的女兒）。但唐朝照樣把吐蕃贊普松贊干布糊弄得摸不著頭緒。

貞觀十四年（西元六四〇年），吐蕃再次派遣宰相祿東贊領銜的龐大使團趕赴長安，請求結為婚姻之國，並送上黃金五千兩，寶玩無數。太宗召見使團，祿東贊顧問進對，莊重合旨。太宗一見就喜歡上了，當即作主要把琅邪長公主的外孫女許配給他。祿東贊推辭說，「多謝陛下隆恩，但臣下已經娶妻，乃父母所聘。於情於理都不能對不起她。況且臣下本為贊普求婚，現下贊普還未娶到公主，臣下怎能談婚論嫁呢？」但太宗還是硬塞給他一個女人。司馬光暗示說，太宗為了拉攏祿東贊，「竟不從其志。」[8]

貞觀十五年（西元六四一年），文成公主肩負著太宗委託給她的為大唐開闢外交通道的神聖使命，義無反顧地嫁到了千里之外的荒蠻之地。太宗命江夏王李道宗作為娘家人陪送女兒文成公主離開長安，一路向西，翻越日月山，一直來到海拔四千多公尺的河源之地（即黃河之源，扎陵湖與鄂陵湖，在今中國青海瑪多）。松贊干布早已在此迎候多時。他對代表大唐的江夏王恭恭敬敬地行了女婿禮節，並盛讚大國服飾禮儀之華美。言談舉止間情不自禁地流露出了羞愧和沮喪的神情。

文成公主做了吐蕃贊普的妃子（吐蕃王后是尼泊爾的尺尊公主[9]），松贊干布感覺很有面子。他曾對家人自豪地說，「我列祖列宗從未與大國通婚，現如今高攀娶了大唐的公主，真是值得好好慶賀一番。我要為公主建造一座豪華的大城，讓她生活得更舒適，也讓後人知道祖上的榮光。」文成公主不喜歡吐蕃人用赭色的顏料把臉塗抹得髒兮兮，贊普便下令國人改變這種習俗，他自己也脫掉了羊皮大襖，換上了華貴的綢緞服飾，率先垂範，以身作則，積極引導和推動了「漸慕華風」的上層文化轉變。後來，贊普還專門派遣貴族子弟到長安取經，進國子學學習儒家詩書經典。

貞觀二十三年（西元六四九），太宗駕崩，吐蕃第一時間派遣高規格的使團前往長安參加岳丈的葬禮。獻上金銀珠寶十五種，並要求放置在太宗的靈座之前，以示哀思。高宗時，松贊干布寫信給大唐國舅長孫無忌，表示「天子初登大寶，如果臣下有不軌之人，我立刻發兵代為征討。」吐蕃懇請皇帝能夠贈送一些桑蠶和種子以及製造酒水、石碾、水磨、紙筆方面的工匠，以便提高他們的經濟文化水準。高宗對於這種「追求上進」的做法很欣喜，對其做出了高度的評價：「自文成公主化往，其國因多變革。」[10]

比起文成公主在吐蕃國的幸福時光，弘化公主就沒那麼好的運氣了，她自打跟了諾曷鉢之後，吃了不少的苦頭。諾曷鉢年少，「主少國疑，大臣未附，百姓不信。」[11]各實力派蠢蠢欲動，其中尤以丞相宣王野心勃勃。公主出嫁的第二年，就趕上了一次凶險的政變。那宣王勾結吐蕃，暗中徵兵，以祭祀山神為幌子，乘機襲擊公主，綁架諾曷鉢，以此為資本，逃往吐蕃。諾曷鉢得知後，「大懼」，攜帶公主星夜逃往鄯城（今中國青海西寧市東郊）。後威信王帶兵前來勤王，與唐鄯州刺史杜鳳舉合兵一處，發動反擊，宣王敗死。太宗聞聽二人受了驚嚇，遂遣人前來撫慰一番。

高宗即位，因諾曷鉢娶公主為妻，故封其為駙馬都尉，賜物四十段。吐谷渾物產不豐，卻素來盛產良馬，

8 〔北宋〕司馬光等，《資治通鑑》，卷一九六。
9 也有寫作「赤尊公主」。
10 〔唐〕李治（高宗），〈金城公主出降吐蕃制〉，《唐大詔令集》，卷四二。
11 〔西漢〕司馬遷，《史記．孫子吳起列傳》。

諾曷缽遂挑選國中良馬進獻新君，以示謝恩。高宗詢問馬匹的種姓，使者說此乃「國之最良者」[12]。高宗說，良馬人人所愛，朕怎可奪人所愛呢！遂不受。使者只得千里迢迢又把馬匹牽回去。

數年之後，公主想家了，就上表請求入朝，高宗遂派左驍衛將軍鮮於匡濟前去迎接。十一月，公主夫婦到達京師，皇帝很高興，又一個姑娘倒了楣，宗室女金城縣主被嫁給諾曷缽長子蘇度模末。後來，蘇度模末早死，弘化公主又領著次子闥盧模末來討老婆，皇帝就將宗室女金明縣主許配。接連入朝請婚，想必是公主在異邦他國太寂寞了吧！

邊地無芳樹，鶯聲忽聽新。
間關如有意，愁絕若懷人。
明妃失漢寵，蔡女沒胡塵。
坐聞應落淚，況憶故園春。
——〔唐〕陳子昂．《居延海樹聞鶯同作》[13]

龍朔三年（西元六六三年），吐蕃與吐谷渾互相攻伐，兩個女婿國幹起來了。

永徽元年（西元六五〇年），一代梟雄松贊干布去世，其孫芒松芒贊年幼即位，由大相祿東贊輔政。吐蕃國勢蒸蒸日上，其志不小，一直試圖吞併唐吐之間的吐谷渾國。當然，唐朝也知此中利害（青海失守，河西危矣，河西不寧，長安不保）。竭力扶植吐谷渾，壓抑吐蕃。為了防止唐朝出兵支援吐谷渾，吐蕃竭力與唐朝保持友好關係，西元六五八年，曾遣使向唐朝求親，遭拒絕。

吐谷渾的大臣素和貴畏罪逃到吐蕃，盡吐國內機密情報，吐蕃遂發兵擊之。吐谷渾眼看不妙，趕忙給丈人國申訴請兵，吐蕃也不示弱，派人向高宗申辯是非曲直，兩國使者在大唐朝堂之上，打起了嘴仗。高宗此時正在全力進擊百濟國，進而攻伐高句麗，無暇西顧，對兩國之摩擦不勝其擾，遂兩不相幫。吐蕃強大，吐谷渾弱小，唐朝兩不相幫，自然於吐蕃有利。果然，吐谷渾大敗，可汗諾曷缽與弘化公主率領幾千帳殘兵敗將棄國逃到唐境涼州（今中國甘肅武威）。怯懦的諾曷缽不思復國，卻請求舉族內附。

高宗此時才意識到問題的嚴重性，並非一般的邊境摩擦，而是滅國之戰。遂立刻以鄭仁泰為青海道行軍大總管，率領獨孤卿雲、辛文陵等分別屯駐在涼、鄯二州，以防備吐蕃。又以蘇定方為安集大使，節度諸軍，為吐谷渾的後援。祿東贊屯兵青海，並派使節論仲琮到唐朝，反咬一口，表陳吐谷渾罪過，再次請求和親，高宗自然不准，更遣左衛郎將劉文祥出使吐蕃，責備其進攻吐谷渾。但這些不過是官樣文章而已。唇亡齒寒，唐與吐蕃之間的緩衝地帶就此不存，不但河西之地此後將直面從高原奔騰而下的吐蕃兵馬，設於西域的安西都護府亦將面臨被斬斷與內地聯繫的境況。然而，高宗並不甘心。

乾封元年（西元六六六年），高宗封諾曷缽為青海郡王（向吐蕃顯示唐朝決心收復吐谷渾故地）。咸亨元年（西元六七〇年），吐蕃入侵安西四鎮，唐在西域的統治嚴重動搖，決定還擊。高宗以右威衛大將軍薛仁貴為邏娑道行軍大總管，左衛員外大將軍阿史那道真、左衛將軍郭待封為副，率兵五萬討伐吐蕃，並試圖恢復吐谷渾故地。邏娑乃吐蕃首都（今中國拉薩），唐軍直指吐蕃心臟，取直搗黃龍之意。然而，唐軍於青海湖南的大非川（今中國青海共和縣西南）一敗塗地，死傷略盡，將帥僅以身還。唐土兩國的軍事態勢，就此逆轉。至於吐谷渾的復國，更成夢幻。

諾曷缽與公主不敢居住在距離吐蕃較近的鄯州，再次請求內遷。高宗將其安置在了靈州（今中國寧夏吳忠一帶）境內，劃出一塊區域給吐谷渾殘部居住，取名安樂州，任命諾曷缽為安樂州刺史，想必是知道駙馬爺被嚇壞了。弘化公主時運不濟，在錯誤的時間，嫁到了錯誤的地方，跟著老公顛沛流離，擔驚受怕，但卻長壽，武周聖歷元年（西元六九八年），公主病逝於靈州東衙之私第，享年七十六歲。

12 〔北宋〕歐陽脩等，《新唐書》，卷二二一（上）。

13 收錄：《全唐詩》，卷八四。

廣化三邊靜，通煙四海安。

不光吐蕃在變，唐朝也在變。整個國際局勢都在變。所以和親不能完全避免戰爭。一邊迎親，一邊開戰。鑼鼓喧天不妨礙戰鼓隆隆。置身於其中的女人便具有了某種複雜的形象和感覺。她們既要忍受身在異域的孤獨與恐懼，又要忍受父母之邦與丈夫之國的雙重猜疑。

神龍元年，吐蕃贊普尺帶珠丹的祖母遣使送來黃金二千兩，作為給孫子求婚的彩禮。中宗就隨便找了個養女嫁了過去。[14]這就是出嫁到吐蕃的第二位唐朝公主——金城公主。顯然，金城公主也是個冒牌貨。她名分上是中宗的女兒，但真實身分是雍王李守禮的女兒，也就是中宗的兄長章懷太子李賢的孫女。

水潑出去了，火勢卻未得到澈底遏制。按照唐朝史官的說法，「自是頻歲貢獻，然亦時犯西邊。」[15]金城入藏三十年，唐吐兩國在西域和西南地區的戰爭從未停息過。但金城公主確實為唐帝國的外交事業作出了重要貢獻。道理很簡單，沒有金城公主的巧妙斡旋，事情肯定還要糟糕得多。

景龍四年（西元七一〇年）正月二十七日，是金城公主離開長安的日子。此前，吐蕃的迎親使團早就來到了長安。使節名悉獵不光會說一口道地的漢語，而且諳熟中國典籍。其辯才在大唐朝廷一時無礙。中宗常召他入宮喝酒，相談甚歡。為了表示重視，也為了向吐蕃人展示大唐文化的風采，中宗精心籌劃並親自主持了兩場增強唐吐友誼的文體盛事。先是中宗陪同迎親使團在梨園亭觀看了一場馬球比賽。球王李隆基在球場上，「東西驅突，風回電激，所向無前」[16]擊敗吐蕃國家代表隊，為國爭光。繼而，中宗在馬嵬主持了一場隆重而煽情的歡送儀式。儀式的高潮是一場唐朝外交史上盛況空前的詩歌朗誦會。登台獻藝的都是帝國一流的詩人、書法家和史學家以及高品位的文人學士。即席創作，當場朗誦的一首首充滿唐音之美的華彩樂章令人如痴如醉。

詩人們回顧中國歷史，展望帝國未來，充滿了皇恩浩蕩的感激之情。他們代表夷人表達了對大唐懷柔政策的歡迎和感恩，「皇恩眷下人，割愛遠和親」。也代表皇帝表達了對遠嫁異域的女兒的慈愛和擔憂，「離情愴宸掖，別路繞關梁」。當然，詩人們也沒忘記適當抒發出作為當事人的公主本人的複雜感受，「空餘願黃鶴，東顧憶迴翔」。

或許為了打發路途遙遠的寂寞和沿途千里的蒼涼，金城公主帶上了自己心愛的胡笳、琵琶和玉簫。西出陽關，舉目無親。春風不度，陽光酷烈。迢迢千里灑滿了無人傾訴的孤獨琴聲，也留下了千年之後揮之不去的淒婉絕唱。

黃河遠上白雲間，一片孤城萬仞山。
羌笛何須怨楊柳，春風不度玉門關。
——〔唐〕王之渙．《涼州詞》[17]

甥舅重親地，君臣厚義鄉。
還將貴公主，嫁與耨檀王。
鹵簿山河暗，琵琶道路長。
回瞻父母國，日出在東方。
——〔唐〕閻朝隱．《奉和送金城公主適西蕃應制》[18]

14 這個事情的最早決策者可能還是武則天。
15 〔北宋〕王溥，〈吐蕃〉，《唐會要》，卷九七。
16 〔唐〕封演，〈打球〉，《封氏聞見記》，卷六。
17 收錄：《全唐詩》，卷二五三。
18 收錄：《全唐詩》，卷六九。

在選定送婚使的事情上出了一個插曲，也顯示出中宗這個皇帝做的有多麼窩囊。中宗最初打算派侍中（宰相）紀處訥出使吐蕃。但紀處訥有自己的小算盤，他心想：唐吐戰和不定，此去路途遙遠且多苦寒之地，倘若路上出點差錯，豈不是客死異鄉。因此，他以不熟悉邊疆事務為由，推掉了這份差事。中宗又打算讓中書侍郎趙彥昭代行。趙履溫私下和趙彥昭議論此事，認為「大國宰輔去做這種外交使節，真是大材小用了！」趙彥昭疑惑的問：「天子差遣，不去怎麼辦？」趙履溫一直走安樂公主的門子，是個十足的馬屁精，他自恃有「氣勢回山海，呼吸變霜雪」[19]的通天本領，很快，安樂公主就把事擺平了。安樂直接叫老爸中宗換人。換來換去，這份苦差事就到了左衛大將軍楊矩的頭上，他沒有「安樂公主」這樣的靠山，不敢抗旨，只好硬著頭皮上了。誰知，他後來竟死在了這件事上。

楊矩在這次出使西方的過程中，非常活躍，與吐蕃上層打得火熱。回國不久就做了鄯州都督。在這期間，楊矩和吐蕃一直保持著密切聯繫。吐蕃送給了他大量的黃金寶石，希望唐朝能把河西九曲之地（今中國青海東南黃河曲流處）送給吐蕃，作為金城公主的湯沐邑。楊矩傻乎乎的就給朝廷打報告，朝廷糊裡糊塗便把這塊土地給了吐蕃。九曲土地肥美，物產豐饒，位置至關重要，故而成為吐蕃進攻唐朝的前哨陣地。楊矩這個賣國賊，為吐蕃立了大功，發揮了戰爭都未必能夠達到的效果。後來，唐吐紛爭再起，楊矩深恐裡通外國之罪敗露，服毒自盡。

開元二年（西元七一四年）五月，吐蕃宰相坌達延陀給唐朝宰相寫了一封信，表示：「兩國邊界應該盡早劃定。邊境確立之後，就可以簽訂盟約了。」緊接著，吐蕃又派宰相尚欽藏及御史名悉獵來長安遞交盟書。玄宗皇帝在太極宮承天門樓會見了吐蕃使臣，然後客客氣氣地請他們吃了一頓大餐，就打發走了。隨之，兩國就爆發了戰爭，是為「武街之戰」。該戰役以唐軍的大獲全勝而告終。其後，打打停停。據說，吐蕃求和了八次，都被唐朝嚴詞拒絕。

直到開元十七年（西元七二九年），事情突然出現了轉機。是年，唐軍在「石堡城之戰」中再次擊敗吐蕃。吐蕃連戰連敗，國內大嘩，遂再次派使求和，金城公主亦從中斡旋。玄宗志得意滿，就驢下坡，讓忠王及皇甫惟明、內侍張元方出使吐蕃。唐使拜見了贊普及公主。公主拿出貞觀以來兩國之間的所有外交文件，表示：兩國的關係史都在這裡。我要給皇帝哥哥寫封信，表明我的態度。唐使回國時，吐蕃大外交家名悉獵也隨同前往。公主特別叮囑名悉獵，我送給中國皇帝的那些「盤雜盞器」都不重要，關鍵是這封信你一定要親自呈交皇帝。

金城公主奴奴問皇帝哥哥好。季夏（夏季的最末一個月，即農曆六月）極熱，還望皇帝哥哥飲食睡眠都好。我現在一切平安，願皇帝哥哥勿憂。吐蕃宰相對我說，贊普非常希望和好，已經擬定好了相關文件和誓詞。以前皇帝哥哥不答應親署誓文，讓我很為難。妹妹遠嫁吐蕃，就是為了兩國和好。現今兩國關係緊張，必定影響長治久安。皇帝哥哥親自簽署兩國和好協約，具有非常重要的意義，它關係到兩國的長久安穩。所以懇請您能理解我遠在他國的焦慮與不安。[20]

婚姻外交的實質是女人外交。所以，國際關係的維繫和國際力量的平衡往往需要女性的溫柔潤滑。或許玄宗也為千里之外的這種親情呼喚所打動，於是就在開元二十一（西元七三三年）年正月，派遣工部尚書李暠出使吐蕃，贈送了大量禮物。其中有以朝廷名義送的一萬匹絲帛，還有以玄宗個人名義贈送的二千匹絲帛，都是在吐蕃極為稀罕的五綵綢緞。金城公主估計李暠回國之際，當在暮秋。就又給玄宗寫了封信，請求在這年九月一日，大唐和吐蕃兩國在赤嶺立碑，正式勘定蕃漢國界。玄宗派張守珪、李行禕與吐蕃使臣莽布支一起前往，參加立碑儀式。立碑之後，吐蕃遣人跟隨漢使分別到劍南及河西磧，通告邊州，

19 〔唐〕張鷟，《朝野僉載》，卷五。
20 〔唐〕金城公主，〈乞許贊普請和表〉，《全唐文》，卷一〇〇。

「兩國和好，無相侵掠。」唐朝也如法炮製，照章辦理。

金城公主小名奴奴，她經常以小名給皇兄玄宗寫信，有時候是私事，有時候是公事。當然，外交無小事。

妹奴奴向皇帝哥哥問好。現在已到了盛夏季節，天氣炎熱，期盼皇帝哥哥起居萬福，御膳勝常。奴奴我見到唐朝和吐蕃的國書，都表示「重為和好」，奴奴深有再生之感，不勝喜躍。謝謝皇帝兄送給我的東西。我也獻上一隻金盞、一件羚羊衫、一張段青長毛氈。[21]

妹奴奴我收到皇帝兄正月的來信。現在兩國和好，有如舅甥之親，希望永無更張，天下黎民，共享安樂。然而去年崔琳回國時，我讓他向你轉告置府一事。李行禕這次來了，說及置府一事沒有批准。還望皇帝兄再考慮一下，好歹答應奴奴妹的請求。[22]

玄宗有時也給金城公主寫信。「你送給朕的東西都已收到。朕回贈給你的禮物和寫給你的信，想必也應該到了。以後若什麼有需求儘管來信。」[23]

自開元二十二年起，吐蕃每歲都遣使來朝，贈送禮物。但雙方摩擦不斷，從未消停，從而使得所謂遣使進貢的煙霧彈目的更加彰顯。開元二十九年，金城公主死於吐蕃。常言道：人死為大。吐蕃遣使告哀，也希望借此緩和兩國之間日趨惡化的緊張關係。開始唐朝不願意。幾個月後，玄宗才讓有關部門在光順門為金城公主舉行了喪禮，並輟朝三日，以示哀悼。

公主之死並沒有改變什麼，但人們似乎感覺事情有了變化。

人憐漢公主，生得渡河歸

中國從不缺人，更不缺女人。源源不斷的輸出女人便成為唐朝外交的一道亮麗風景。萬邦來朝的帝國盛典並非完全是武力震懾的結果，其中也少不了女人周旋的靚麗身影。國家之間的婚姻關係本質上就是謀圖一種更為持久的外交關係。即便是大國，唐朝君臣也明白一個常識，外交斡旋中，柔弱的女人往往勝於強壯的男人。在長期的外交實踐中，唐朝已經形成了一套相當成熟和有效的輸出女人的婚姻外交模式。這套外交模式在一段不太短的時期中，發揮了穩定唐朝與外部世界的正常關係的主導作用。這在很大程度上受到唐朝君臣的支持和歡迎。許多情況下，唐朝對外國的這類迎娶唐朝公主的通婚要求，都一律給予政治上的大力配合和外交上的積極回應。

安史之亂期間，皇帝出逃，帝都淪陷，局勢危如累卵，唐朝急需外援。草原新貴回紇國表示，如若唐朝許親，就願出兵相助。肅宗渴望救兵可謂是望眼欲穿，二話沒說就答應把在家守寡的幼女寧國公主嫁過去。這讓回紇有點受寵若驚，初次求婚就能取得大唐皇帝的真公主，而不是什麼冒牌貨，當真做夢也未曾想到。當然，倘若他們事先得知此女已經死過兩任丈夫，不知是否為略為淡定一下。無論怎樣，寧國公主都是漫漫和親史上，中國皇帝許配給周邊民族首領的第一位正牌公主。不難想像，肅宗也是迫不得已才不得不下此血本的。

乾元元年（西元七五八年）六月，肅宗親率文武百官將寧國公主送至咸陽的磁門驛，父女分別，遠赴北國，多半就是最後一面。肅宗面有愧色，覺得沒有盡到父親的責任，公主滿面淚痕，泣聲說：「國事為重，死而無怨。」遂轉身離去，不忍回望。皇帝的淚水奪眶而出，一臉惆悵的眼看著親生女兒的離去。

21 〔唐〕金城公主，〈謝恩賜錦帛器物表〉，《全唐文》，卷一〇〇。
22 〔唐〕金城公主，〈請置府表〉，《全唐文》，卷一〇〇。
23 〔唐〕李隆基（玄宗），〈賜金城公主書〉，《全唐文》，卷四〇。

出嫁辭鄉國，由來此別難。
聖恩愁遠道，行路泣相看。
沙塞容顏盡，邊隅粉黛殘。
妾心何所斷，他日望長安。

——〔唐〕宜芬公主．《虛池驛題屏風》[24]

作者為玄宗外甥女楊氏（一說外孫女）[25]，封宜芬公主，下嫁奚族首領李延寵。和親使團一行路經虛池驛時，公主悲愁難耐，作詩於驛站屏風之上。邊境無事，安祿山可不樂意，遂不斷挑釁，進攻奚與契丹，試圖「以邊功市寵」。李延寵殘殺公主，起兵反唐。此處，借公主之詩來說明和親公主離國之際的種種不捨與難耐。

風餐露宿，一路奔波，公主一行終於來到回紇牙帳。可汗身穿赭黃袍，頭戴胡帽，大喇喇地坐在大帳中央的榻上，神態甚是傲慢。禮儀官將使團代表漢中郡王李瑀帶至帳外，可汗問道：「王是天可汗的什麼親屬？」李瑀答：「本王是大唐天子的堂弟。」可汗又問：「站在你上首的是什麼人？」「這是宦官使者雷盧俊。」可汗反問：「宦官是奴僕，怎能站在郎君的上首？」雷盧俊一聽，大懼，趕忙推到李瑀的下首。見李瑀等人依然直挺挺的站著，可汗面有不悅，問道：「兩國皆有君臣之禮，你見我為何不拜？」李瑀不卑不亢的說道：「大唐天子考慮到可汗勞苦功高，才將女兒下嫁，結為姻親。此前，大唐與外藩和親，全部都是名為公主的宗室女子。而今，寧國公主是我大唐天子的親生女兒，才貌雙全，不遠萬里前來嫁給可汗。可汗就是我大唐的女婿，自然應行翁婿之禮，怎能坐著榻上接受詔命呢？」話說到這份上，可汗才起身下來接過國書。

路始陰山北，迢迢雨雪天。
長城人過少，沙磧馬難前。

日入流沙際，陰生瀚海邊。
刀環向月動，旌纛冒霜懸。
逐獸孤圍合，交兵一箭傳。
穹廬移斥候，烽火絕祁連。
漢將行持節，胡兒坐控弦。
明妃的回面，南送使君旋。

——〔唐〕馬戴‧《送和北虜使》[26]

詩中前半段描寫了出使塞外的艱辛，「漢將行持節，胡兒坐控弦」則描寫了胡人面對唐朝使節的傲慢態度，國勢衰微，使臣的腰桿子也硬不起來了。

次日，可汗舉行大典，冊立寧國公主為可敦。數日後，李瑀等人起身回國，可汗送上馬五百匹，貂裘、白氎無數作為還禮。後來，回紇先是派遣大首領蓋將軍前來致謝，又特派三個貴族婦女來聯絡感情。

最關鍵的是，八月份時，回紇派遣王子骨啜特勒與宰相帝德率領驍騎三千「助國討賊」。人然雖少，但意義重大。一下子兵威大振，士氣高漲。殺回京師，驅逐叛軍，回紇功不可沒。也正因如此，紇立開始輕視唐朝，尤其是在相州之役時，唐軍在回紇兵的眼皮子底下，在軍力數倍於叛軍的情況下，卻一盤散沙，貽誤戰機，一潰千里。

寧國公主在回紇的生活並不幸福。她嫁過去時，可汗就已經病怏怏了，第二年夏天就死掉了。這時，

24 收錄：《全唐詩》，卷七。
25 崔明德，《中國和親通史》，人民出版社，2007年，第248頁。
26 收錄：《全唐詩》，卷五五六。

麻煩事來了。新可汗是老可汗的小兒子，他並沒有繼承父親的遺產，繼娶寧國公主，而是冊立自己的老婆為可敦。由此可見回紇對唐朝的輕視。回紇貴族們甚至逼迫寧國公主依俗殉葬。公主置身異域，孤立無援，只能自救，她鼓足勇氣說：「我中原禮法，丈夫死去，妻子應身穿孝服，早晚哭吊，並無殉葬一說。回紇迎娶大唐公主，自然是仰慕中原禮法，如今卻還要依照舊俗，那還何必萬里迢迢的前去迎娶？」公主大義凜然，回紇貴族亦不敢強逼，經過一番抗爭，公主的命保住了，但仍不得不折中行事，一邊嚎啕，一邊用刀子將自己的面容劃破，以示悲傷。公主的容貌毀了，臉頰和內心都在滴血，為何自己如此命苦？

新可汗並不喜歡寧國公主，而是看上了陪嫁過來的「小寧國公主」，即榮王李琬的女兒，年輕貌美。寧國公主留在回紇已經沒有意義了，她也沒有子嗣，有鑑於此，回紇就同意了她的回國申請。

寧國公主回來了，任務完成的並不圓滿。當然，這絕不是她的錯。能夠活著回來，已經著實不易。肅宗下令，百官在大明宮的南正門——明鳳門（即丹鳳門）外列隊迎候。與出國時的大張旗鼓相比，回國的歡迎儀式似乎冷清了許多，但公主毫不在意，能夠回家就是最大的幸福。

大詩人杜甫聽說了寧國公主的不幸遭際，百感交集，又聯繫到回紇援軍來到中國後的種種惡行，可謂「請神容易送神難」，不禁對大唐行之已久的和親政策提出了質疑。隨即寫下了這首《即事》[27]。「即事」，就事而發之意。

聞道花門破，和親事卻非。
人憐漢公主，生得渡河歸。
秋思拋雲髻，腰支勝寶衣。

群凶猶索戰，回首意多違。一去紫台連朔漠，獨留青冢向黃昏。

德宗貞元年間（西元七八五年正月～西元八〇五八月）時，由於在與吐蕃的爭鬥當中處於劣勢，回紇亟需得到唐朝的支持，又開始積極發展同唐朝的關係，希望能盡快恢復與唐朝的和親結盟關係。唐朝的境況也好不到哪去，內憂外患，元氣大傷，安史之亂勉強算是平定，藩鎮勢力抬頭，吐蕃不斷進犯，趁著邊防軍調往內地平叛的時機，盡陷河西隴右，於廣德元年（西元七六三年）一度攻入長安。國力衰微之際，唐朝這一出賣女人的和親政策越發顯得「黔驢技窮」。就連流落四川的杜甫也不禁感慨道「和親知拙計，公主漫無歸」。

貞元二年（西元七八六年），回紇使臣合闕將軍代表可汗向唐朝正式表達了通婚的強烈願望。太常卿董晉迅速將此信息上報皇帝。敵人的敵人就是朋友，大唐與回紇一樣，飽受吐蕃欺凌。因此，德宗不但答應了求親，還決定讓自己的八女兒咸安公主出嫁回紇，以示重視。並尊重回紇習俗，仿照穹廬形制，在宮中架起了一頂氈帳；德宗還讓太監送給使臣一幅公主的畫像，叫他拿給可汗瞻仰。遊牧民族以牲畜為資財，因此回紇來唐求婚時，帶來很多馬匹，作為見面禮。德宗作為中原天子，需體現上國風度，遂照著這些馬匹的價錢回贈了五萬匹上等布帛，並同意雙方以後可在邊境進行互市貿易。

貞元四年（西元七八八年），回紇可汗派遣了一個規模空前龐大的千人使團來到長安迎娶公主。使團除了宰相大臣外，還有可汗妹妹骨吐祿毗伽公主、迷敘骨吐祿公主，以及回紇大首領的妻妾，共五十六名貴族婦人。迎親彩禮為駿馬二千匹。

德宗命令朔州及太原官府想辦法把回紇使團中不太重要的七百多人截留下來，不要讓他們擁入京城，免生意外。但使團仍有數百人，浩浩蕩蕩的百人迎婚使團很快在長安掀起一陣熱潮。沿路引來了無數人的好奇和圍觀，並在京城主幹道上造成了一陣不大不小的混亂。等到二天，德宗正式在延喜門歡迎回紇使團

27〔唐〕杜甫，〈即事〉，《全唐詩》，卷二二五。

時，就禁止女人出門，並限制車子和轎子大量上街，以免交通堵塞。

朱雀門是皇城的正門，其東側是掌管朝廷禮儀以及外交禮儀的太常寺，其西側是負責外交事務的鴻臚寺以及專門用來安置各國使臣的客館。迎婚使團就住在鴻臚寺客館。按照相應程序，回紇使者先在大明宮正殿宣政殿拜見中國皇帝，然後皇帝再在麟德殿召見回紇公主與使臣，並根據他們的各自身分和地位贈送了大量禮物。

回紇可汗派使團上門迎娶公主，規模盛大，禮節周全，就像一個懂事的女婿來拜見財大勢粗的岳父一樣。回紇可汗在給德宗的信中套近乎，「以前我們是兄弟，如今我是您的女婿。女婿就是半個兒啊。父親大人如果受到西邊蠻人（吐蕃）的騷擾，兒子有義務替您滅了他們。」

德宗不但給咸安公主特封「玉冊」，即冊公主為「孝順端正智惠長壽可敦」，還寫了一首詩贈給女兒。最後詔令滕王李湛然為婚禮使，護送咸安公主出嫁，即主持婚禮的中方大臣。

相比金城公主出嫁時的風光無限，整個大唐似乎只有一個默默無聞的詩人為咸安公主送行。或許，孫叔向的《送咸安公主》[28]是咸安公主踏出國門時所聽到的最後一首唐詩。

鹵簿遲遲出國門，漢家公主嫁烏孫。
玉顏便向穹廬去，衛霍空承明主恩。

但咸安公主的非凡勇氣和智慧使得人們再也無法忘記她。

當時唐朝和回紇兩國貿易主要是以物易物。譬如，唐朝用五十匹絹換回紇一匹馬。交易一般都是在秋冬之際的邊關進行。這時千里荒蕪，草盡泉枯，長途跋涉而來的馬匹非瘦即病，買回之後，徒費糧草，每年死傷耗損大半以上。唐朝對此非常不滿。反過來，由於絹絲用量巨大，縑絲不足，女工們只能偷工減料，以次充好，不是絲線稀鬆，就是尺寸不足。回紇抱怨這些質量不合格的次品廢品對他們毫無用處。口水仗、貿易戰在兩國之間持續了好多年。

咸安公主的到來，解決了這一重大難題。她以可汗名義即「半子」的身分給唐朝皇帝寫信，對此反復解釋申辯。終於解決了兩國的貿易爭端。憲宗下詔頒布了新的貿易法令，用皇宮的金錢和絲帛直接支付買馬的款項，同時特別要求盛產絲綢的江淮地區務必保證用於交易的產品質量，澈底消除粗製濫造和缺斤短量現象。白居易在《陰山道》中描述說，回紇臣民手捧金銀和綵綢，激動得山呼萬歲。

咸安公主在改善兩國關係的同時，也贏得了回紇人民的普遍尊敬。隨之而來的事情就有些出乎意料了。回紇竟然要因此更改國名。貞元五年（西元七八九年），回紇大使來唐通報，鑑於咸安公主遠嫁回紇，以及她所作出的傑出貢獻，決定改國名「紇」字為「鶻」字，意思為「國俗俊健如鶻」。莫非，咸安公主的優雅氣度也無意中提高了回紇的文化水準。

咸安公主在回紇先後歷經了四任可汗，一直到她丈夫的孫子輩。他們都遵照本國故事，子承父妻，「繼尚公主」。這一在中國根本無法接受的風俗，咸安公主默默的承受了。她在番邦生活了二十一年後，死於回鶻。這年是大唐憲宗元和三年（西元八〇八年）。憲宗聞訊，下令廢朝三日，以示悼念。[29]追封其為燕國大長公主，謚襄穆。她是唐朝和親史上，唯一一個沒有回到故鄉的真公主。

離宮絕曠，身體摧藏，志念沒沉，不得頡頏。
雖得委禽，心有徊惶，我獨伊何，來往變常。
翩翩之燕，遠集西羌，高山峨峨，河水泱泱。

28 〔唐〕孫叔向，〈送咸安公主〉，《全唐詩》，卷四七二。
29 〔宋〕王溥，〈雜錄〉，《唐會要》，卷六。

父兮母兮，進阻且長，嗚呼哀哉！憂心惻傷。

——截選自〔漢〕王昭君．《怨曠思惟歌》30

身處異國他鄉的女人，獨自忍受寂寞與思鄉之苦，悲情與傷感躍然紙上。借昭君之詞，感慨咸安公主之艱辛。悲哉！壯哉！

匈奴北走荒秦壘，貴主西還盛漢宮。

在某種意義上，和親外交是成本最小的一種外交模式。它對雙方的互惠互利顯而易見。否則，周邊國家也不會熱衷於同唐朝保持這種親家加盟國的關係。然而，它確是由許多年輕貌美的公主用幸福甚至生命換來的。遠嫁異國的公主，背後仰仗的是自己的父母之邦，倘若唐朝國力強盛，女婿們自然忌憚，不敢肆意妄為，公主的日子也就好過些；但若是趕上國力不濟，老丈人怯懦，女婿們也就不安分了，此時身處敵營的公主可就慘了，非但是擔驚受怕，搞不好命喪他鄉。而且，大唐公主養尊處優，錦衣玉食，誰會想去那苦寒之地忍受生活習俗上的種種不適應呢？但他們都是皇帝手中的牌，如何打，打給誰，自己別無選擇，只有默默承受的份。

穆宗時，在選擇出嫁回鶻公主的人選上還發生一些意外的插曲和變故。

先是回鶻保義可汗多次遣使來唐求婚，憲宗綜合考量國際局勢後就答應了下來。誰知沒多久，憲宗就遭宦官集團暗殺了。穆宗即位後，信守承諾，打算讓九妹永安公主出嫁回鶻。不料長慶元年三月，保義可汗也死了。四月，回鶻有了新的崇德可汗。五月，接著遣使來唐迎娶原來允諾的永安公主。回鶻使團送來了豐厚的彩禮，有駿馬兩萬匹、駱駝一千頭。

唐朝卻認為「保義既卒，則宜改定」，所以應該換人。穆宗就安排五妹太和公主出嫁回紇。這下回鶻不樂意了，堅持按原來的協議辦，非永安公主不娶。唐朝覺得這不合規矩，斷然拒絕。穆宗特派中書舍人王起到鴻臚寺對回鶻使節宣布大唐皇帝的最後決定。迫於無奈，回鶻只得接受這個事實。未能成行的永安公主則做了道士。

回鶻可汗迎娶大唐公主的事件動靜極大，引發了國際社會的廣泛關注，並導致了一場國際衝突。吐蕃得知此事後，決定阻撓這門親事，於是發兵侵擾青塞堡，結果被鹽州（今中國陝西定邊）刺史李文悅發兵擊退。其後，為了安全的將太和公主迎回國內，回鶻派一萬騎兵出北庭，一萬騎兵出安西，以便抗拒吐蕃的侵擾，防止劫親。而唐朝方面，亦提高國防級別，詔令沿邊重鎮，嚴陣以待，抗拒吐蕃。

穆宗下詔宰相杜元穎為全權負責公主出嫁的五禮使，左金吾大將軍胡證為護送太和公主為出嫁回紇的使臣，光祿卿李憲為副使，太常卿李說為婚禮使。

穆宗特詔太和公主置府，級別相當於親王，並鑄官印一枚。

等到太和公主出嫁那天，皇帝帶著宮廷儀仗隊，親自到京城東面的通化門送行，並命令群臣列隊目送。「公主駐車，幕次百僚再拜。」[31]場面隆重，儀衛甚盛。這種場合自然少不了詩人的熱情捧場。

塞黑雲黃欲渡河，風沙眯眼雪相和。
琵琶淚濕行聲小，斷得人腸不在多。
——〔唐〕王建．《太和公主和蕃》

30 收錄：《琴操》，卷下。
31 〔唐〕李肇，《唐國史補》，卷中。

北路古來難，年光獨認寒。
朔雲侵鬢起，邊月向眉殘。
蘆井尋沙到，花門度磧看。
薰風一萬里，來處是長安。

——〔唐〕楊巨源．《送太和公主和蕃》[32]

女人出嫁很常見，女人出國就很少見。女人既出嫁又出國，就更少見。再加上朝廷如此重視，竟然操辦成了一場熱鬧非凡的盛大慶典。唐朝人本來就愛湊熱鬧，這下又有了新節目看，長安士女轟然出動，如節日般「傾城觀焉」。

經長途跋涉，公主一行有驚無險，終於來到了回鶻王庭，可汗以盛大的儀式歡迎並確立了新的可敦。公主言談舉止，不失大國風度。數日後，使命完成的胡證等人要返回大唐了，公主在帳中大開宴席，為之餞行。深處異國他鄉，遠離父母之邦，使團一走，只剩下一個女人孤身留在草原之上。席間，公主終於忍不住淚水，失聲痛苦起來，流連眷慕，情景極為悲傷。《舊唐書》列傳一四五記載道：「證等將歸，可敦宴之帳中，留連號啼者竟日」。然人生在世，有聚有散，唐朝使臣最終還是辭別太和公主，啟程回國覆命，可汗重重賞賜了他們。

一晃過去二十年，會昌元年，武宗冷不丁說，聽說現在回紇國中很亂，朕甚是擔憂太和公主的安全，需派使臣「專往訪問」。[33]通使舍人苗縉奉命出使回鶻，向太和公主轉交了武宗的親筆書信，並傳達了中國皇帝的關心和問候。此時的太和公主又何曾不想回家呢，可惜事情已經沒那麼簡單。

太和公主嫁至回鶻不久，回鶻就陷入內憂外患的境地，天災人禍交加，部族彼殺仇殺，可汗像走馬燈一樣換個不停。一些大臣甚至裡通外敵進攻母邦，可汗的牙帳都被燒了個精光，終於導致回鶻汗國的衰亡。原本臣屬回鶻的黠戛斯部落（柯爾克孜族的祖先）掃蕩回鶻。混戰中，太和公主被黠戛斯的軍隊俘虜。黠戛斯自認為是西漢名將李陵之後，與李姓唐室本為一家，遂派達乾等十人護送太和公主歸唐。途中，回鶻烏介可汗發兵襲殺達干，搶回了太和公主，並以公主的名義要求唐朝予以冊封。唐朝中央政府尚且不知回鶻國內已經亂成了一鍋粥，攝於回鶻以往的強大軍力，仍採取了委曲求全的政策。武宗採納了宰相李德裕的建議，特派使者前往烏介駐地慰問賑濟，「許借米三萬石」，並正式封其為可汗。

然而烏介得寸進尺，不斷向唐朝施壓，以撕票相要挾，提出借糧借兵等種種無理條件，希望唐朝助其復國。此時的唐朝早已今非昔比，國力疲敝，囊中羞澀，實在是沒那個能力滿足劫匪的勒索。於是，烏介耍起了無賴，劫持太和公主南下侵唐，先後攻打掠奪了大同、馬縣、天德、振武等地方。

這時，唐帝國得到線報，獲悉回鶻內亂，王庭丟失的情形，便再也不將一度不可一世的回鶻放在眼裡，果斷出兵予以痛擊。竟然大獲全勝，將太和公主搶了回來。幾經周轉，太和公主終於能夠回家了。

會昌三年（西元八四三年），太和公主回到了闊別二十多年的中國。想必是為了犒勞和慰藉飽經風霜的姑姑，武宗對於迎接工作做了充分的部署。從回國的第一站太原開始，太和公主就已經感受到了舉國歡迎的熱烈氣氛。皇帝派人將番邦進貢的白貂皮、玉指環賜給公主，顯然是希望她佩戴這身華貴的行頭凱旋回京。接下來，按照太常禮院的統一安排，左右神策軍各出動二百人，加上太常儀仗鹵簿，從長樂驛迎接公主入城。宰相大臣及文武百官都恭候在章敬寺門前，列隊等候參見公主。參見儀式結束，太和公主乘車前往太廟，拜謁憲宗、穆宗的靈位。「欷歔流涕」，退到光順門更換衣服、摘下頭冠等待皇帝降旨責罰，表示自己沒有盡到和親責任。武宗派宦官安慰公主，並讓公主重新戴上頭冠。然後再從京城北面的光化門回宮。

32　王建與楊巨源的詩分別收錄：《全唐詩》，卷三〇一、卷三三三。

33　〔唐〕李炎（武宗皇帝），〈遣使慰安太和公主敕〉，《全唐文》，卷七六。

當天，宰相及文武百寮來到宣政衙，從東門進來向太和公主表示祝賀。詩人們當場賦詩，表達對公主的敬仰和祝福。「二紀煙塵外，淒涼轉戰歸。胡笳悲蔡琰，漢使泣明妃。」（〔唐〕李敬方，《太和公主還宮》）

宴會之上，許渾借詩言志，對帝國的肉彈外交提出了質疑。警告中外不可同日而語，華夷分明才是正當。「恩沾殘類從歸去，莫使華人雜犬戎。」[34]

由於太和公主回國是當時轟動朝野的一件大事，詩人劉得仁在慶賀朋友劉評事官復原職時，還特意將它與太和公主還京聯繫起來。「廟謀宏遠人難測，公主生還帝感深。天下底平須共喜，一時閒事莫驚心。」[35]

傍晚，太和公主前往興慶宮拜見了太皇太后。

第二天，武宗下詔將太和公主改封為「定安大長公主」。宣城、貞寧、臨貞、貞源、義昌等七個公主都是定安大長公主的宗室近親，卻都沒有出來迎接，仍在家裡花天酒地。武宗非常氣憤，下令每人罰款絹帛一百匹，以作贖罪。陽安長公主既不來拜見定安大長公主，皇帝找她，人也不在家，也被罰款絹帛三百匹。

漢家天子今神武，不肯和親歸去來。

太宗皇帝「足智多謀」，用一個沒影兒的許婚諾言，就將薛延陀的夷男可汗糊弄得團團轉，閃轉騰挪之間，不但將愛將契苾何力換回，還將西部強敵薛延陀瓦解，主死國亂。可謂是利用「和親政策」的一名黑帶高手。

薛延陀本姓薛氏，後來攻滅延陀部而並其眾，因而改族名為「薛延陀」。其風俗與突厥相同。延陀乙失缽的孫子乙失夷男做首領時，率領部眾七萬帳，依附於突厥的頡利可汗。當時，頡利治國無方，用兵無度，又趕上連年災荒，人心思變。薛延陀遂聯合回紇等部共起反抗，受到鐵勒諸部落的擁護，共推夷男為首領。

夷男半真半假地表示自己不夠資格。頡利大怒，遣兵征討，反為薛延陀、回紇戰敗。適逢國內大雪、羊馬凍死，部眾飢困，頡利又與其侄突利可汗相互攻伐。加之信任和重用西域諸國的胡商，疏遠突厥貴族，導致部下離心，兵力遂弱。

這時，太宗正在積極謀劃消滅頡利，一雪前恥，就趁機拉攏夷男，於貞觀二年（西元六二八年）遣使冊封他為「真珠毘伽可汗」。

貞觀十二年（西元六三八年），太宗考慮到薛延陀勢力擴張過快，擔心以後難以節制，就略施小計，冊封夷男的兩個兒子為小可汗，各有大鼓和軍旗。「外示優崇，實分其勢。」次年，太宗冊封素來忠心耿耿東突厥貴族阿史那思摩（賜姓李）為乙彌泥孰可汗，使其率領十餘萬突厥部眾重返白道（位於內蒙古大青山的一條軍事要道）以北。太宗此舉，目的有四：一是要在薛延陀和大唐之間，建立一個緩衝地帶，使薛延陀不能直接攻擊中原；二是解決突厥降眾對內地生活的種種不適，免生事端；三是利用兩個部族的仇恨，對薛延陀形成牽制；四是借「突厥復國」來彰顯「天可汗」的博大胸懷。結果，長城以北之地，由一國一下子變成三國。這讓夷男非常憤怒。但攝於太宗的三令五申，夷男只能隱忍。

貞觀十五年（西元六四一年），太宗到泰山封禪。夷男感到機會來了，他宣稱，「中國皇帝前去泰山封禪，精兵強將自然隨駕護衛，邊境必然空虛。我乘此時機攻打李思摩，必定馬到功成，如同摧枯拉朽。」他命令兒子大度設勒兵二十萬，進攻李思摩。李思摩僅有四萬騎兵，只得節節抵禦，向長城退卻，同時遣使到洛陽告急。太宗即可任命名將李勣為朔州道行軍總管，組織北伐，又為李勣配備了四員能征慣戰的大將，分兵五路迎敵。十二月，大破薛延陀，俘虜軍民五萬多人。

34 〔唐〕許渾，〈破北虜太和公主歸宮闕〉，《全唐詩》，卷五三五。

35 〔唐〕劉得仁，〈馬上別單于劉評事〉，《全唐詩》，卷五四五。

經此大敗，夷男收斂了不少。為了與大唐緩和關係並重新樹立自己在部族當中的威望，他決定努力去做大唐皇帝的女婿。於是，派其叔父獻馬三千匹，謝罪請婚。太宗有意挫其銳氣，遂略帶恐嚇意味的說：「夷男本不過是一個小酋長，是朕冊立其為可汗，他的實力比起當初的頡利又能如何呢，竟然敢騷擾大唐疆土？」斷然拒絕了薛延陀的請婚。

但夷男不死心，於貞觀十六年（西元六四二年），再派使者獻上大批羊、馬來唐朝請婚。廷議之時，太宗提出議題，「薛延陀實力不容小覷，對付它有軟硬兩招：要麼發兵滅了它，要麼把公主嫁給它。眾卿以為如何？」宰相房玄齡說，「連年征伐，瘡痍未復，兵凶戰危，慎之又慎。微臣以為和親為上策。」太宗正在猶豫之際，消息傳來，回涼州老家探親的猛將契苾何力被族人挾持，綁送至薛延陀。那契苾何力不但勇猛善戰，更出身鐵勒族契苾部可汗世家，族中威望甚高，故而太宗立刻命兵部侍郎崔敦禮持節出使薛延陀，宣稱：若放還契苾何力，就答應將新興公主許配給可汗。

貞觀十七年（西元六四三年），夷男派他的侄子來到長安，獻上大量聘禮的同時等待迎娶公主。這時，歸國的契苾何力對太宗說，「臣以為不能和薛延陀結親。」太宗說，「天子無戲言，朕已應允，怎可食言。」何力說，「那咱們可以採取拖延戰術。陛下可以讓夷男親自來迎接公主。這小子肯定不敢來。這樣，您就可以堂而皇之地拒絕這門婚事。夷男娶不成公主，自然威望受損，此人性格急躁兇殘，定會急火攻心而死。他一死，二子爭位，必定國內大亂，可不戰而屈人之兵。」太宗微笑，點頭稱妙。對這個陰毒的計策，耿直的褚遂良上疏批評，「以前無論中國人還是外國人都一致稱讚陛下以天下蒼生為念，不惜把自己的女兒嫁到國外。真是皇恩浩蕩。您今天突然出爾反爾，背信棄義，實在是得不償失。臣很為大唐的前途擔憂啊！嫌隙既生，必構邊患。外國領導人因為被騙而充滿憤怒，中國因為欺騙而充滿內疚，這絕對不是以德服人、懷柔遠方的正確辦法。」太宗不以為然的說，嫁公主就像打牌，未必每次都要把牌打出去。

太宗通知真珠可汗，要求他們準備好迎親儀式，皇帝將親自把新興公主送至邊境重鎮靈州（今中國寧夏吳忠），希望雙方能在那裡會見。真珠很高興，許多大臣卻不無擔憂的提醒他說：「可汗，此舉恐怕不妥，您與大唐天子俱為一國之主，怎有去參拜的道理。再者，歷來和親都是使團迎娶護送，此次卻要您親赴唐境迎娶，只怕裡面有什麼陰謀。臣唯恐您有去無回。悔之無及！」真珠卻說，「中國皇帝能到靈州，我為什麼不能去。吾意已決，勿復多言！」眾臣再不敢言。

夷男躊躇滿志的上路了，結果鬧了個大笑話。由於夷男準備的聘禮都是些馬牛羊，結果路途遙遠，又途經沙漠，沒有水草，牲畜餓死渴死了一大半。聘禮湊不齊，夷男唯恐老丈人不高興，結果就拖延了赴會的日子。太宗很不高興，並借此指責夷男聘禮不周，沒誠意，遂撕毀了婚約。

薛延陀是個遊牧民族，逐水草而居，本來就沒有多少國庫儲蓄，也向來沒這意識。現如今為了迎娶大唐公主，只能向各部落橫徵暴斂，「以充聘財」。結果諸部怨聲載道，眾叛親離。夷男的下場也不出契苾何力預料，回國後，心中憤懣，羞愧萬分，總是跟自己較勁，竟活活給氣死了。二子各立為王，相互爭鬥，薛延陀竟因此走了下坡路。

一方面搞垮他國，一方面擴張本國，二者都取決於如何靈活運用和親外交，也就是女人的天賦魅力。貞觀二十年（西元六四六年），不可一世的西突厥乙毗射匱可汗遣使求婚，唐太宗詔令其割龜茲、于闐、疏勒、朱俱波、蔥嶺等五國為聘禮。如此漫天要價，近似勒索，西突厥怎能答應，竟然依葫蘆畫瓢，將突厥公主嫁給西域諸國，轉而向唐朝叫板。但卻由於手段粗暴，招致西域諸國不滿。兩年後，太宗皇帝趁勢派阿史那社爾與契苾何力勒兵十餘萬，平定龜茲，威震西域，擊退了乙毗射匱可汗在西域的勢力。

可見唐朝已經將「嫁公主」當作一張王牌。它滅人國，興大唐。儼然利器。雖然唐朝皇帝未必個個都能像太宗那樣運用得這般出神入化，達乎妙境，但把嫁公主視作外交上的重磅武器卻是一個共識。至少有一點可以證明：唐朝是中國歷史上和親外交最為頻繁的朝代。這意味著，唐朝把公主嫁到外國的人數最多，在外交上產生的政治效益也最大。

收下來的女人——番邦禮物

雖然不缺女人，但能夠用於外交的女人，則成為一種稀少資源。善用這種稀少資源，固然展現了使用者的個人智慧，但更體現了使用者的國家實力。當然實力也是相對的。唐朝對吐蕃是大國，吐蕃對周邊小國也是大國。所以唐朝對吐蕃可以透過和親達到結盟，同樣吐蕃也可以對西域小國使用這套外交把戲，而且效果還不錯。

吐蕃贊普把公主嫁給了小勃律王蘇失利之為妻，位於今印度喀什米爾地區的小勃律國隨即歸附了吐蕃，吐蕃進而控制了西北各國，因此「西北二十餘國皆臣吐蕃」，從而中斷了對大唐的朝貢，唐的幾任安西節度使田仁琬、蓋嘉運、夫蒙靈詧數次派兵討伐，均因喀喇崑崙山地勢險要，加之吐蕃援助，無功而返。一直到玄宗天寶六年（西元七四七年），名將高仙芝率軍萬人征討小勃律國，直接將國王和吐蕃公主俘虜至長安才扭轉局面。但女人的介入並不能真正改變外交中明爭暗鬥的政治實質。它的頻繁使用，有時會造成平衡，有時會打破平衡。此起彼伏，你得我失，始終處於隨時變化的不穩定狀態。顯然，吐蕃的和親外交直接影響了唐朝的國家利益。這就需要外科手術式的精確打擊。高仙芝肩負的就是這個使命。

丟了公主，還有民婦。德宗時，吐蕃為了重新奪回丟失的軍事重鎮維州（今中國四川理縣），就在全國廣泛選拔自願為國犧牲的民間女子。計畫是，這些女子作為第五縱隊，前往維州，給那裡守城的唐朝士兵做老婆。等到憲宗時，這些吐蕃女子已經生了許多孩子。待到吐蕃兵臨城下，這些女間諜們立刻在城中放火，製造混亂，指示目標。裡應外合之下，維州迅速陷落。[1]這是唐吐兩國戰爭中，女人發揮關鍵作用的一個成功範例。儘管它屬於軍事計謀，但仍然具有顯而易見的外交謀略性。在某種意義上，這種巧妙運用民間外交中的女人資源來獲取情報和實現國家利益的做法，有時確能產生一本萬利的驚人效果。

不過總括說來，女人在外交中發揮的是一種平衡作用和維繫功能，而不大可能是一種決定性力量。所以，它往往用於實力相當的大國之間，或力量均衡的國家之間，或大國對小國的某種恩典。反之，力量懸殊的弱國對強國就非常不宜使用這種女人外交。非但不能發揮正常作用，反而會適得其反。理由很簡單，它沒這個資格。所謂弱國無外交，既然連外交都沒有，綁架再多的女人也無濟於事。

所以，在唐朝人眼裡，公主出嫁番邦是下嫁，番邦結親是高攀。倘若番邦也給大唐送來花枝招展的女人，就只能算是貢品。一件活的貢品，一件會說話的貢品。她和其他那些進貢的物品沒啥兩樣，也往往和其他物品一起出現在貢物清單上。開元十五年，史國獻上「胡旋女子及豹」；元和八年，訶陵國「獻僧祇奴四、五色鸚鵡、頻伽鳥等。」[2]五年後，訶陵國再獻「僧祇[3]女二人及玳瑁瑤生犀等」。所以，番邦進貢女人只是想讓中國皇帝多一件賞心悅目的稀罕玩物而已。想都不敢想叫唐朝皇帝娶她，頂多就是做個宮女或乳母，要不就在皇家歌舞團做個樂伎。運氣好的話，也可能被賜予大臣為妻，進而被封為誥命夫人。例如，中宗有一次關心御史大夫竇從一的私生活，關切的說：「聽說愛卿一直單身，朕甚是掛念。過了年，即可為卿完婚。」於是乎，就把皇后的老乳母，一個蠻婢賞給了他，並「詔封莒國夫人」。竇從一失望之餘，也只有

1 〔唐〕李肇，《唐國史補》，卷下。

2 〔北宋〕歐陽脩等，《新唐書．南蠻列傳下．訶陵》。

3 〔北宋〕王溥，〈史國〉（《唐會要》，卷九九）、〈訶陵國〉（《唐會要》，卷一〇〇）。「僧祇」為波斯語zang譯音。為古代阿拉伯人、波斯人對東非黑人的稱呼。他們居住的東非沿海地區稱Zanjibar，音譯為桑給巴爾，在阿拉伯語中意為「黑人海岸」。

大呼萬歲，叩頭謝恩。總之，相對於外國君主對大唐女子的仰慕與迷戀，唐朝皇帝對外國女子卻是興味索然。

處理此類事情，中國皇帝有很多的經驗。當他拒絕時，他會隨手拿出來一些堂而皇之的大道理。問題是，這些道理未必是他的真心想法。本來，好色乃人之常情，也是寡人之疾。於情於理都說得過去。但皇帝卻偏要堅持拒收域外美色，只能說是另有衷曲了。

貞觀五年（西元六三一年），高麗國進獻兩位絕色藝人，「皆鬒髮美色。」太宗定了定神，語重心長的對使臣講：「朕聽聞，好色不如好德。況且路途遙遠，山川阻隔，她們肯定思念故土。前兩天林邑國送給朕的那隻乖巧的白鸚鵡，尚且明白思鄉之情，訴請還國。鳥猶如此，何況人呢！朕很憐憫她們，來到這麼遠的地方，必定思念親人，還是讓人把她們送回家鄉吧。」貞觀二十年（西元六四六年），高麗國又送來兩個絕色美人。太宗仍是拒絕，又是一通大道理：「回去對你們的君主說，美色，人之所愛。你們貢獻來的美人，確是驚豔絕倫。但她們遠離父母兄弟實在讓人同情。朕若是留下她們而不考慮她們的親情，喜愛她們的美色卻讓她們的傷心，豈不是太無情了麼？」最後全都送還回國。[4]

太宗是明君，明君則是稀有品種，所以萬萬不可以太宗所為一概繩之以其他皇帝。太宗的故作姿態只是一個榜樣。榜樣的力量並不都是無窮，更多是無用。至於別的皇帝是否真心想學他，懸！雖然暫無實證，但完全可以想像，那些皇帝是如何多多益善地笑納番邦美色和享受異國風情的。我斗膽用一次小人之心，唐朝收下來的外國女人絕對比送出去的中國女人多得多。

雖然外國女子不遠萬里來到中國，但距離龍床尚有十萬八千里。大唐天子固不可及，大唐皇子也絕非唾手可得。所謂「自古無天子求娶夷狄女以配中國王者」[5]的固執念頭，既有漢人的傲慢，也有中國的驕狂。所以，這需要眾番邦的積極爭取，但唐朝也不能太過分。也就是說，唐朝不能欺人太甚。

聖歷元年（西元六九八年），東突厥默啜可汗派使團來大唐，嚴格來說是大周，為女兒提婚，同時索要內遷西北邊地六州的突厥俘虜，言辭甚是傲慢。則天皇帝很不爽，但攝於東北契丹的嚴重邊患尚未解決，便採納了和親的主張，不但答應了這樁婚事，贈送了大量物資，順帶著也把全部降戶歸還了。「由是默啜益強盛。」

半年後，武則天命魏王武承嗣的兒子，即自己的侄孫淮陽王武延秀到突厥迎親，並送去了金銀器物、錦綵衣裳等大批聘禮。[6]默啜驕橫異常，對大使閻知微說，「你們別總覺得我們突厥沒文化，你們漢人的《敕勒歌》還是抄襲的我們突厥民歌。只不過唐朝天子一向待我們不薄，我才想把女兒嫁過來。本大汗只知道唐朝天子姓李。哪裡又冒出個姓武的小子。雖然傳聞李唐皇室已被大周皇帝幾乎殺光了，但我聽說李唐皇室還有兩個兒子活著。回去告訴你們皇帝，如果不答應把李唐皇子交給我，我就出兵幫他復國。」隨後將武延秀一干人囚禁起來，閻知微架不住威逼利誘，迅速投降，叩拜新主。默啜很高興，委任其為南面可汗，並謊稱事成之後立其為唐民之主。除副使裴懷古尋機逃脫外，默啜將隨行的其餘使團人員一律賜以五品或三品官服，挾裹著他們進犯唐朝。

女皇聞知，震怒，以叛國罪全部褫奪了他們在唐朝的官職，故技重施，改默啜名為「斬啜」。一時間，北地煙塵滾滾，狼煙四起，邊釁再起。

默啜在檄文當中，理直氣壯的指責中國有五大罪狀：

「送給中國的穀種，都是煮熟的，種到地裡長不出來莊稼，一大罪；雙邊貿易中唐朝出售的金銀器皿都是粗製濫造的贗品，二大罪；武氏無端剝奪了可汗賜給唐朝使者的緋紫官服，三大罪；兩國

4 〔後晉〕劉昫等，《舊唐書．東夷列傳》。
5 〔後晉〕劉昫等，《舊唐書．張柬之列傳》。
6 〔唐〕張鷟，《朝野僉載》，卷一。

貿易中唐朝提供的繒帛都是些質量低劣的次品貨，四大罪；中國公主和唐朝皇子門當戶對，要嫁只能嫁天子。武氏小姓，門戶不敵，冒名頂替，褻瀆婚姻，五大罪。」[7]

本可汗此次前來，準備到河北放牧，好好教訓你們一下。隨後攻占趙州（今中國河北趙縣）等地，大肆劫掠。突厥兵鋒太盛，又打起了扶助李唐的幌子，無奈之下，女皇只好再次立廬陵王李顯為皇太子，掛名河北道行軍大元帥，狄仁傑為副元帥，知元帥事，率領大軍反攻。突厥見好就收，隨即撤回到北方草原。[8]撤退之際，默啜拋棄了已毫無利用價值的閻知微，閻隨即被捕。帶至長安後，女皇將其碎屍萬段，誅滅九族。女皇尚不解氣，又命百官向死屍射箭，眾人多努力向前，表現出義憤填膺的樣子，取悅主子，唯獨河內王武懿宗看到這血淋漓的景象後，嚇得肝兒顫，距離目標僅七步，卻連射三箭都脫靶了，一時之間成為笑談。

一場因跨國婚姻而引發的國際戰爭就此結束。在某種意義上，這是對天朝慣用的欺騙伎倆的暴力懲罰。天朝不但總是用假公主糊弄外國人，而且還用假皇子來矇騙外國人。最終自食其果。倘若仔細考量中國與周邊部族國家的歷次戰爭，那麼，大國無信是一個不容無視的重要原因。

話說默啜可汗嫁女未成，心中惱恨，遂不斷進兵攻擊武周。長安三年（西元七〇三年），默啜派大臣莫賀達干至中國，再次請以其女嫁於皇太子（中宗李顯）之子，女皇被打怕了，不得不應允。十一月，默啜遣使致謝許婚。四年八月，悲催的武延秀方得還朝，時光飛逝，已六年矣。不過，武延秀這趟出差，倒也收穫頗豐。他不但學會一口道地標準的突厥語，還能跳突厥舞蹈，唱突厥民歌，簡直太厲害！安樂公主對這位多才多藝，而又相貌英俊的表弟非常喜愛，待到老公武崇訓一死，就立刻嫁給了武延秀。

7 〔北宋〕司馬光等，《資治通鑑》，卷二〇六。

8 〔北宋〕王溥，〈北突厥〉，《唐會要》，卷九四，；〔北宋〕司馬光等，《資治通鑑》，卷二〇六。

生活篇

后妃

豈知妃后多嬌妒，不許君前唱一聲。

在成千上萬的皇帝后妃中，除了寥寥數人的事蹟成為國家歷史外，絕大多數的故事都沒超出皇宮，而具有明顯的私密性。那麼，這些私密事件在進入皇朝正史時，如何保持其應有的趣味性和故事性，似乎不完全是一個純粹的技巧問題。

新舊《唐書》的《后妃列傳》都寫了三十四位后妃。其中有三位不同。一是舊書中的「良娣蕭氏」、「肅宗韋妃」、「代宗崔妃」，在新書中被換成了「則天武皇后」、「郭淑妃」、「恭憲王太后」；二是相同者的前後順序略有變化；三是舊書中的皇后，在新書中往往以太後面目出現。不過在名號稱謂上，新書去掉了舊書中那些褒貶字眼，不以「晚節」定終身，顯得略勝一籌。像舊書中的「高宗廢后王氏」，在新書中直書「王皇后」；舊書中的「中宗韋庶人」，在新書中直書「韋皇后」；舊書中的「玄宗廢后王氏」，在新書中直書「王皇后」。

按照唐制，「皇后之下，有貴妃、淑妃、德妃、賢妃各一人，為夫人，正一品；昭儀、昭容、昭媛、修儀、修容、修媛、充儀、充容、充媛各一人，為九嬪，正二品；婕妤九人，正三品；美人九人，正四品；才人九人，正五品；寶林二十七人，正六品；御女二十七人，正七品；采女二十七人，正八品。」[1] 其實這種正式編制根本算不得數。除了短命的皇帝外，差不多每個皇帝的後宮數量都比這個數字多很多。編制以

1 〔北宋〕王溥，《唐會要》，卷三。

外的約聘人員、臨時人員總是數倍於正職人員的情形，看來是自古以來的遺留問題。

紅顏薄命

梅妃本名江采蘋，父親是位名醫。開元中，高力士到閩粵選美，江采蘋及笄之年[2]就被選入宮，明皇一見傾心，大為寵幸。一時間，宮中萬千女性，黯然失色。「長安大內、大明、興慶三宮，東都大內、上陽兩宮，幾四萬人，自得妃，視如塵土。宮中亦自以為不及。」[3]

「妃善屬文，自比謝女。淡妝雅服，而姿態明秀，筆不可描畫。」可見其絕不僅是個花瓶，還是位才女。江妃酷愛梅花，她在住處遍種梅花，明皇特題名「梅亭」。梅開時節，江妃一邊賞梅，一邊賦詩，「至夜分，尚顧戀花下不能去。」明皇戲名其「梅妃」。明皇與梅妃鬥茶，總是輸。梅妃說，「草木之戰，誤勝陛下，設使調和四海，烹飪鼎鼐，萬乘自有憲法，賤妾何能較勝負也。」[4]這回答很聰明，皇上非常高興。

「既生瑜，何生亮」。自從貴妃入了宮，梅妃漸被冷落。二人因愛生恨，成了死對頭，低頭不見抬頭也不見。走在路上，二人也是「避路而行」。明皇試圖緩和二人關係，把她們比作娥皇女英。當然，自己也就成了舜帝。明皇真聰明，誇老婆的時候，順帶褒獎一下自己。但他忘了一山不容二虎的道理，何況貴妃還是個出了名兒的「醋罈子」。「太真忌而智，妃性柔緩，亡以勝。後竟為楊氏遷於上陽東宮。」二人決鬥的結果，梅妃完敗。有次玄宗想念梅妃，將梅妃召至翠華西閣，「敘舊愛，悲不自勝。」然後，兩人「滅燭密以戲」。忽然，把風的宮女連跑帶跳的前來報告，貴妃闖進來啦！明皇聞聽貴妃駕到，嚇得驚慌失措，「上披衣，抱妃藏夾幕間。」貴妃進門，批頭就問：

「梅精（梅妃暱稱）在哪兒呢？」明皇說：「她在東宮啊。」貴妃說：「把她叫來，今兒一起到溫泉沐浴。」明皇說：「哎呀，這個女人已經被趕走了，不要跟我們一起去了嘛。」貴妃語氣更加堅決，明皇眼睛不敢直視，往別處瞟，顧左而言他。貴妃大怒，咆哮道：「這裡杯盤狼藉，床底下有女人丟下的鞋，夜裡是哪個狐狸精陪陛下睡覺，讓陛下到日出還不上朝？陛下去見群臣吧，我就在這兒等陛下回來。」明皇十分狼狽，拉起被子，臉朝裡又躺下了，說：「朕今兒不舒服，沒辦法上朝聽政。」貴妃氣得直跺腳，逕自回到自己住所去了。

貴妃前腳兒走，明皇馬上去尋梅妃，她卻已經被小宦官送回東宮去了。明皇氣得要命，無處發洩，就把那個小太監殺了。他叫人把梅妃遺落的鞋子和釵飾封起來送過去。梅妃問使者說：「皇上是堅決不要我了？」使者回答說：「皇上並不是拋棄妃子，實在是太害怕貴妃娘娘撒潑了。」梅妃苦笑說：「怕因為愛我而惹怒胖丫頭（貴妃體態豐滿），豈非棄也？」[5]

梅妃嚥不下這口惡氣，就用千金行賄大宦官高力士，要他找詩人模仿司馬相如作《長門賦》，企盼皇上回心轉意。高力士正在巴結貴妃，「且畏其勢。」哪有空兒搭理失勢的梅妃，就搪塞道：「無人解賦」。梅妃還不甘心，便自作《樓東賦》。

「君情繾綣，深敘綢繆，誓山海而常在，似日月而無休。奈何嫉色庸庸，妒氣沖沖，奪我之愛幸，斥我乎幽宮。思舊歡之莫得，想夢著乎朦朧。度花朝與月夕，羞懶對乎春風。欲相如之奏賦，奈世才之不工。屬愁吟之未盡，已響動乎疎。鐘空長嘆而掩袂，躊躇步於樓東。」

2 古時女子滿十五歲結髮，用笄貫之，故稱女子滿十五歲為及笄，意指已到了適婚年齡。

3 〔宋〕佚名，《梅妃傳》，收錄：〔元〕陶宗儀，《說郛》，卷三十八。

4 〔宋〕佚名，《梅妃傳》。

5 〔宋〕佚名，《梅妃傳》。

貴妃聞之，唆使明皇，「梅妃真是犯賤，竟敢指責皇上，應該叫她去死。」明皇不語。一日，明皇在花萼樓招待外國使節，突然想起了梅妃，就派人悄悄送給她一斛珍珠。梅妃不受，讓使者給明皇帶回一首詩。

柳葉雙眉久不描，殘妝和淚汙紅綃。
長門自是無梳洗，何必珍珠慰寂寥。

玄宗覽詩，心裡很不是滋味。「令樂府以新聲度之，號『一斛珠』。曲名始此也。」安史之亂，玄宗攜貴妃倉皇出宮，宮人大多落入敵軍之手。回宮後，明皇讓人尋找梅妃，不知下落。下詔：有人報告消息，可官升兩級，賞錢百萬。但終無消息。又命方士尋求，亦不可得。宦官進奉一幅梅妃畫像，明皇看後心中更悲，說：「甚似，但不活耳。」然後在畫像上題詩一首：

憶昔嬌妃在紫宸，鉛華不御得天真。
霜綃雖似當時態，爭奈嬌波不顧人。

詩寫完了，明皇也已泣不成聲，命人將像刻於石上。夏日，明皇午睡，夢見梅妃淚眼婆娑地說，「妾死亂兵之手，埋在池東梅株傍。」玄宗醒來之後，立刻令人到太液池發掘，沒有找到。他猛然想到溫泉湯池側有十幾株梅樹。就親自帶人挖掘。才挖了幾棵樹，就找到屍體，外面用錦褥裹著，放在一個酒槽裡，上面堆著差不多三尺厚的土。「上大慟，左右莫能仰視。」玄宗檢視梅妃身體，看到她「脅下有刃痕」。玄宗親自作了一篇祭文，將梅妃重新安葬。[6]

夜夢神人

肅宗的皇后吳氏，父親吳令珪是個地方基層幹部。官運不濟，命途多舛，竟「以郫丞坐事死」吳氏便以罪臣之女的身分被納入掖廷，成了一名宮女。肅宗李亨當太子的時候，常懼怕李林甫「陰構不測」，精神極度緊張，日子長了，竟然搞得「鬢髮班禿」。玄宗有次到東宮，看到宮內無人打掃，樂器覆滿灰塵，甚至有些已遭蟲蛀，左右也沒有妃嬪宮女伺候，覺得很不像話，便下詔遴選五名京城市縣的良家女子來服侍太子。高力士建議：「不如從掖廷挑選士人家庭出身的女子。」挑選了三個女子，吳氏是其一，幸運的吳氏脫穎而出，獲得了太子的寵幸。一天晚上，吳氏忽然做噩夢不醒，太子將其叫醒，詢問所夢何事。她說，「妾身夢見神人突然降臨，身披甲胄，手持刀劍，劈開我的腋下而入，疼得要死。」拿來蠟燭一看，劍傷的痕跡還隱隱可見。後來生下李豫（代宗），為嫡皇孫。

皇孫出世的第三天，玄宗親自來給孫兒洗澡。因為皇孫身體蜷曲且羸弱，保姆覺得很醜陋，就抱來其他宮裡生下的嬰兒充數，玄宗察覺其中的問題，很不高興，保姆扣頭請罪，告以實情。待到將真皇孫抱來，玄宗對著太陽仔細看了嬰兒的身體，說：「比他老子有福。」玄宗回到宮裡，高興地對高力士曰：「一日見三天子，樂哉！」

吳氏薄命，十八歲就死了。代宗即位，追尊生母為皇后，合葬建陵。

遷葬之時，打開春明門外的舊墓，令人異常吃驚的是，後容狀如生，粉黛如故，而衣服皆是赭黃色，見者都認為這是生育聖子的祥瑞之兆。

6 〔元〕陶宗儀，《說郛》，卷一一一（下）。

真假太后

代宗皇后沈氏，吳興（今中國浙江湖州）人，在開元末年時以良家子的身分選入東宮，後來被賜給了太子的兒子廣平王李豫，即後來的代宗。天寶元年（西元七四二年），沈氏生下李適即後來的德宗。

安史之亂，玄宗倉皇逃往蜀中，皇子、妃子、公主中跑得慢的，大多落到叛軍手裡，被關押在東都洛陽宮的掖庭，其中就有沈氏。至德二年（西元七五七年）唐軍收復東都，李豫找到了髮妻沈氏，但因當時忙於北征，沒有顧得上迎歸長安，暫時安置在宮中。不久，史思明再次攻陷河洛。待到寶應元年（西元七六二年）唐軍第二次收復東都，沈氏卻已經下落不明了。「代宗遣使求訪，十餘年寂無所聞。」德宗即位，思母心切，遙尊沈氏為皇太后，並派人為奉迎皇太后使，周行天下，一旦發現，立刻迎回宮中。能當上皇帝的老媽，代表可以富貴榮華，令不少垂涎富貴的膽大包天之徒，躍躍欲試。一時間，冒牌太后滿天飛。

這時高力士女兒陰差陽錯地成了第一個冒充者。宮中讓原先服侍沈氏的女官李真一前來辨認。早先李真一、沈氏與高女常在一起遊玩。所以李真一對這兩人都很熟悉。好幾年過去了，李真一現在看見高女，恍然覺得和沈氏有幾分相像，而且年齡也很接近。詢問之下，高女對宮中情況說的也是頭頭是道。還有，李真一記得沈氏「嘗削脯哺帝」，割傷左指，巧的是高女「亦嘗剖瓜傷指」。如此一來，李真一就不敢說不是了。再加上宮中又一時找不到其他認識沈氏的人，於是就將高氏迎還上陽宮。但高力士的兒子知道此中詳情，冒充皇帝老娘的罪行一旦揭穿就有滅族之禍，就趕忙向德宗稟告了實情。德宗堅定的表示，「朕寧肯上當一百次，也絕不放過任何一次機會。」於是，繼續派人尋訪。各地自稱太后者數人，送到朝廷一經考驗，發現都是冒牌貨。但是皇帝寬厚，亦不加罪。「自是詐稱太后者數四，皆不之罪，終貞元之世無聞焉。」

太后跳樓

憲宗的皇后郭氏，出身名門，爺爺是對大唐有再造之恩的「尚父」郭子儀，爸爸媽媽是戲劇《打金枝》當中的主角，即駙馬都尉郭曖與代宗女兒昇平公主。憲宗為廣陵王時，納郭氏為妃，後生下了李恆，即穆宗皇帝。穆宗時，郭氏自然成了皇太后。每月的初一和十五，穆宗都會前往興慶宮參拜太后。穆宗，並親自率百官詣門上壽。「或遇良辰美景，六宮命婦，戚裡親屬，車騎駢噎於南內，鑾佩之音，鏘如九奏。」穆宗不但縱情享樂，且貪生之念甚重，在位僅五年，就因丹藥毒發身亡，有宦官給郭氏出主意，勸她垂簾聽政，郭氏發怒道，「吾效武氏邪？今太子雖幼，尚可選重德之人為輔臣，與我又何干？」於是穆宗長子即位，是為敬宗，尊郭氏為太皇太后。文宗時，由於穆宗、敬宗短命，朝廷竟然一下子產生了三個太后。憲宗皇后即太皇太后郭氏居興慶宮，敬宗皇后即寶曆太后居義安殿，穆宗皇后即皇太后居大內，時號「三宮太后」。當然，三宮太后中以郭氏最尊。文宗「五日參拜，四節獻賀，皆由復道幸南內，朝臣命婦詣宮門起居。」當時有司進獻的新瓜、櫻桃，宦官都要分送三宮。開始，有司送給三宮的東西，一律稱賜。文宗說，「物上三宮，安得名賜？」隨之取筆改「賜」為「奉」。

武宗即位，「奉之益隆。」武宗是個貪玩的少年天子，「喜畋游，角武抃，擇五坊小兒得出入禁中。」某日，武宗在向太皇太后請安時，請教為君之道。郭氏說，「諫巨章疏宜審覽，度可用用之，有不可，以詢宰相。毋拒直言，勿納偏言，以忠良為腹心。」武宗聽了，好像還真的有點改正的意思，也開始閱覽大臣的諫書，畋獵遊玩也少了，和五坊小兒們也不再率捽打打了。

宣宗是穆宗李恆異母弟，本是庶出，以皇太叔的身分被宦官擁立為帝。依禮制，他與郭氏之間算是母子關係。而宣宗的生母鄭氏，原本是郭氏侍女。當年憲宗看上了鄭氏，要了過來，後生下了宣宗。這樣，郭氏與鄭氏之間因情生恨，有了嫌疑。

更重要的是，穆宗一脈，本是嫡出，三子（敬宗李湛、文宗李昂、武宗李瀍）亦各有子嗣，據宗法本可繼承大統。然而卻因宣宗得到宦官勢力擁戴，以庶奪嫡，登臨大寶。郭太后親支皇嗣子孫亦從此喪失入承大統的機會，更被迫與當年曾侍候自己的宮女（鄭氏）平起平坐，心裡總歸不是個味兒。宣宗心存介蒂，較之於先前諸帝，對郭氏的孝養較為疏薄，老太太尊貴慣了，猛一下遇到冷落，自然心裡滿是不痛快。「帝奉養禮稍薄，後鬱鬱不聊。」一日，郭氏與幾個侍從登勤政樓，想必老太太鬱悶已久，悲傷事湧上心頭，竟然突發奇想想要跳樓，幸好被左右攔住了。宣宗聞訊後，非常惱火，認為這是郭氏故意給自己難堪。當晚，郭氏莫名其妙的暴病而亡。

郭氏歷位七朝，五居太母之尊，長達四十多年。太常官王皞認為郭氏乃憲宗正妻，按禮應合葬景陵，配享憲宗廟室。宣宗竟然不同意，還令宰相白敏中駁斥王皞。王皞堅持己見，隨之被貶到地方做縣官。多年之後，宣宗駕崩，子懿宗即位，王皞再度請命，郭氏這才配享憲宗。「申抗前論，乃詔後主祔於廟。」

冒牌國舅

穆宗皇后蕭氏，福建人。最初本是建安王李恆（穆宗）府邸的侍女，苦盡甘來，先是獲得寵幸，後生下次子李涵，即後來的文宗皇帝。寶歷三年（西元八二六年），「馬球皇帝」敬宗竟然死於宦官之手，一番鬥爭之後，李涵即位，蕭氏更上一層樓，成為皇太后。

蕭氏離家之時，父母已亡，家中只剩下個弟弟。「文宗以母族鮮親，惟舅獨存，詔閩、越連率於故里求訪。」當時戶部茶綱役人蕭洪，逢人就說他有個姐姐失散了。估人趙縝引蕭洪見太后的姐姐徐國夫人，時日已久，徐國夫人一時也認不出來。又透過徐國夫人女婿呂璋去見太后。「太后謂得真弟，悲不自勝。」文宗也很興奮，立馬把這個突然蹦出來的舅舅拜為檢校左僕射、鄜坊節度使。過了十來年，有個叫蕭本的福建人，竟然也自稱太后弟弟。於是官府就把蕭洪抓起來。「御史台按鞠，具服其偽，詔長流驩州，賜死於路。」第一個國舅報銷了。

本來太后確實有個親弟弟，據說是身體孱弱，生活不能自理，蕭本曾在他家做工，「得其家代及內外族屬名諱」再加上大宦官仇士良的擔保，蕭本立感膽壯心雄，真就冒充太后弟弟行騙，文宗也就信了。讓蕭本做了衛尉少卿、左金吾將軍。第二個國舅貨矇混過關。後來，福建觀察使唐扶上奏，說那泉州晉江縣令蕭弘自稱是皇太后親弟，遂將其送到朝廷。「詔送御史台按問，事皆偽妄，詔逐還本貫。」第三個國舅未通過檢驗。過了兩年，昭義節度使劉從諫上章，聲稱蕭本冒充太后弟弟，蕭弘才是真的，請求將二人對證。經過御史中丞、刑部、大理卿三司會審，結果二人都是冒牌貨。文宗氣壞了，喊了這麼久的「舅舅」，竟然全是假的。盛怒之下，將二人流放。可見，糊弄皇帝一旦成功，高官厚祿隨之而來，一旦露餡，代價也是大大滴！

這三個人，蕭洪因第一個行騙，運氣最好，「詐稱國舅十數年，兩授旄鉞，寵貴崇於天下。」第二個騙子蕭本「發洪之詐，聯歷顯榮」，也算得了一些好處。唯有第三個騙子蕭弘最不走運，沒嘗到甜頭，就先吃到了苦頭。但太后真正的弟弟卻從沒有和姐姐見面。

為愛殉情

武宗賢妃王氏，邯鄲人，十三歲時，擅長歌舞的她得以選入宮中，穆宗將她賜給了第五子潁王李瀍（即武宗），深受寵幸。王氏機警穎悟，文宗末年，李瀍能夠從藩邸入繼大統，與王氏的出謀劃策關係甚大。史稱「王嗣帝位，妃陰為助畫。」武宗即位，封王氏為才人。王氏身材頎長，風擺楊柳，和武宗個頭差不多。「每次在苑中遊獵，王才人必然跟從，著袍而騎，校服光侈，與皇帝的形象很相似。皇帝和才人相馳出入，觀者分不清楚哪個是皇帝，哪個是才人。」武宗曾想立王氏為后，遭到宰相李德裕的反對，「才人無子，且家族又不顯貴，若立為后，臣恐天下議論。」武宗不得已打消了念頭。

武宗同他的父兄一樣，妄想長生不老，迷信方士仙丹，結果「餌藥長年，後寢不豫。」早先的時候，王氏就常和親近的人說，「陛下天天煉丹，說是要長生不死。可如今膚澤消槁，奴家竊以為甚是不妙。」武宗病重之際，強梗著脖子對王氏說，「朕快不行了，想和你說幾句心裡話。」王氏說，「陛下切莫說這等喪氣話，臣妾還等著享您的福呢。」武宗看著身旁年輕妖嬈的王氏，生怕自己死後被戴了綠帽，固執地追問，「果如我言，怎麼辦？」王氏含淚說道：「陛下萬歲後，妾得以殉。」[7]武宗心裡踏實了，安穩的躺下不再說話。王氏走出寢殿，取出多年所積蓄的財物全部分送給宮人，一個不留。皇帝駕崩，她隨即自盡。當時宮中妃嬪雖多有妒忌王氏專寵者，但此時此刻，也都為她的義節所感動。[8]宣宗即位，為表彰王氏這種「好女不嫁二夫」的節操，追贈為賢妃，陪葬端陵。

關於這件事尚有另外一種說法。「武宗疾篤，孟才人以笙歌獲寵者，密侍左右。上目之曰：『吾當不諱，爾何為哉？』指笙囊泣曰：『請以此就縊。』上憫然。復曰：『竊嘗藝歌，願對上歌一曲，以洩憤。』許之。乃歌一聲《何滿子》[9]，氣亟立殞。上令醫候之，曰：『肌尚溫，而腸已絕。』」[10]在這裡，人物、過程都多少發生了一些出入，細節卻更為豐富了。

詩人張祜對此有感而發，寫下兩首詩，一為《宮詞》，二為《孟才人嘆》。[11]

故國三千里，深宮二十年。
一聲《何滿子》，雙淚落君前。

偶因歌態詠嬌嚬，傳唱宮中十二春。
卻為一聲何滿子，下泉須吊舊才人。

面對死亡的威脅，我不知王氏內心的真正想法，也許她的確心如死灰，也許殉情非其本意，只是逼迫下的無奈。但這都不重要，因為君要臣死，臣不得不死。

7 〔北宋〕歐陽脩等，《新唐書》，卷七七。

8 本節內容主要取自新舊唐書《后妃列傳》。

9 據白居易、元稹等人說，「何滿」本是人名，為玄宗天寶年間滄州的一位著名民間歌唱家，歌聲婉轉，世所罕見。後因罪獲刑，臨行之前即興作了首曲子，獻上，滿想著能夠打動酷愛音樂的皇帝，饒其一命。誰知皇帝竟然不允。歌聲哀怨憤懣，後人將此曲命名為《何滿子》。

10 〔南宋〕王灼，《碧雞漫志》。

11 收錄：《全唐詩》，卷五一一。

公主

公主當年欲占春，故將台榭押城闉。

大唐房姐

唐朝專門制定有規範官民住宅的法律「營繕令」，對官員和百姓的住房規格（面積、結構、外觀、裝飾等）有著明確的規定。同時，長安的住宅區依據地段、方位也被嚴格劃分為不同等級。最好的地段就是「甲第」，從而成為豪門貴族的代名詞。杜甫有詩云：「甲第紛紛厭梁肉，廣文先生飯不足。」[1] 公主的住宅自然都是甲第。作為不一般的女人，公主們可以自由選擇任何地方居住。長安城的任何一個坊都可能有公主們的豪宅。不過長安東邊永嘉坊的公主府邸最多。

和一般女人不一樣的是，公主出嫁後往往不和夫家住在一起，而是單獨立戶。在某種意義上，皇帝給公主蓋新房也算是她結婚嫁妝的一部分。即便有的公主和夫家住在一起，也有相對獨立的生活空間。貞觀年間，朝廷元老蕭瑀之子蕭銳嗣娶了襄城公主。公主覺悟很高。太宗要給她建造新的府邸。公主辭謝道：「兒媳婦侍奉公婆，理應朝夕不離。如果住在別處，不太合適。」太宗就讓人在蕭瑀府第另外蓋了個小院。[2]

不過其他公主可就未必有這種難得的婦道了。大興土木是公主之間相互攀比的最好手段。而這明顯受到朝廷的政策支持。挾裹著武則天時代開始的第一輪興建住宅高潮[3]，京城迅速成為一個巨大的建築工地。領導潮流的自然是「日加崇麗」的王公貴戚的豪華宅第。大唐的特權女人們在其中發揮出來的推波助瀾作用更是讓繁華似錦的京城建築錦上添花。貴妃姊妹的第宅「競為宏壯」[4]，虢國夫人最為奢華鋪張。「構連甲第，土木被綈繡，棟宇之盛，兩都莫比。」[5]僅中堂裝修一項，即耗費二百萬錢。京城過熱的房地產和建築業就是這樣被窮奢極欲的皇親國戚達官顯貴們哄抬起來的。

中宗四女兒（也是韋后長女）長寧公主在東西兩京各有不止一所價值萬金的豪宅。她在東都的房子先是交給帝國的能工巧匠楊務廉監造，房子建成，幾乎耗竭了政府當年的財政收入。看楊務廉這麼賣力，長寧公主就把他提拔為將作大匠（皇家建築集團總經理）。後來，公主看中了洛水旁邊被廢棄的永昌縣衙那片地皮，就把它夷為平地，建造自己的豪宅，並與崇台、蜚觀相聯屬，耗費二十萬錢。與此同時，長寧公主又把西京高士廉（貞觀朝宰相）的府邸和左金吾衛的營房連成一片，建造一座更大的豪宅。這座宅子位於崇仁坊，右邊連接皇城，左邊瀕臨大道。這是一棟豪華無比的三層樓。遠遠望去，鶴立雞群。房子裡外裝修得富麗堂皇，「朱樓綺閣，一時勝絕。」院子裡築山浚池，峰迴路轉，勢若自然。公主後來又把坊西邊的空地圈進來了擴建成一個超豪華的蹴鞠場。看來長寧公主家是一座集休閒、娛樂和體育健身為一體的綜合大型建築。

中宗、韋后還有上官昭容常常來公主家，置酒賦詩，不亦樂乎。碧波蕩漾的流杯池讓上官昭容詩興大發，一口氣寫了二十五首詩，全都題寫在湖邊的亭子柱上。長寧公主把它戲稱為「詩亭」。

1 〔唐〕杜甫，〈醉時歌（贈廣文館博士鄭虔）〉，《全唐詩》，卷二一六。
2 〔北宋〕司馬光，《資治通鑑》，卷一九九。
3 吳玉貴《中國風俗通史（隋唐五代卷）》，上海文藝出版社，2001年，第202頁。
4 〔唐〕封演，〈第宅〉，《封氏聞見記》，卷五。
5 〔後晉〕劉昫等，《舊唐書·楊國忠列傳》。

上官昭容是個有才情沒氣節的女人。她現在成了中宗家族新的一員。心情好，加上宅子好和景色好，讓她有了難得的雅興。從其詩歌的描述看，上官昭容對長寧公主宅子印象最深的就是，置身於一種飄飄欲仙的境界。

逐仙賞，展幽情，逾昆閬，邁蓬瀛。
莫論圓嶠，休說方壺。何如魯館，即是仙都。
岩壑恣登臨，瑩目復怡心。風篁類長笛，流水當鳴琴。
懶步天台路，惟登地肺山。幽岩仙桂滿，今日恣情攀。
暫游仁智所，蕭然松桂情。寄言棲遁客，勿復訪蓬瀛。
瀑溜晴疑雨，叢篁晝似昏。山中真可玩，暫請報王孫。
橫鋪豹皮褥，側帶鹿胎巾。借問何為者，山中有逸人。
跂石聊長嘯，攀松乍短歌。除非物外者，誰就此經過。
暫爾遊山第，淹留惜未歸。霞窗明月滿，澗戶白雲飛。
霽曉氣清和，披襟賞薜蘿。玳瑁凝春色，琉璃漾水波。
放曠出煙雲，蕭條自不群。漱流清意府，隱幾避囂氛。
石畫妝苔色，風梭織水文。山室何為貴，唯餘蘭桂熏。
策杖臨霞岫，危步下霜蹊。志逐深山靜，途隨曲澗迷。
攀藤招逸客，偃桂協幽情。水中看樹影，風裡聽松聲。
泉石多仙趣，岩壑寫奇形。欲知堪悅耳，唯聽水泠泠。

這裡滿篇都是道家和道教的名詞和術語。很有些仙風道骨的味道。相形之下，上官昭容對長寧公主豪宅的整體結構和建築風格倒是沒有具體的描述，而只有一些朦朧而模糊的比喻和意象。

游魯館，陟秦台。
清波洶湧，碧樹冥蒙。莫怪留步，因攀桂叢。
鑿山便作室，憑樹即為楹。公輸與班爾，從此遂韜聲。
登山一長望，正遇九春初。結駟填街術，閭閻滿邑居。
沁水田園先自多，齊城樓觀更無過。倩語張騫莫辛苦，人今從此識天河。
參差碧岫聳蓮花，潺湲綠水瑩金沙。何須遠訪三山路，人今已到九仙家。
憑高瞰險足怡心，菌閣桃源不暇尋。餘雪依林成玉樹，殘霙點岫即瑤岑。

上官昭容置身此情此景，不由地發出感歎，「莫怪人題樹，只為賞幽棲」；「不應題石壁，為記賞山時」；「傍池聊試筆，倚石旋題詩。」[6]

魏王李泰的故宅非常大，東西長度將近一坊，其中還有水泊三百畝。李泰死後，變成民宅。現在長寧公主又把它搞到手。亭閣樓台在西京無出其右。後來，公主奏請把房子改為道觀，很快就成了文人雅士最喜歡的遊玩景點。[7]不過在此之前，公主豪宅早就成了眾多官員詩人趨之若鶩的娛樂場所。

據這些人的描寫，東郭外的沁園，外觀呈現出一種「漢環」、「秦玉」[8]的古樸風格。裡面有水榭，有

6 〔唐〕上官昭容，〈游長寧公主流杯池二十五首〉，《全唐詩》，卷五。
7 〔北宋〕歐陽脩等，《新唐書．諸帝公主列傳》。
8 〔唐〕崔湜，〈侍宴長寧公主東莊應制〉，《全唐詩》，卷五四。

山樓；[9]有畫橋，有仙閣。[10]青門和鳳樓[11]的整體布局，「座卷流黃簟，簾垂白玉鉤」[12]的細節設計，再加上「晴新看蛺蝶，夏早摘芙蕖」[13]的偶爾嬉耍，很刻意地營造出一種令人心曠神怡的田園風光。這種不染塵泥的仙境，很適合放浪形骸的形色酒宴。杯觥交錯，吟詩作賦，是免不了的。「文酒娛游盛，忻叨侍從餘。」[14]「席臨天女貴，杯接近臣歡。」[15]地上有歌舞，水中有龍舟。[16]「平陽妙舞處」「回舟芰荷觸。」[17]伴隨著餘音裊裊的琴聲，大家開懷暢飲，皇帝賜酒，給公主敬酒，君臣同樂的祥和氣象渾如瑤池神仙。「山花添聖酒，澗竹繞熏琴。願奉瑤池駕，千春侍德音。」[18]「合宴簪紳滿，承恩雨露滋。」[19]「長筵鵷鷺集，仙管鳳凰調。」[20]盛宴加雅樂，確實令人心醉。「承恩咸已醉，戀賞未還鑣。」[21]

建築由人建造，其興廢自然體現著主人命運的變遷。長寧公主在東都的府邸剛剛建成，還沒有來得及住進去，韋后被殺，樹倒猢猻散，公主不敢造次，不得夾起尾巴做人，就把公館改成景雲祠。同時將西京的豪宅變賣，據說單單木材和石料的估價就達二十億萬錢。[22]後來，其私人建築設計師楊務廉因貪贓事發，公主連坐被廢。[23]

拆建達人

安樂公主是中宗最小的女兒，也是最愛的女兒。史稱「姝秀辯敏」，尤得父母憐愛。和四姐長寧公主比起來，人小鬼大的安樂公主更是囂張得無以復加。

為了出口沒把昆明池搞到手的惡氣，安樂公主在韋曲之北，也就是長安城延平門外二十里的地方，強取豪奪了大片百姓莊園，挖鑿了延袤五十里的「定昆池」，聲稱務必蓋過昆明池的勢頭。趙履溫馬屁拍到家了，竟膽敢動用國家財政來建造。[24]花費巨資從外地移植甚至國外引進來的珍稀物種和名貴花卉，在定昆池中鋪天蓋地，如雲中彩霞，爛漫的一場糊塗。定昆池中的一亭一閣，皆用金銀裝飾，珠玉鑲嵌，到處都是珠光寶氣，充滿著金碧輝煌的無比奢華。

定昆池是一座規模空前的人工園林。它的範圍甚至遠抵南山。定昆池中的山很有特點。所謂「山出盡如鳴鳳嶺」。[25]由巨石堆積而成的假山，刀劈斧削，險峻若華山，壯麗似黃山。[26]綿延的山峰之間，無論飛

9 〔唐〕鄭愔，〈侍宴長寧公主東莊應制〉，《全唐詩》，卷一〇六。
10 〔唐〕劉憲，〈侍宴長寧公主東莊〉，《全唐詩》，卷七一。
11 〔唐〕李乂，〈侍宴長寧公主東莊應制〉，《全唐詩》，卷九二。
12 〔唐〕丁仙芝，〈長寧公主舊山池〉，《全唐詩》，卷一一四。
13 〔唐〕劉憲，〈侍宴長寧公主東莊〉。
14 〔唐〕劉憲，〈侍宴長寧公主東莊〉。
15 〔唐〕崔湜，〈侍宴長寧公主東莊應制〉。
16 〔唐〕李適（德宗），〈侍宴長寧公主東莊應制〉，《全唐詩》，卷七〇。
17 〔唐〕鄭愔，〈侍宴長寧公主東莊應制〉。
18 〔唐〕李適（德宗），〈侍宴長寧公主東莊應制〉。
19 〔唐〕李乂，〈侍宴長寧公主東莊應制〉，《全唐詩》，卷九二。
20 〔唐〕李嶠，〈侍宴長寧公主東莊應制〉，《全唐詩》，卷五八。
21 〔唐〕李嶠，〈侍宴長寧公主東莊應制〉。
22 一說「二千萬」。（〔北宋〕李昉等，《太平御覽》，卷一八〇）
23 〔北宋〕歐陽脩等，《新唐書．諸帝公主列傳》
24 後來，安樂公主被殺，趙履溫父子也一起被斬。百姓憎恨他大搞獻媚公主的獻禮工程，耗用民力，怨聲載道，紛紛來割取他的一身爛肉。
25 〔唐〕沈佺期，〈安樂公主移入新宅〉，《全唐詩》，卷九六。
26 〔唐〕武平一，〈侍宴安樂公主新宅應制〉，《全唐詩》，卷一〇二。

閣，還是步簷；也無論斜橋，還是磴道，沿途都用錦繡包裝，並佈滿了絢麗的丹青彩畫，構成了一條蜿蜒曲折、多姿多彩的藝術畫廊，處處給人以賞心悅目之感。定昆池中的水也極有特點。所謂「池成不讓飲龍川」。[27]碧波蕩漾的河面上，凌空飛架的木橋如東都天津橋一般壯觀，甚至使人聯想到波瀾壯闊的大海。[28]一望無際的水面，曲折流轉，奇景連連，目不暇接。在巧奪天工的九曲流杯池中，別出心裁地設計了一個高大的花崗岩蓮花台，清澈的泉水從蓮花台中汩汩湧出，宛若「巧鑿天孫渚」的「靈泉」。[29]叮咚的泉聲自遠而近，傳遍山莊的每一個角落。融園林風光與山林野趣於一體，可謂是「窮天下之壯麗。」安樂公主還異想天開地在定昆池中安裝了一隻巨大的寶爐。[30]寶爐與蓮花台方位前後相對，「前池錦石蓮花豔，後嶺香爐桂蕊秋。」[31]寶爐平時香煙繚繞，周圍則是波光粼粼，遠遠望去，恍若蓬萊。寶爐通體雕刻有怪獸神禽，並鑲嵌著不計其數的硨磲珊瑚，價值萬億。[32]

不誇張地說，定昆池就是唐朝的圓明園。徜徉於湖光山色之間，渾然忘我。這是權力與技術高度結合所產生的藝術性幻覺。一時間，它對朝廷顯貴竟然發生了某種催眠的效果。人人都想來此一親芳澤，躋身於公主小圈子裡。

定昆池作為大唐的標誌性建築，可謂舉世矚目。建成那天，中宗和韋后親自到場剪綵，為寶貝女兒的驚人手筆喝彩。於是，剪綵儀式就成了無數詩人和官員前來捧場和謳歌的政治舞台。他們那薄弱的想像在此巨大的恐龍般的權力創造物面前，習慣成自然地表現出了俗不可耐的做作和驚嘆。他們先是肉麻吹捧「貴主稱觴萬年壽，還輕漢武濟汾游」[33]；繼而諂媚地表示「幸願一生同草樹，年年歲歲樂於斯」[34]，從未想到這座差不多耗盡民脂民膏的皇家工程對國計民生所產生的難以估算的破壞性影響，更未想過這座超乎尋常的侏儸紀公園般的公主園林對原來居住和勞作在這塊土地上的百姓生活會造成什麼災難性的後果。

權力的窮奢極欲使詩人們喪失了普通人的正常感覺。他們連篇累牘地表達著自己受寵若驚的幸福心情，完全不在乎（或根本沒意識到）他們的詩歌已經墮落成了宮廷太監般那令人噁心的靡靡之音。[35]

嘗聞天女貴，家即帝宮連。
亭插宜春果，山沖太液泉。
橋低烏鵲夜，台起鳳凰年。
故事猶如此，新圖更可憐。
紫岩妝閣透，青嶂妓樓懸。
峰奪香爐巧，池偷明鏡圓。
梅花寒待雪，桂葉晚留煙。
興盡方投轄，金聲還復傳。

——〔唐〕沈佺期．《同李舍人冬日集安樂公主山池》

27〔唐〕沈佺期，〈安樂公主移入新宅〉。

28〔唐〕趙彥昭，〈奉和幸安樂公主山莊應制〉，《全唐詩》，卷一〇三。

29〔唐〕趙彥昭，〈奉和幸安樂公主山莊應制〉。

30 安樂公主對寶爐似乎情有獨鍾。她還給洛州昭成佛寺造了一隻百寶香爐。「高三尺，開四門，絳橋勾欄，花草、飛禽、走獸，諸天妓樂，麒麟、鸞鳳、白鶴、飛仙，絲來線去，鬼出神入，隱起鈒鏤，窈窕便娟。珍珠、瑪瑙、琉璃、琥珀、玻璃、珊瑚、硨磲、琬琰，一切寶貝，用錢三萬，府庫之物，盡於是矣。」（〔唐〕張鷟，《朝野僉載》，卷三）

31〔唐〕李適（德宗），〈侍宴安樂公主莊應制〉。

32 安樂公主死後，定昆池被朝廷沒收，成為大司農的一處旅遊景點。「每日士女遊觀，車馬填噎。奉敕輒到者，官人解見任，凡人決一頓乃止。」（〔唐〕張鷟，《朝野僉載》，卷三）

33〔唐〕李適（德宗），〈侍宴安樂公主莊應制〉。

34〔唐〕趙彥昭，〈奉和幸安樂公主山莊應制〉。

35 這麼說可能有些絕對，至少有一個人發出了不同的聲音，「所願暫知居者樂，無使時稱主者勞。」據說，「中宗幸安樂公主第，從官賦詩，日知卒章，獨存規誡。」（〔唐〕李日知，〈佚句〉，《全唐詩》，卷七九五）只是太過於微弱了，以至於只流傳下來不完整的這麼一句。

玉樓銀牓枕嚴城，翠蓋紅旗列禁營。
日映層岩圖畫色，風搖雜樹管弦聲。
水邊重閣含飛動，雲裡孤峰類削成。
幸睹八龍游閬苑，無勞萬里訪蓬瀛。

——〔唐〕宗楚客．《奉和幸安樂公主山莊應制》

銀河南渚帝城隅，帝輦平明出九衢。
刻鳳蟠螭凌桂邸，穿池疊石寫蓬壺。
瓊簫暫下鈞天樂，綺綴長懸明月珠。
仙榜承恩爭既醉，方知朝野更歡娛。

——〔唐〕韋元旦．《奉和幸安樂公主山莊應制》

銀榜重樓出霧開，金輿步輦向天來。
泉聲迥入吹簫曲，山勢遙臨獻壽杯。
帝女含笑流飛電，千文動色象昭回。
誠願北極拱堯日，微臣抃舞詠康哉。

——〔唐〕岑羲．《奉和幸安樂公主山莊應制》

主家台沼勝平陽，帝幸歡娛樂未央。
掩映雕窗交極浦，參差繡戶繞回塘。
泉聲百處傳歌曲，樹影千重對舞行。
聖酒一沾何以報，唯欣頌德奉時康。

——〔唐〕馬懷素·《奉和幸安樂公主山莊應制》

西郊窈窕鳳凰台，北渚平明法駕來。
匝地金聲初度曲，周堂玉溜好傳杯。
灣路分游畫舟轉，岸門相向碧亭開。
微臣此時承宴樂，彷彿疑從星漢回。

——〔唐〕蕭至忠·《奉和幸安樂公主山莊應制》

詰旦重門聞警蹕，傳言太主奏山林。
是日回輿羅萬騎，此時歡喜賜千金。
鷺羽鳳簫參樂曲，荻園竹徑接帷陰。
手舞足蹈方無已，萬年千歲奉熏琴。

——〔唐〕李迥秀·《奉和幸安樂公主山莊應制》[36]

安樂公主再婚時，嫌原來的房子太小，就將臨川長公主的宅子奪了過來，加以改擴建，順便又把附近的大批民房圈了進來。一時間弄得民怨沸騰，成群結隊的上街遊行，逐級上訪，擊鼓喊冤。但諾大個京城沒一個官員敢接這個案子。時間久了，也就不了了之。

新房蓋好，國庫也空了。這當然不關公主的事。中宗也覺得無所謂。公主大婚，排場可半點馬虎不得。公主乘坐母后的豪華座駕，在天子儀仗隊的護衛下，在皇宮音樂的伴奏下，浩浩蕩蕩地回到了新房。新房

36 以上七首詩文依序收錄：《全唐詩》，卷九七、四六、六九、九三、九三、一〇四、一〇四。

裝修得像個豪華舞廳，中宗和韋后在這裡宴請一些最得寵的近臣。太平公主和第二任丈夫武攸暨還為這對新夫婦跳了一場情意綿綿的貼面舞助興。[37]

想必由於安樂公主降生在流放途中，路途的顛簸造成了她好動的天性。她把生命看成毀滅和創造循環往復的粗暴過程。因此她找到了一種最能滿足她願望的遊戲，這就是毀掉好房子，再建更好的房子。破壞建築成為這個權勢熏天的刁蠻女人的古怪嗜好。她總是在不停地拆房子，蓋房子。永遠沒有消停的時候。新房蓋好，就緊跟著暖房，邀請一大幫狐朋狗友，來慶祝自己無數次的喬遷新居中的最新一次。

暖宅的過程當然很豐富，也很俗套。永遠離不開吃吃喝喝。坐在上席的公主和客人們一邊品嚐著珍饈美味，一邊觀賞著歌妓舞女的挑逗性表演，[38]一邊不失時機地開些粗俗的玩笑。總之，大家都很盡興。真正做到了「稱觴獻壽樂鈞天」。從客人們的描述看，這些宴會有時會持續很長時間。天不亮就伴隨著歌舞節目開始吃喝，「錦帳迎風轉，瓊筵拂霧開。」[39]吃喝玩樂直到夜裡，酒宴仍在進行。「平旦鵷鸞歌舞席，方宵鸚鵡獻酬杯。」[40]

不過，大多數時候，暖宅的宴會還是在夜裡舉行。奢靡的夜生活便成為公主暖宅的保留節目。晝夜不分，甚至晝夜顛倒，使得這種夜生活比白天更加豐富多彩，令人嚮往。在客人們眼中，「帝女熏天貴」[41]的公主夜宴簡直如人間罕有的盛大節日，「車如流水馬如龍，仙史高台十二重。」完全可以和天堂相媲美。[42]一杯接一杯的花酒令人陶醉，倍感芳香。醉生夢死的夜宴常常通宵達旦，當鐘樓的報曉鼓聲傳來，他們才醉眼朦朧地離開酒桌，衣冠不整東倒西歪地上早朝了。

> 鳳凰鳴舞樂昌年，蠟炬開花夜管弦。
> 半醉徐擊珊瑚樹，已聞鐘漏曉聲傳。
>
> ——〔唐〕閻朝隱．《夜宴安樂公主新宅》

層軒洞戶旦新披，度曲飛觴夜不疲。
綺綴玲瓏河色曉，珠簾隱映月華窺。
——〔唐〕劉憲，《夜宴安樂公主新宅》

金榜重樓開夜扉，瓊筵愛客未言歸。
銜歡不覺銀河曙，盡醉那知玉漏稀。
——〔唐〕岑羲，《夜宴安樂公主新宅》[43]

公主新房中發生的事情當然很多。它們的共同之處不是胡吃海喝，就是神聊海吹。這些多多少少都帶有幾分詩人氣質的客人，紛紛把公主的新房想像成人類技術水準的極致，以致能夠把春天永遠留住，把太陽放在家中。「妝樓翠幌教春住，舞閣金鋪借日懸。」[44]在這些無恥文人的詩歌中，他們最喜歡用「星橋」、

37 〔北宋〕歐陽脩等，《新唐書．諸帝公主列傳》。
38 〔唐〕武平一，〈侍宴安樂公主新宅應制〉。
39 〔唐〕沈佺期，〈安樂公主移入新宅〉。
40 〔唐〕李乂，〈侍宴安樂公主新宅應制〉。
41 〔唐〕徐彥伯，〈夜宴安樂公主新宅應制〉，《全唐詩》，卷七六。
42 〔唐〕蘇頲，〈夜宴安樂公主新宅〉，《全唐詩》，卷七四。
43 以上三首詩文依序收錄：《全唐詩》，卷六九、七一、九三。
44 〔唐〕沈佺期，〈安樂公主移入新宅〉。

「雲漢」、「天漢」、「弄玉台」、[45]「銀河」、「鳳凰台」、「玉酒」、「仙槎」、[46]「衡漢」、[47]「牽牛」、[48]「神仙」、「紫漢」、[49]「紫漢」、[50]「河漢」、「蓬萊」、「仙檻」、「壽杯」[51]這些超凡脫俗、道風仙骨的詞語來表現自己對公主新宅的驚羨和豔慕。彷彿公主宅第就是人間天堂。這些肉麻兮兮的說法當然不完全是假的。他們事實上恐怕就已經把公主和自己都當成了有待升仙的成功人士。在這些虛虛實實的意象中，這些俗不可耐的凡夫俗子卻渴望得道成仙。甚至把自己想像成隨時可以與嚴君平對話的世外高人，[52]陶醉於其中，超然忘我，樂不思蜀。這些極度熱衷紅塵的宦途男女，卻在這種暖房的特定場合，傾訴著對神仙生活的渴慕和嚮往。詩歌所展示出來的巨大反差，似乎透露出公主身邊這些弄臣們的意淫情結已經到了何等髮指的程度。

與其說安樂公主好客，不如說她好熱鬧。她在這種場合，既像揮金如土的豪放女主人，又像是睥睨天下的女王。看著這幫有求於自己，整天繞著自己石榴裙轉的男人之間爭風吃醋，鉤心鬥角，總能讓公主感到激情澎湃，春心蕩漾。

由於宴會一般都在夜裡舉行，有段時間，這儼然成為帝都最絢麗的一景。因為公主宅第不但最大，也最高。雖然唐朝都市的百尺高樓已不乏見，但公主閣樓總是更高。雖然朝廷對京城建築高度有嚴格限制，但公主總能突破這些限制而高高在上。「鳳樓窈窕凌三襲，翠幌玲瓏瞰九衢。」[53]燈火通明的鳳樓活像矗立在市中心的夜總會，夜夜笙歌。置身其上，如若天人。俯視腳下，捨我其誰。站在整個京城盡收眼底的空前高度，一種征服者的霸氣和主宰者的豪氣油然而生。這種權力的傲慢和分享權力殘羹的虛榮對所有人都具有難以抵抗的致命誘惑。

趨炎附勢的官員和文人都以參加過公主的夜宴為榮。能參加公主的夜宴，對他們而言，猶如鯉魚跳龍門，可使身價倍增。一想到有機會「銀燭金屏坐碧堂」，便會感激涕零地吟誦「只言河漢動神光」[54]。人還沒去，骨頭就酥了，膝蓋就軟了。「復道中宵留宴衎，彌令上客想踟躕。」[55]活脫脫一幅意得志滿的小人模樣。他們彼此炫耀著自己在公主那裡是如何如何得寵。他們相互攀比著公主對自己的賞識和重用。他們那些出眾或低俗的文采也在這裡一展身手，向人們呈現出一個紙醉金迷，窮奢極欲的虛幻空間。

夜宴肯定不是沙龍。但它也需要詩文的點綴。這就好比，再值錢的燈籠也要有精美的圖案。這些詩歌都是在公主夜宴上，男性客人們寫給公主的。這些詩可以說是獻給公主的頌詩，也是一種政治情詩。一幫男人，在夜宴上，爭先恐後地為女主人朗誦自己的新作，這無論如何也是一樁「雅事」。

主第新成銀作榜，賓筵廣宴玉為樓。
壺觴既卜仙人夜，歌舞宜停織女秋。

——〔唐〕韋元旦．《夜宴安樂公主宅》

45 〔唐〕宗楚客，〈安樂公主移入新宅侍宴應制〉，《全唐詩》，卷四六。
46 〔唐〕李適（德宗），〈侍宴安樂公主新宅應制〉，《全唐詩》，卷七〇。
47 〔唐〕沈佺期，〈安樂公主移入新宅〉。
48 〔唐〕李乂，〈侍宴安樂公主新宅應制〉。
49 〔唐〕沈佺期，〈侍宴安樂公主新宅應制〉，《全唐詩》，卷九六。
50 〔唐〕武平一，〈侍宴安樂公主新宅應制〉。
51 〔唐〕趙彥昭，〈安樂公主移入新宅侍宴應制同用開字〉，《全唐詩》，卷一〇三。
52 〔唐〕李適（德宗），〈侍宴安樂公主新宅應制〉。
53 〔唐〕馬懷素，〈夜宴安樂公主宅〉，《全唐詩》，卷九三。
54 〔唐〕崔日用，〈夜宴安樂公主宅〉，《全唐詩》，卷四六。
55 〔唐〕馬懷素，〈夜宴安樂公主宅〉。

濯龍門外主家親，鳴鳳樓中天上人。
自有金盃迎甲夜，還將綺席代陽春。
——〔唐〕沈佺期．《夜宴安樂公主宅》

金榜岧嶢雲裡開，玉簫參差天際回。
莫驚側弁還歸路，只為平陽歌舞催。
——〔唐〕李迥秀．《夜宴安樂公主宅》[56]

安樂公主的夜宴對於男性客人們猶如安樂窩。為了有幸來此一遊，他們不惜一切，甚至折壽。他們豪言「侯家主第一時新，上席華年不惜春」。不知今宵是何年地流連忘返之餘，最恐懼的就是聽到早晨的鐘聲。「珠釭綴日那知夜，玉斝流霞畏底晨。」[57]因為這鐘聲猶如催命的咒語，令他們重新意識到歡宴的短暫和命運的逼促。「遽惜瓊筵歡正洽，唯愁銀箭曉相催。」[58]

安樂公主的夜宴有時純粹是尋歡，有時則有些名目。像兒子滿月，也要難耐寂寞地邀請官員來玩。

除夜子星回，天孫滿月杯。
詠歌麟趾合，簫管鳳雛來。[59]

毫無疑問，公主的夜宴是一種不折不扣的高檔消費，其實也是一種官場的娛樂遊戲。宦場風波，仕途坎坷，在此自然會有反映。應對時局，密謀策劃，肯定多有。酒席之間，議論朝政，貶斥同僚，在所難免。所以，它雖然發生在公主私宅，但很難說是一種完全私密的空間。雖然夜宴是一種赤裸裸的權力體現，但其中究竟醞釀了多少具體的政治方案，卻實難估計。至少從客人們的詩歌中，我們看到的幾乎都是一種過於誇張的淺薄吹捧和意象蒼白的廉價抒情。

帝國名媛

相較於其他公主，太平公主恐怕是大唐帝國最幸運的公主了。從她出生那時起，她就命中注定地成為大唐獨一無二的人物。無數人能有一個當皇帝的爹就感到無上滿足了，但她竟然能夠同時擁有一個當皇帝的爹和一個當皇帝的媽。和她那幾個同父同母的哥哥以及同父異母的姐姐的命運完全不同的是，父母二聖給予了她別人從未有過的寵愛和溺愛。在父母二聖心中，她的重要性甚至超過了她的幾個太子哥哥。在天下人的眼中，她的幸運超過了整個帝國。

從太平公主結婚那天起，眾多官員和詩人便都圍著她開始了鮮廉寡恥的公關活動。在皇帝的倡導下，詩人們遵照皇帝那喜慶的韻腳，紛紛唱和。其中有兩個人竟然一口氣寫了三首詩。最有趣的是這麼一首：

列席詔親賢，式宴坐神仙。
聖文飛聖筆，天樂奏鈞天。
曲池涵瑞景，文宇孕祥煙。
小臣同百獸，率舞悅堯年。

——節選自〔唐〕胡元范．《奉和太子納妃太平公主出降三首》[60]

---

56 韋元旦、沈佺期、李迥秀三首詩文收錄：《全唐詩》，卷六九、九七、一〇四。

57 〔唐〕盧藏用，〈夜宴安樂公主宅〉，《全唐詩》，卷九三。

58 〔唐〕武平一，〈夜宴安樂公主宅〉。

59 〔唐〕沈佺期，〈歲夜安樂公主滿月侍宴〉，《全唐詩》，卷九六。

60 收錄：《全唐詩》，卷四四。

詩人的恬不知恥已達到無以復加的程度。他一方面將皇帝和公主捧作神仙，一方面將自己貶低為禽獸，認為自己的幸福和榮耀就在於能夠躬逢盛宴，為皇帝和公主獻詩。

太平公主在住房上和其他那些貪得無厭的公主一樣，也是一個不甘人後的虛榮女人。本來她與長寧、安樂兩個公主一樣，她們那些「僭肖宮省」的豪宅都已經享受了「環第十步一區」，由皇宮侍衛負責警備的元首級待遇，但還是不滿足。太平公主聽說宗楚客造了一所新宅，甚是豪華。單是那用沉香和紅粉砌成的牆壁，開門則香氣蓬勃，就為他人所不及。何況台階地面都是用華麗的大理石磨製而成，光亮照人，滑膩無比。「著吉莫靴者」稍不留心，就會四腳朝天。後來，宗楚客因貪汙而遭流放。太平公主就到這個著名貪官的家中觀摩學習，隨後不由地感嘆：「看看他這住處，我算是白活了。」[61]不難想像，這將給太平公主多大的刺激和啟發。想必她在長安市郊的南莊別墅和樂游原，應該不乏類似或有過之而無不及的最新建築。理由很簡單，大型皇家園林多不會一勞永逸，而是常建常新。太平公主喜歡玩水，樂游原就建了一個超大型湖泊，湖邊遍布各種風格的時尚建築。隨著公主那永無休止的心血來潮，樂游原逐漸被擴建和改建成了極少數特權人物一飽眼福的高檔風景區。

太平公主常常邀請一些心腹和文人騷客到別墅和園林來遊覽和觀賞，這些花樣翻新的建築自然也是遊玩的重點。從她老爸做皇帝到她老媽做皇帝，再到她兩個哥哥（中宗、睿宗）做皇帝，數十年中，太平公主的別墅和園林一直都是朝廷之外的另一個權力中心。把政治與休閒結合起來，是太平公主邀請官員前來別墅遊玩和赴宴的主要意圖，也是南莊別墅的一大特色。

作為父母最鍾愛的女兒，李治與武曌也非常喜歡光臨太平公主的別墅。而且他們往往都是一塊來。這自然成為文武官員邀功請賞的難得時機。他們投其所好地獻上一首首令人作嘔的讚歌。

沁園佳麗奪蓬瀛，翠壁紅泉繞上京。
二聖忽從鸞殿幸，雙仙正下鳳樓迎。

花含步輦空間出，樹雜帷宮畫裡行。
無路乘槎窺漢渚，徒知訪卜就君平。[62]

在這些詩歌中，詩人們把天子想像成天上降臨人間的神仙，帶給世人一派祥和與福祉。百姓都在期盼這一幸福時刻，並永遠充滿著無限的感恩。

主家山第接雲開，天子春遊動地來。
羽騎參差花外轉，霓旌搖曳日邊回。
還將石溜調琴曲，更取峰霞入酒杯。
鸞輅已辭烏鵲渚，簫聲猶繞鳳凰台。
——〔唐〕李嶠．《奉和初春幸太平公主南莊應制》

青門路接鳳凰台，素滻宸遊龍騎來。
澗草自迎香輦合，岩花應待御筵開。
文移北門成天象，酒遞南山作壽杯。
此日侍臣將石去，共歡明主賜金回。
——〔唐〕宋之問．《奉和春初幸太平公主南莊應制》

61 〔唐〕張鷟，《朝野僉載》，卷三。
62 〔唐〕邵升，〈奉和初春幸太平公主南莊應制〉，《全唐詩》，卷六九。

主家山第早春歸，御輦春遊繞翠微。
買地鋪金曾作埒，尋河取石舊支機。
雲間樹色千花滿，竹裡泉聲百道飛。
自有神仙鳴鳳曲，並將歌舞報恩暉。
——〔唐〕沈佺期・《奉和春初幸太平公主南莊應制》[63]

顯然，文人們已經把公主別墅當成了獻媚權貴的山水樂園。這個樂園不會產生真正清新的山水詩，只會繁殖低俗的宮廷詩。這個樂園隨時為御用的無恥文人開放。從初春到孟秋，這類詩歌一直都不乏有人在寫。

主第山門起灞川，宸遊風景入初年。
鳳凰樓下交天仗，烏鵲橋頭敞御筵。
往往花間逢彩石，時時竹裡見紅泉。
今朝扈蹕平陽館，不羨乘槎雲漢邊。
——〔唐〕蘇頲・《奉和初春幸太平公主南莊應制》

黃金瑞榜絳河隈，白玉仙輿紫禁來。
碧樹青岑雲外聳，朱樓畫閣水中開。
龍舟下瞰鮫人室，羽節高臨鳳女台。
遽惜歡娛歌吹晚，揮戈更卻曜靈回。
——〔唐〕李嶠・《太平公主山亭侍宴應制》[64]

文人們反復提及「平陽館」、「沁水園」，想必這一定是太平公主和弄臣們經常尋歡作樂的場所。「平陽館外有仙家，沁水園中好物華。」[65]「林間花雜平陽舞，谷裡鶯和弄玉簫。已陪沁水追歡日，行奉茅山訪道朝。」[66]他們在這裡自比神仙，幻想著眼前的美景、美酒、美人能伴隨他們永遠。「歡情本無限，莫掩洛城關。」[67]這些文痞把他們現世的貪婪欲望偽裝成一種清心寡慾的超脫心態。他們的詩歌已經墮落為一種陳辭濫調的宮廷口號，除了毫無節制地堆砌，華而不實的豔麗辭藻外，了無新意。

奢華的輓歌

在大唐帝國終結前夕，皇帝又為他女兒的婚禮送上了一份厚禮，從而使這一驚人之舉具有了某種迴光返照的喜劇意義。

懿宗咸通九年（西元八六八年年），同昌公主下嫁韋保衡，結婚新房在京城萬年縣的廣化裡。這讓京兆尹忙活了好一大陣子。因為公主出嫁是朝廷大事，所以「府司供帳事繁」[68]是理所當然。

懿宗除了給同昌公主的嫁妝五百萬貫外，還罄其內庫所有來裝修公主的豪宅，差不多搬光了皇宮最值錢的東西。就連房屋的門窗，也無不以珍寶奇異裝飾。另外，公主家的井欄、藥臼、食櫃、水槽、釜鐺、盆甕等物件也都全用金銀製造。最令人瞠目結舌的是，打掃房間和院子的笊籬、箕筐也都是鏤金的。公主

63 以上三首詩文收錄：《全唐詩》，卷六一、五二、九六。
64 以上二首詩文收錄：《全唐詩》，卷七三、六一。
65 〔唐〕李乂，〈奉和初春幸太平公主南莊應制〉，《全唐詩》，卷九二。
66 〔唐〕韋嗣立，〈奉和初春幸太平公主南莊應制〉，《全唐詩》，卷九一。
67 〔唐〕張昌宗，〈太平公主山亭侍宴〉，《全唐詩》，卷八〇。
68 〔南宋〕洪邁，〈重陽上巳改日〉，《容齋續筆》，卷一。

家的床也非常不一般，都是用水晶、火齊（寶石名）、琉璃、玳瑁等稀有材料所做，並全用金龜、銀螯加以雕琢。廚房裡的所有器皿和餐具都用五色玉器雕琢打磨而成。懿宗還將條支國奉獻給太宗廟裡的金麥和銀米也送給了公主好幾斛。

公主房間內的各種設施用品也都是超一流的：有極品珍珠編織成的幃帳；有耐寒的鳥骨製作的防寒窗簾，不過它看起來很像是紫色的玳瑁，也不知從哪個國家進口的；有犀牛角和象牙製作的涼蓆；還有龍罽鳳褥等許許多多根本叫不出名字的稀奇玩意。

還有鷓鴣枕、翡翠匣、神絲繡被。鷓鴣枕以七寶合成，像鷓鴣之狀。翡翠匣，積毛羽飾之。神絲繡被，繡有三千隻鴛鴦，中間還有奇花異葉，圖案精巧華麗，舉世罕比。上面還鑲綴著靈粟之珠，珠如粟粒，五色輝映。還有功能神奇的帶蠲忿犀和如意玉。這種犀圓如彈丸，入土不朽爛，人佩戴著能祛除忿怒，心情平和，始終有個好心情。如意玉類似核桃，上有七孔，象徵通明通天。

還有瑟瑟幕、紋布巾、火蠶綿、九玉釵。瑟瑟幕色如瑟瑟，寬三丈，長一百尺，輕明虛薄，無以為比。向空中張開，則疎朗之紋如碧絲之貫真珠，即便瓢潑大雨也不能濕透。夏季乘涼或野外郊遊最好的防雨材料。據說是塗抹了鮫人瑞香膏。紋布巾即手巾，潔白如雪，光軟特異，拭水不濡，用之彌年，不生垢膩。這兩樣是從鬼谷國進口而來。火蠶綿據說出自炎洲，輕得驚人，拿在手裡幾乎沒有感覺。絮衣一襲用一兩，稍有過度就會溫度過高，不可靠近。九玉釵上面刻有不同顏色的九隻鸞鳥，還寫有「玉兒」兩字。工藝精美異常，似乎不像人工所制。據說這是南齊潘淑妃的珮飾。[69]

公主家裡堆滿了不計其數的稀世珍寶。以密度計算，應該算是大唐帝國財富最集中的場所。滿屋子的珠光寶氣。史書說，「自兩漢至皇唐，公主出降之盛，未之有也。」對皇帝來說，這沒什麼好奇怪的。只不過是把財富挪了個地方而已。天下都是自己的，把金銀財寶放到哪個倉庫都無所謂。從朝廷的大倉庫搬到公主的小倉庫，這是很正常的現象。公主出嫁就是國庫搬家。把天下給兒子，把財寶給女兒，也算是男女平等的一個範例。

公主的出行工具是七寶步輦。四面綴五色香囊，囊中貯辟寒香、闢邪香、瑞麟香、金鳳香。此香皆來自異國，乃是雜以龍腦、金屑研製而成。刻鏤水精、馬腦、辟塵犀為龍鳳花，其上仍絡以真珠玳瑁，又金絲為流蘇，雕輕玉為浮動。每一出游，則芬馥滿路，晶熒照灼，觀者眩惑其目。有次幾個高級太監到廣化裡旗亭（酒樓）買酒。他們突然抽抽鼻子，「這裡的香氣好怪異。」同席的人驚詫，「莫非是龍腦？」另一人說，「我從小就在後宮伺候嬪妃，經常聞到這種香味。只是不知道今天這裡為何有此香味。」詢問酒樓老闆，他說公主步輦夫剛才用錦衣來換酒。說著就把錦衣拿了出來。太監觀賞著這件錦衣，驚歎不已。

公主的母親郭淑妃，頻頻光顧女兒的府邸，「出入娛飲不禁」坊間傳聞岳母與女婿二人不乾不淨。但實情外人也是「莫得其端」。[70] 人們看得見的倒是懿宗經常把自己喜歡的美食送給公主品嚐，每天都有好幾撥人穿梭於皇宮和公主府邸之間。美味有靈消炙、紅虯脯；美酒有凝露漿、桂花醑；香茶有綠華、紫英。據說那靈消炙，乃是從一隻羊身上只取四兩肉，放上一個夏天也不會腐爛或發臭。紅虯脯並非真的是虯，放在盤中則健勁如虯。「紅絲高一尺，以筯抑之無數分，撤則復其故。」這些美味從未有人嘗過，可在公主家裡渾如家常便飯，所謂「饜飫如裡中糠粃」。

某日，公主在家裡宴請丈夫一家人，山珍海味自不必說。只可惜天公不作美，烈日炎炎，讓人個個心頭一把火，很不爽。公主就讓人取來八九尺長的澄水帛。這種帛似布但比布更細，薄得透明，其亮如鏡，光滑可鑑。據說澄水帛的材料裡有龍涎（傳為龍的口水）的成分，故有消暑之效。使用起來很方便，蘸上水，

69 〔唐〕蘇鶚，《杜陽雜編》，卷下。

70 〔北宋〕歐陽脩等，《新唐書．后妃列傳下》。

懸掛於南軒，不一會兒，滿座涼風習習，人人倍覺涼爽。

韋氏家人喜歡看葉子戲，夜裡公主就拿出幾十顆碩大的夜明珠，放在紅琉璃盤中，盛了滿滿一盤，令人兩手捧著，站在堂中，滿屋光明如晝，毫髮畢現。

公主剛患病那陣子，召術士米賓來家中作法醫病，走的時候，公主送他一隻香蠟燭。這種蠟燭方二寸，上畫五色文飾，「卷而爇之，竟夕不盡」百步之外就能聞到撲鼻而至的郁烈香氣。蠟燭燃燒的香煙，在空中幻化成樓閣台殿之狀，據說這是因為蠟中有蜃脂的緣故。米氏鄰居聞到香氣異常，上門詢問，米賓就把這個事情說了。公主病重，太醫眼瞅著無力回天，為逃避責任，就順口說如果能找到紅蜜白猿膏，食之可癒。太醫本來以為這是世上絕無僅有的玩意。沒想到皇帝硬是在大內庫房裡面找到了好幾石兜離國進貢的紅蜜，還有好幾甕南海進奉來的白猿脂。結果公主天天吃這些，病情卻依然毫無起色。

咸通十一年（西元八七〇年），公主病逝。對於公主之死，懿宗遷怒於御醫救治不力，將醫官韓宗紹等連帶其親屬二三百人「散繫大理」，[71]並處以「族誅」之刑。[72]庭祭日那天，懿宗自制輓歌，群臣陪著他一塊嚎哭。百司與宦官在公主府邸院子裡焚燒的冥物（車子、轎子、服飾、家具等）都是用正兒八經的金玉珠貝裝飾。駙馬一家人這個時候卻都沒心沒肺地爭搶著從灰燼中淘寶。擠到院子裡看熱鬧的附近居民也不顧星火灼手，只管往火堆中扒拉珠寶。

出殯那天，懿宗與淑妃登上延興門，親自為同昌公主送葬。皇帝下令將皇宮中用赤金白玉做成的數尺高的俑人、駱駝、馬匹、鳳凰、麒麟等數以千計的陪葬品，全部展示出來，排在道路兩旁，以為威儀。其餘的衣服玩具悉與生人無異。還用木頭雕刻成的樓閣、宮殿、龍鳳花木、人畜等物，無不栩栩如生。以絳羅、多繡、絡金、銀瑟瑟製成的不同花色的帳幕，各有千隊之多。送葬隊伍中張開的幢節傘蓋，彌街翳日。只見塵土，不見道路。再加上旌旗、珂佩、兵士、鹵簿等一律按最高等級使用，也就是「大全仗」禮儀，鼓一百二十面，金鉦七十面。還有大批身著紫色袈裟的高級女尼和女道士在前面作為先導，一路走一路焚燃升霄降靈的香柱，擊打歸天紫金的磬鐘。繁華輝煥，前後綿延二十餘里。

此外，皇帝還賜酒一百斛，餅餤三十駱駝，每個直徑二尺，用作役夫的午飯和口糧。京城士庶，罷市奔看，汗流相屬，惟恐居後。靈車過城東延興門時，懿宗與淑妃嚎啕慟哭，中外聞者，無不傷泣。[73]三年後，四十一歲的懿宗也結束了其驕奢淫逸的一生。他是唐朝倒數第四個皇帝，也是最後一個在長安城中平安度過帝王生涯的皇帝。西元九〇七年，唐亡。

金枝玉葉的別樣婚姻

公主們的婚姻是人們常感興趣的話題。這主要是因為金枝玉葉給男人們帶來的榮華富貴。但當事人的感覺並不限於此，往往複雜得多。「搢紳子弟皆怯於尚公主，蓋以帝戚強盛。公主自置群僚，以至莊宅庫舉盡多主吏。宅中各有院落，聚會不同，公主多親戚聚宴，或出盤遊，駙馬不得與之相見，凡出入間，婢僕不敢顧盼。公主則恣行所為，往往數朝不一相見。」[74]由此而來的一個必然結果就是，公主們對自己的婚姻毫不在乎，大都表現得過於隨意和輕率，也就是現代人所謂的相當自由。許多公主都離過婚，有的還不止

71 〔南唐〕尉遲偓，《中朝故事》，卷上。
72 〔北宋〕孫光憲，〈同昌公主事〉，《北夢瑣言》，卷六。
73 〔唐〕蘇鶚，《杜陽雜編》，卷下。
74 〔南唐〕尉遲偓，《中朝故事》，卷上。

離過一次。[75]據統計，唐代公主再婚、三婚者，共有二十七人。[76]其中原因相當複雜，雖然不乏驕奢淫逸、世風開放因素，但也不好一概而論。有的明明白白就是政治因素造成的。像太宗女兒城陽公主，下嫁杜荷，後來捲入太子承乾謀反一案，承乾被廢，杜荷被殺。公主又嫁給了薛瓘。還有中宗女兒定安公主，下嫁王同皎。王同皎犯了事，公主便又嫁給韋濯。韋濯是韋皇后的從祖弟弟，在太平公主聯手李隆基發動的宮廷政變中被殺，公主就再次改嫁給太府卿崔銑。

一般來說，公主個人在第一次婚姻中基本沒有什麼自主權，但離婚以及再婚，則往往基於公主個人的自由意志。另外，無論是初婚還是再婚，公主都擁有絕對的主動權和主導權。再有，在公主的婚姻生活中，男方往往必須接受乃至忍受一夫一妻制的約束。儘管這沒有任何明文規定，但實際上卻是公主婚姻中的客觀存在狀態。這當然是因為公主的特殊身分。所以，它的合法性和維繫效力完全取決於公主本人的感情態度和道德水準。這就意味著，娶公主事實上等於把自己賣給了公主。公主雖然是女的，但卻是真正的一家之主。駙馬雖然是男的，但卻是公主的附屬品。公主與駙馬之間並不是單純的夫妻關係，同時還有君臣關係。所以，公主對駙馬能否公開或合法擁有其他女人，這取決於公主的個人素質和處理方式。除非公主自己性慾旺盛，或頻頻涉足婚外情，她可能會放駙馬一馬，對駙馬的偷情網開一面，視而不見。否則，駙馬、和駙馬有關係的女人就慘了。

順宗女兒襄陽公主，下嫁張孝忠子張克禮。公主放縱情慾，常常女扮男裝，帶著一幫嘍囉，到民間尋訪男色。與公主保持長期情人關係的有薛樞、薛渾、李元本。其中，薛渾與公主更是形同夫妻，出出進進不避嫌疑。甚至發展到公主竟然公開來到薛渾家裡，以兒媳婦的身分向他老娘喊媽。官府聽到消息，以有傷風化之罪追究相關責任，公主拿錢行賄辦案官員，把這個案件壓下來。駙馬張克禮忍無可忍，把綠帽子一扔，上報了岳丈。穆宗便將公主關在了皇宮，禁止她隨便出來。公主的情人也都受到流刑懲罰，她的首席情人薛渾被流放到帝國最南邊的崖州（今中國海南省海口市）。

其實，在公主的婚姻中，公主作為不容挑戰的中心，並沒有違反男權時代的遊戲法則，甚至也無須修改這個法則，因為公主的權力本身就是男性權力的自然延伸。所以，一切主動權都在公主手裡。無論遵守遊戲法則，還是破壞遊戲法則，都是如此。

太宗皇帝的女兒高陽公主嫁給了房玄齡的小兒子房遺愛。公主生性淫蕩，毫無貞節觀念。有一次，公主與房遺愛到封地打獵，回來路上，遇到了和尚辯機。公主對他一見鍾情。當即搭建帳篷，就地鋪床，大戰三百回合。為了讓房遺愛心理平衡，把嘴閉上，公主就給他找了兩個絕色女子。這樣，公主與辯機的關係就更加明目張膽。公主送給辯機的錢以億萬計，顛鸞倒鳳之餘，還順手把一個西域進貢的夜光寶枕送給了辯機。夜明枕「光照一室，不假燈燭」。[77]只是不知道在這種光亮亮硬梆梆的枕頭上怎麼睡得著。它其實就是一個枕頭形狀的臥室燈具。可能它發出的光線具有某種興奮效應，能激發男女情慾。但這種奇物對凡人就是禍害。果然辯機後來就死在了這個夜明枕上面。當時京城失盜，驚動朝廷，破案時牽連到辯機，從他住處發現了寶枕。這本是皇宮的禁物。辯機說這是高陽公主送給他的。這才抖摟出來了他與公主的私情。太宗震怒，腰斬辯機，甚至還濫殺了公主身邊十幾個知情不報的丫環。公主雖然沒有得到懲罰，但仍然極為不滿。太宗死的時候，公主不但面無哀容，反而欣喜不已。她覺得父皇死了，就沒人能管束她了，更加有恃無恐。很快與兩個具有特異功能的和尚智勖、惠弘，以及自稱神醫的道士李晃，鬼混到一起，明鋪暗蓋。

75 只是到了唐朝後期，有的皇帝才明令禁止公主不得隨意改嫁。宣宗下詔：「夫婦，教化之端。其公主、縣主有子而寡，不得復嫁。」管理公主婚姻和生活的專門機構是命婦院。所以，宣宗的這個詔令就成為命婦院的固定法律。（〈公主縣主有子女者不得再降敕〉，《全唐文》，卷八一）

76 段塔麗，《唐代婦女地位研究》，人民出版社，2000年，第128頁。

77 〔五代〕王仁裕，〈夜明枕〉，《開元天寶遺事》，卷四。

高陽公主與房遺愛二人的夫妻關係形同虛設，如維持會一般。互不干涉，各取所需。

公主霸道，沒有紅杏出牆的公主更是彪悍，對駙馬老公的黑馬出軌往往痛下殺手。中宗女兒宜城公主，下嫁裴巽。裴巽卻膽大妄為地破壞了他和公主的一夫一妻關係，到外面吃起了野食。公主獲悉老公在外包二奶後很生氣，遂派宦官將駙馬和二奶堵在床上，來了個人贓俱獲。公主對這個女人的處理非常血腥。先割掉耳朵和鼻子，漂亮的臉蛋一下子變成了血肉模糊的平板；再割掉這個可憐女人的大小陰脣，胡亂貼在駙馬臉上。對駙馬的處理也讓人大跌眼鏡。先給裴巽剃了個古怪的陰陽頭，恣意羞辱，然後押著駙馬和那個昏死過的女人來到官府，差不多就是遊街示眾了。反正官員們像看猴似的看了個夠。公主還強烈要求官府給這對姦夫淫婦判以重刑。[78]應該說，這是大唐歷史上最為轟動的一起通姦案。皇帝雖然很生氣，後果卻不嚴重。公主降格為郡主[79]，裴巽也僅僅受到降職處分。

最倒楣的是有些駙馬，明明公主惹的事，卻也要駙馬陪綁。德宗女兒義陽公主，下嫁王士平。公主恣橫不法，被皇帝關閉在禁中，同時又把王士平禁錮在家。後來，駙馬門客蔡南史、獨孤申叔自稱「義陽子」，[80]給公主寫了首《團雪散雪辭》，訴說衷腸，言辭曖昧，一時間成為酒席上的流行曲。德宗聞知，一怒之下，將這二人抓起來，後又逐出京師，因這二人同為進士出身，竟如此有辱斯文，德宗遷怒於科舉制度未能選賢，險些廢除進士科。

宣宗時，經過大力提倡和整頓，公主的生活和觀念都有了一些明顯變化。安平公主是宣宗唯一的妹妹，兩人感情很好。為了能夠經常和妹妹見面，宣宗特別將她嫁到一個距離京城較近的地方。平安公主隨同丈夫前往外地上任前，讓丈夫的愛妾陪著她入宮辭別。公主身邊的宮女，宣宗都認識，一見到妹夫的姬妾，就問是誰，公主坦然地說是丈夫的家妓。宣宗看公主如此大度，毫無嫉妒之色，高興地說，「這才是個做女主人的樣子。」[81]

宣宗在自己最寵愛的女兒萬壽公主出嫁時，專門交代把車子上的白金裝飾換成銅質，理由是提倡儉樸的生活作風，應該從自己人做起。公主回娘家，宣宗還反復叮囑，「無輕待夫，無干預時事。」駙馬鄭顥的弟弟有次得病，宣宗派人問候，卻聽說公主不在家，到慈恩寺劇場看戲去了。感嘆說，「我現在知道士人為啥都不願和我結親了。」馬上命人將公主召回，罰公主站在台階下，直到公主承認錯誤。宣宗還經常寫信給公主，提醒不要忘了太平公主、安樂公主的悲劇下場。這使得公主們都收斂了不少。[82]

宣宗最初想把永福公主嫁給于琮。有次，永福公主與宣宗一塊吃飯，「怒折匕箸」宣宗說，「當著朕的面兒脾氣還這麼壞，以後怎麼可以做士人的老婆？」皇帝很生氣，就改將廣德公主嫁給于琮。

廣德公主，深明事理，有氣節，對丈夫也是呵護有加。于琮曾被韋保衡搆陷，貶為韶州（今中國廣東韶關市）刺史。廣德公主不辭勞苦，與丈夫同行，途中為了保護丈夫，凡有宦官送來毒酒，公主就大罵宦官，潑掉毒酒。行進的時候，公主特意與丈夫的轎子門相對，坐時也牽著丈夫的衣帶，所以于琮才得以保全性命。

後來，于琮翻身，廣德公主讓丈夫納京城著名歌妓俞洛真為妾，照顧起居。俞氏「有風貌，且辯慧」。誰知，于琮有了俞洛真之後一個多月，卻沉迷聲色，不務正業。廣德公主見此情形，就賜俞氏數百金，打發她走了。

中和元年（西元八八一年），黃巢大軍攻入長安，僖宗倉皇出逃。于琮因病無法跟隨。而後，黃巢稱帝，招于琮做宰相。于琮以病推辭。黃巢卻不甘心，多次脅迫，無奈之下，于琮說：「吾病亟矣，死在旦夕。

78 〔唐〕張鷟，《朝野僉載》，補輯。
79 一說降為縣主。
80 〔唐〕李肇，《唐國史補》，卷下。
81 〔唐〕裴庭裕，《東觀奏記》，上卷，中華書局，1994年，第88頁。
82 〔唐〕裴庭裕，〈附錄三〉，《東觀奏記》，第182頁。

加以唐室親姻，義不受命，死即甘心。」黃巢惱恨，殺之。公主看見丈夫死難，心中悲憤，「謂賊曰：『妾李氏女也，義不獨存，願與於公並命。』賊不許，公主入室自縊而卒。」[83] 廣德公主用自己的鮮血為李唐皇室的覆滅抹上了一縷餘輝。

83 〔後晉〕劉昫等，《舊唐書》，卷一四九。

宮女

鶯歸燕去長悄然，春往秋來不記年。

一

玄宗時候，長安的太極宮、大明宮、興慶宮，加上皇子十宅院、皇孫百孫院，還有東都大內、上陽兩宮，宮女約計四萬人。[1] 唐朝近三百年，宮女總人數估計至少在五十萬人以上。[2] 在唐朝為數不多的職業女性中，這是一批相當龐大和固定的人群。一般說，宮女都要呆在宮中，但她們與外界聯繫的密切程度遠遠超出後人的乏味想像。「先朝宮女，得自便居外，出入無禁，交通請謁。」[3] 這至少說明，年紀大一些的宮女自由度是相當大的。或許考慮到這種現狀和習慣，新皇帝總要裁減一批老宮女。

但對絕大部分宮女來說，服務皇宮近乎都是一種終生性的勞役。有幸出宮的總是少數。出宮也有各種情況。有的是把宮女賞賜給功臣或高官，有的是把宮女贈送給入朝的胡人首領。這些零零碎碎的把戲從來沒有一個準確數字。即便大規模地裁減宮女，也是相當有限的。整個唐朝也不過十幾次。平均一二十年才一次。每次從幾十人到幾百人，最多三千人不等。這裡面當然有多種原因，比如天災、皇帝登基、朝廷改革等，還有就是宮女年老色衰、體弱多病、殘疾不便而需要淘汰出宮、更新換代。[4] 統計相關資料，除了兩次缺乏具體數字外，整個唐朝放出宮女人數約計一萬五千人左右。[5] 不及宮女總人數的三十分之一。

儘管大多數皇帝都有過放出宮女之舉，有的皇帝（文宗）還做過不止一次，但不等於唐朝確實形成了一種定期放宮女出宮的制度。這種做法更多的是一種習慣。但還算不上慣例。所以它隨時會被中止。打武宗開始，晚唐的好幾個皇帝就乾脆取消了這種做法。[6]

不過表面上，唐朝皇帝都能作出一種高姿態，對宮女的不幸和悲苦表示同情和憐憫。「久離親屬之歡，長供掃除之役，永年幽閉，良深矜憫。」[7]可一旦真的做起來，事情就複雜得多了。玄宗在《出宮人詔》中說，「妃嬪以下，朕當簡擇，使還其家，宜令所司將軍牛，今月十二日赴崇明門待進止。」[8]這裡包含三點關鍵信息。一是，放出宮女的範圍，是「妃嬪以下」的所有宮女；二是，放出宮女的標準，是由皇帝親自把關和掌握，「朕當簡擇」；三是，放出宮女的具體時間和場所，即在大明宮宣政殿東邊的崇明門，由直接負責管理宮女的官員進行「官司料簡，具錄名帳」。也就是甄別挑選，造冊登記。最後「所司依狀散下」[9]，即依據這個名單進行遣散。

對於宮女出宮之後，皇帝也有相應安排，一是回到父母家裡或投靠親戚；二是如果沒有近親收養，可

1 〔後晉〕劉昫等，《舊唐書．宦官列傳》。
2 按宮女十五歲入宮，十五歲一代人計，唐朝宮女經歷了大約二十代人。每代人以三萬計，也有六十萬人。
3 〔北宋〕司馬光等，《資治通鑑》，卷二〇八。
4 參見徐有富，《唐代婦女生活與詩》，中華書局，2005年，第156頁。
5 參見〔後晉〕劉昫等，《舊唐書》；〔北宋〕王溥，《唐會要》。
6 據說宣宗還放過宮女，而且特別下詔規定宮女「許從百官司吏，獨不許貢舉人」。（〔唐〕范攄，〈題紅怨〉，《雲溪友議》，卷下）
7 〔唐〕李治（高宗），〈放宮人詔〉，《全唐文》，卷十二。
8 收錄：《全唐文》，卷二六。
9 〔唐〕李治（高宗），〈放宮人詔〉。

以自主擇婚；三是如果不願結婚者，或因年老病弱不能成家的，所在地方官府，必須給予妥善安置和保護，比如可以就近分配到條件好的寺院安置，[10]以免受到輕薄之徒的誘騙和欺負。如果以後她們有了更好的去處，允許她們自由離開，「一任東西。」她們走的時候，官府或寺院必須發給「一房資財，以充糧用」，府縣衙門不得隨意剋扣這些費用和財物。[11]

這裡提到了年齡、健康、家庭、費用等規定，但都很不具體和明確。有些關鍵性的信息，很不清楚。像宮女在宮中從事的具體工作（肯定不會都是「掃除之役」的粗活），出宮時的個人要求（自願，還是強迫，還是二者兼有），具體到每個人，標準如何確定？最主要的是，皇帝雖然提到了錢，卻很含糊，似乎這筆遣散費是由地方官府來支付。所以，出宮時，宮女能否在錢財方面得到朝廷一些必要的報酬或補貼，還是掃地出門？如果宮女們能獲得一筆遣散費，這筆錢的數額可能會是多少？是因人而異，還是整齊劃一？

雖然對絕大多數宮女來說，一如宮門深似海也好，入宮沒有回頭箭也罷，反正都意味著宮女是一種終生職業。有的宮女或許憑藉自己的一技之長，趁著還有幾分姿色，早點出宮另謀前途。對於那些自願出宮的宮女，皇帝有時也會網開一面。「開元皇帝掌中憐」一個深得寵幸的宮女終於用眼淚打動了玄宗，「泣話伶官上許歸。」[12]可以肯定，宮女入宮到出宮，主動權都不在自己手裡。皇帝隨時需要數以萬計的年輕宮女來服侍自己，但對這群宮女的前途出路，卻毫無章法。

規則不明，不妨礙抒情。打破文人對青史留名的病態執著，而開闢出青樓留名的杜牧，對此作出了心情複雜的肯定。認為宮女出宮猶如大夢初醒，回歸人間，恢復了正常人的生活，而不再陷入發情母狼般的相互妒忌、爾虞我詐的宮廷爭鬥漩渦。[13]那種成千上萬的青春少女爭搶一個男人寵愛的性陰謀和性戰爭，實在是世界上最恐怖的連續劇。

二

事實上，絕大部分的宮女是要老死宮中的。對於數以十萬計的宮女死後事宜，再草率從事，也不能東一個西一個胡亂處置。

皇帝有陵墓，宮女則有公墓。最早的宮女墓可能是隋煬帝所建的「玉鉤斜」。唐朝宮女墓的正式名稱叫「內人墓」，俗稱「宮人冢」或「宮人斜」、「內人斜」。位置在一個叫做「野狐落」的地方。地處偏僻，有一廣大斜坡，故以名之。[14]

但事實上，唐朝不可能只有一所宮女墓。散布在全國各地的離宮中的宮女肯定都有相應的墓地。出於條件所限，以及便於埋葬的考慮，這些宮女墳往往距離宮很近，有的就緊挨著宮牆。「儘是離宮院中女，苑牆城外冢纍纍。」杜牧的這首《宮人冢》點出了宮女墳的大致位置。他還順便提及埋在此地的這些宮女「少年入內教歌舞，不識君王到老時」[15]。也就是說，她們為皇帝服務了一輩子，卻至死都沒有見過皇帝一面。真是可憐之極。

唐朝最有名的宮人斜就在「北原斜」[16]。這個地方旁邊有一個廢棄已久的驛站。[17]但官員們偶爾也會路

10 也有的宮女是由朝廷直接安排到京城寺院的。憲宗時，就將三百宮女安置於安國寺。（〔後晉〕劉昫等，《舊唐書．順宗、憲宗本紀上》）

11 〔唐〕李治（高宗），〈放宮人詔〉；〔唐〕李亨（肅宗），〈放宮人詔〉，《全唐文》，卷四一。

12 〔唐〕張祜，〈退宮人二首〉，《全唐詩》，卷五一一。

13 〔唐〕杜牧，〈出宮人二首〉，《全唐詩》，卷五二一。

14 〔明〕方以智，《通雅》，卷三八，轉引：徐有富，《唐代婦女生活與詩》，第152頁。

15 〔唐〕杜牧，〈宮人冢〉，《全唐詩》，卷五二四。

16 〔唐〕竇鞏，〈宮人斜〉，《全唐詩》，卷二七一。

17 〔唐〕權德輿，〈宮人斜絕句〉，《全唐詩》，卷三二五。

經此地。在他們眼中，一眼望不到邊的宮女墳，彷彿就是皇宮的延伸。他們惋惜，宮女生前侍奉皇帝，死後卻不能和皇帝在一起。

雲慘煙愁苑路斜，路傍丘冢盡宮娃。
茂陵不是同歸處，空寄香魂著野花。[18]

他們甚至異想天開地懷疑埋在這裡的宮女們是不是一半都作了神仙。[19]不過更多的詩人則是關心宮女們生前的生活，而不是死後的世界。

未央牆西青草路，宮人斜裡紅妝墓。
一邊載出一邊來，更衣不減尋常數。[20]

宮人斜與未央宮相對照，其實就是死與生的對比。在詩人自作多情的無聊想像中，宮女是一群沒有人格自由和自我意識的人，她們對皇帝生死相依，具有某種自虐式的苦戀。生為皇帝人，死為皇帝鬼。紅粉化泥，精魂化鶯，也要供皇帝踐踏，為皇帝而歌，盤旋於皇帝身邊，不離皇帝左右。

幾多紅粉委黃泥，野鳥如歌又似啼。
應有春魂化為燕，年來飛入未央棲。[21]

遺憾的是，千千萬萬的宮女埋葬於此，她們的父母卻在遙遠的家鄉一無所知。[22]儘管如此，死在中國，總好過活在外國。

草著愁煙似不春，晚鶯哀怨問行人。
須知一種埋香骨，猶勝昭君作虜塵。[23]

三

在某種意義上，諾大皇宮，正經八百的男人，只有皇帝一人。同樣在某種意義上，宮中所有的女人都是為皇帝一個男人準備的。還是在某種意義上，皇宮差不多就像是一個超大型的大觀園。皇帝與宮女之間關係的多樣性以及以皇帝為中心而展示出來的宮女生活的豐富性，好像真的和大觀園很相似。反正是超出了人們的想像。

六宮的宮女按單位計，有二十四個司，仿照尚書六部，分成六個局：尚宮、尚儀、尚服、尚食、尚寢、尚功。六局的各級長官就是女官。官銜從正五品至正九品。作為宮女群體中特殊的領導階層，女官從服飾（身著男式官服）、飲食、住房、待遇等方方面面，都迥然有別於一般幹活的宮女。儘管如此，女官本質上還是宮女。為了便於管理，把六局女官每人都畫成圖像，但皇帝總是認不全，即便經常照面的女官也總是叫錯名。[24]不光皇帝不認得宮女，有的宮女也不認得皇帝。一個宮女老遠看見皇帝，是因為她認出了皇上身上的赭黃色龍袍。[25]

18 〔唐〕孟遲，〈宮人斜〉，《全唐詩》，卷五五七。
19 〔唐〕羊士諤，〈和李都官郎中經宮人斜〉，《全唐詩》，卷三三二。
20 〔唐〕王建，〈宮人斜〉，《全唐詩》，卷三〇一。
21 〔唐〕雍裕之，〈宮人斜〉，《全唐詩》，卷四七一。
22 〔唐〕張籍，〈宿山祠〉，《全唐詩》，卷三八六。
23 〔唐〕陸龜蒙，〈宮人斜〉，《全唐詩》，卷六二九。
24 〔後蜀〕花蕊夫人，〈宮詞〉，《全唐詩》，卷七九八。
25 〔後蜀〕花蕊夫人，〈宮詞〉。

皇帝過生日了，宮女要有所表示，而且還不能完全重樣，要有創意。這的確是一件很費腦細胞的事情。一個聰明的宮女終於想到個好主意，就用紅紙金字親手寫了一幅類似對聯的東西來祝賀皇帝生日，以免和別的宮女獻給皇帝的「鳳凰衫」相類同。「自寫金花紅榜子，前頭先進鳳凰衫。」在宮中，這種東西主要用於春聯，張貼於門窗廊柱，而且一開始是用綠紙，後來才用紅紙。這位宮女可能是第一個用春聯的方式來表達對皇帝生日的慶賀。

不光皇帝過生日熱鬧，妃子生子也熱鬧。這天整座皇宮都是香煙繚繞，不斷傳來皇帝開心的笑聲。宮女們在這天都能從妃子那裡討到一些賞錢，這種賞錢的名目叫做「洗兒錢」[26]。此外，翰林學士還要寫一些「洗兒文」[27]。

每月月初，都要發給宮女們一些「買花錢」，用於購買胭脂口紅。發放的方式是全體宮女都要排列整齊，一個一個點名，叫到自己的時候，要答應一聲，然後上前領錢。整個皇宮的宮女們有好幾千之多，這顯然不是一時半會就能結束的。有的宮女害羞，叫到自己名字，也不吭聲，也不言謝，只是面帶羞澀地從坐在御床上的皇帝跟前走過。[28]

朝廷還規定，每年農曆三月初三的上巳節，是宮女與家人見面的日子。這是宮女們與家人保持聯繫的唯一法定通道。她們都很珍惜，把這天看成大喜的日子，早早做好了迎接親人的準備。[29]宮女們來到興慶宮的大同殿前，翹首以待著與骨肉相見的激動場面。打探消息，互相餽贈。「一日之內，人有千萬，有初到親戚便相見者，有及暮而呼喚姓第不至者，涕泣而去，歲歲如此。」[30]

這些頗具人情意味的場面，其實也是皇宮生活的一部分。在這個世界，即便冰冷的權力也不能把宮女的體溫降低到零度。

四

皇帝上班，宮女上班；皇帝加班，宮女也加班；皇帝下班，宮女還上班。皇帝睡覺，宮女不能睡。有專職宮女站在窗戶前給皇帝守夜和候曉，這個工作叫「候窗監」。[31]皇帝的大事不需要宮女操心，但皇帝的小事一點也離不開宮女。皇帝的吃喝拉撒都在宮女的職責之內。各種瑣碎的事務性工作組成了宮女的日常生活。要給皇帝準備好各種需要的東西。皇帝寫字用的「花箋」，事先要疊好放在案几上，還要把「繡坐」在桌子跟前擱好。還要在紅燭旁邊放好官員寫好的各種詔書草稿，等待皇帝晚上審閱和裁決，因為第二天早晨就要宣旨。[32]

對於那些粗通文墨或略具文字功底的宮女，皇帝往往會讓她們來自己身邊做一些文案工作。不過一般情況下，宮女識字多少有些犯忌。因為人們有一種印象，有文化的宮女往往會借助接近皇帝之便，擾亂朝綱，干預朝政。五代時，一件略帶搞笑色彩的判案狀子說的就是這種可能。《判小朝官郭延鈞進識字女子》云：「進來便是宮人，狀內猶言女子。應見容止可觀，遂令始制文字。更遣阿母教招，恨不太真相似。且圖親近官家，直向內廷求事。」[33]在這種判決詞中，識字宮女竟然變成了一個類似楊貴妃式的的預謀顛覆朝廷的野心勃勃的邪惡女子。紅顏禍水加上文化有罪，便成了這位荒唐法官的堂皇理由。

26 〔唐〕王建，〈宮詞一百首〉，《全唐詩》，卷三〇二。
27 〔後蜀〕花蕊夫人，〈宮詞〉。
28 〔後蜀〕花蕊夫人，〈宮詞〉。
29 李永祜主編，《奩史選注》，第174～175頁。
30 〔南唐〕尉遲偓，《中朝故事》，卷上。
31 〔清〕孟彬，《十國宮詞》，《香豔叢書》，上冊，人民中國出版社，1998年，第178頁。
32 〔唐〕王建，〈宮詞一百首〉。
33 〔後蜀〕何光遠，〈戲判作〉，《鑑誡錄》，卷六。

儘管宮女普遍文化水準不高（在這點上，宮女和宮妓是一個鮮明對照），但似乎並不妨礙她們廣泛參與各種大場面。一般說來，皇帝走哪兒，哪兒就有宮女。國務活動中，大凡皇帝出巡，視察農業，臘月在金門舉行的土牛儀式，宮女都要伴隨左右，隨時服侍。外交禮儀，也有宮女在場。閻立本的《步輦圖》畫的是唐太宗坐步輦接見吐蕃使者的場景。現場有宮女九人，分列前後左右。至於殿試這種隆重場面，更是少不了宮女們的婀娜身影。皇帝在大明宮延英殿舉行殿試，宮女們先要將士子們考試用的筆墨和紙張，分別放在不同的床桌上，然後負責將身穿綠衣的應試者（八品以下官員服色為綠）一個一個引入殿堂。等天子親自出題考試時，宮女們要及時為天子送上茶水和飲料。[34]

如果皇帝在延英殿召見百官，宮女們則負責引領官員入朝。「出內宣命，采御參隨視朝」[35]，對於宮女們不是一件陌生的工作。按照規定，三省六部等政府重要職能決策部門，夜間都必須安排人值班，以便隨時聽候皇上的垂詢和召見，以及處理突發事件。照顧好值班官員，端茶、點燈、送行，也都是宮女的職責所在。韓偓做翰林學士時，「常視草金鑾內殿，深夜方還翰苑。當時皆宮妓秉燭炬以送」他全都珍藏起來。一來二去，竟然在家裡收藏了宮女相贈的「殘龍鳳燭、金縷紅巾百餘條」，多少年後，他兒子偶然發現「蠟燭尚新，巾香猶郁」[36]。

但最重要的是要做好早朝準備。唐朝的工作日期是五天一休。除了某些節日、慶典、葬禮、喪期或天氣等原因，當然也除了皇帝個人的懶惰、昏庸、荒政等原因，一般情況下，都要上早朝。

寢殿門前不但栽有鮮花，還種有許多藥樹，二者相間，別有雅緻。皇上還沒有起床，窗簾就捲起來了，而且還下令宮女們做好上朝的準備。[37]因為天子臨朝上殿，都需要宮女前行引導和左右扶持。另外，百官上朝，也需要宮女的儀仗。「唐使兩省宮人對立，謂之『蛾眉班』。」[38]

這些準備具體有：宮女先要熏香，給皇帝穿衣，再從皇上手裡取來鑰匙，打開殿門。這時朝陽把金鑾殿照得明晃晃的，就像一座「黃金屋」。[39]宮女們接下來要做的事情是，把金鑾殿打掃乾淨，大門打開，放好團扇。

奉帚平明金殿開，且將團扇暫裴回。

玉顏不及寒鴉色，猶帶昭陽日影來。[40]

在中興殿值班的宮女則要按慣例點上「一炷天香」，然後，把門簾捲上去。這個時候，她們就會看見身穿著黃色龍袍的皇帝正往這邊來。[41]

皇帝下朝後，從夾城門通過內門，巡遊到苑中。每天日頭高高昇起的時候，宮女們都站在這裡，在春風中恭迎皇帝的到來。[42]

此外，雜七雜八的還有很多。有的是迎來送往的清閒活，「浴堂門外抄名入，公主家人謝面脂。」有的是雨雪天的力氣活，「東風潑火雨新休，舁盡春泥掃雪溝。」[43]所有的工作都沒有比把門更無聊的了。皇宮

34 〔唐〕王建，〈宮詞一百首〉。

35 〔唐〕李柷（哀帝），〈禁宮人擅出內門敕〉，《全唐文》，卷九四。

36 〔後周〕鄭文寶，《南唐近事》，卷二二。

37 〔後蜀〕花蕊夫人，〈宮詞〉。

38 李永祜主編，《奩史選注》，第174頁。

39 〔後蜀〕花蕊夫人，〈宮詞〉。

40 〔唐〕王昌齡，〈長信秋詞五首〉，《全唐詩》，卷一四三。

41 〔五代〕和凝，〈宮詞百首〉，《全唐詩》，卷七三五。

42 〔後蜀〕花蕊夫人，〈宮詞〉。

43 〔唐〕王建，〈宮詞一百首〉。

的宮門都有宮女把守。宮門周圍有好多樹，最多的是楊樹、柳樹、梧桐和松柏。[44]看著一排排的柳樹，宮女很想爬上柳樹，折幾枝編個花籃玩玩，但又不敢，「曾經玉輦從容處，不敢臨風折一枝。」[45]

碰上五花八門的時令節日，皇帝都要照例賜給大臣相應的禮物。「黃金合裡盛紅雪，重結香羅四出花。」宮女們這個時候要做的事情就是，在每個盒子的旁邊一一寫上「敕」字，然後再讓中官送到大臣家裡。[46]在大臣跪拜之後，才能拆開寫有「敕」字的封紙。[47]有時，宮女也會裹上頭巾，以「裹頭內人」[48]的身分充當使者，或向王公大臣傳達皇帝指示，或向外國使節送交皇帝禮品。

五

一切為皇帝服務，是宮女的最高宗旨。皇帝的喜好，也是宮中時尚的風向標。

皇帝喜歡品茶，有白藤花，有白銀花，從正殿到寢殿，宮女隨時隨地要準備好皇帝喜愛的茶葉，「每來隨駕使煎茶。」[49]皇帝心血來潮地要在半夜出去玩，宮女便要趕緊準備好各種相應的工具。

暮色蒼茫，宮女牽著驄馬走出樹林，皇帝從宮外遊獵歸來。這次皇上很高興，因為射到了一隻山雞。[50]伴隨皇帝到宮城上巡遊，從東到西走到「百子樓」。回頭遙望苑中，關不住的滿園春色盡收眼底，花紅柳綠，波光雲影，生機盎然。[51]

有時候，遇到貪玩的皇帝，宮女們也只能自認倒楣。按照皇宮的作息慣例，中午都要午休。這天宮女正午睡得好好的，突然從夢中驚醒。她聽到了一陣嘩啦啦的聲音從房頂傳來，好像是鴛鴦瓦碎了。她慌忙出門察看，一眼看到了海棠花下站著的皇帝。原來是童心未泯的皇帝正在用彈弓打流鶯。結果被打中的流鶯連同「金彈子」一塊掉到了宮女們的房頂上，搞出了這麼大的動靜。[52]當然，打彈弓不是皇帝的專利，淘氣的宮女也喜歡。

侍女爭揮玉彈弓，金丸飛入亂花中。
一時驚起流鶯散，踏落殘花滿地紅。[53]

千方百計地取悅皇帝，是宮女的首要任務。侍奉皇帝的宮女，必須機敏聰慧，口詞伶俐。尋找一切機會讓天子開心。

香雲雙颭玉蟬輕，侍從君王苑裡行。
嘉瑞忽逢連理木，一時跪拜賀文明。[54]

為了吸引皇帝的注意，宮女們甚至在給皇帝的點心盤子裡打主意。

暖金盤裡點酥山，擬望君王子細看。

44 〔後蜀〕花蕊夫人，〈宮詞〉。
45 〔唐〕王涯，〈宮詞三十首〉，《全唐詩》，卷三四六。
46 〔後蜀〕花蕊夫人，〈宮詞〉。
47 〔五代〕和凝，〈宮詞百首〉。
48 李永祜主編，《奩史選注》，第174頁。
49 〔後蜀〕花蕊夫人，〈宮詞〉。
50 〔後蜀〕花蕊夫人，〈宮詞〉。
51 〔後蜀〕花蕊夫人，〈宮詞〉。
52 〔唐〕王建，〈宮詞一百首〉。
53 〔後蜀〕花蕊夫人，〈宮詞〉。
54 〔五代〕和凝，〈宮詞百首〉。

更向眉中分曉黛，岩邊染出碧琅玕。[55]

沒人能摸清皇帝的心思，所以宮女們常常受到皇帝的責罰。當然，有些責罰也可以被巧妙化解。武宗有次「怒一宮嬪，久之既而復召」，就對柳公權說，「如果你能給她寫首詩，我便饒了她。」柳公權看見皇帝辦公桌上有幾十張精美蜀箋，扯過一張，「略不佇思，而成一絕。」

不分前時忤主恩，已甘寂寞守長門。
今朝卻得君王顧，重入椒房拭淚痕。

武宗很開心，「令宮人拜謝之。」[56]

宮女每天要在不同時段，化不同的妝。早上起來要化「曉妝」，然後跟隨皇帝四處走走看看。一位有個性的宮女畫上自己喜歡的「梳洗樣」，也不管一起的女伴怎麼埋怨自己。[57]因為她心裡明白，妃嬪數千，宮女數萬，佳麗如雲的後宮世界，對任何一個意志薄弱的皇帝，都難免造成審美疲勞。所以，吸引皇帝眼球的難度相當之高。宮女們絞盡腦汁，想盡各種辦法的試圖引起宮裡唯一的男人——皇帝的注意。春天來了，宮女頭插翠雲釵，腳穿「雲頭踏殿鞋」。為了能增加一份回頭率，讓皇帝多看自己一眼，爭搶著跑來扶著龍輦走下台階。[58]

宮女們都喜歡「螺髻」、濃眉，還有斜插金釵的樣式。因為這是皇帝喜歡的髮型和妝梳。她們手拿「縷金團扇」，心裡想對皇上表白心意，卻又不知從何說起，只好低頭裝著朗誦婕妤的詩。宮女們相互攀比，爭奇鬥豔，盡量在自己頭上和臉上搞出些新奇的花樣，「結金冠子學梳蟬，碾玉蜻蜓綴鬢偏。」皇帝睡著了，寢殿靜寂無聲，無事可做，宮女們就閒散地站在香爐跟前點香取樂。[59]

在皇帝的娛樂項目中，太液池、龍池、龍首池是一個核心景點。許多場面都是圍繞水池展開的。池邊居住有漁家，每天都要到水上捕魚，向宮中提供大量的新鮮大鯉魚。池邊還有一些高層建築，有的亭子高達百尺，上面設有寬大的龍床，床上立有六扇翠屏，翠屏上畫有鮮豔的紅牡丹。皇上非常喜歡到這裡，觀賞風景。池邊的亭台樓閣，金碧輝煌，捲上珠簾，就能聽到窗外的陣陣蟬鳴。皇帝中午就在這裡休息，看到皇帝自己在「搖紈扇」，宮女爭著來玉座前給皇上搧風。春天，玄宗在興慶宮龍池舉行宴會，岸邊有一座叫做「流杯」的亭子。亭子裡用「沉檀」木雕刻著一對神仙天女，「對捧金尊水上來。」海棠花開的季節，皇上娛樂的御筵常常在華麗的樓船上進行。繞岸結成的紅錦帳，綿延不絕，在船上，伸手就能夠到岸邊的樹枝。

皇帝乘船遊玩的時候，船上要放上龍床，身邊的宮女也要打扮成神仙的模樣。宮女們坐在船邊畫眉塗脣，等到上岸的時候，滿池春水都被胭脂染紅了。皇帝坐在彩船上釣魚的時候，魚兒爭著往龍鉤上跳，宮女在身旁手捧金盤，緊緊摟著，「撥刺紅鱗躍未休」生怕活蹦亂跳的魚兒從盤子裡再跳下來。

皇上的御輦每次從辦公的宮城出來，宮女們都紛紛簇擁在池邊，笑臉相迎，宛若百花。皇帝坐上船頭雕刻有兩隻飛鶴的船，在千姿百態的嬌嫩荷花裡，慢慢穿行，陣陣香風逐水而來。這天，皇后半夜要坐船到池中遊玩，「水門」插著一行行的紅蠟。皇上這時正在宮中飲酒，聽說皇后在這裡玩，就派宮女來「池頭」

55 〔五代〕和凝，〈宮詞百首〉。
56 〔五代〕王定保，〈敏捷〉，《唐摭言》，卷十三。
57 〔後蜀〕花蕊夫人，〈宮詞〉。
58 〔唐〕王涯，〈宮詞三十首〉。
59 〔五代〕和凝，〈宮詞百首〉。

採摘鮮花。[60]

皇帝夏日來到池邊的沉香亭，宮女們在玉盆盛上淨水，並將「銀瓜」切好。[61]一個宮女手裡拿的扇子很特殊，長長的扇柄上有黃金白玉，青色的扇面上畫有栩栩如生的鴛鴦。宮女就是用這把樣式不新的扇子，來為皇帝提供「微風到御床」的舒適享受。[62]

興慶宮的龍池，建有一座水殿，類似於現在的室內游泳池[63]。裡面可以戲水，也可以休息，四周還設有欄杆，供宮女們觀賞，同時也是方便宮女們的服務，可以隨叫隨到。五月五日，玄宗與妃子們在水殿中消暑和戲水。玩夠了，玄宗就讓楊貴妃陪他午睡。玄宗在綃帳中摟著貴妃，對憑欄倚檻的宮女們說，「你們喜歡看我們男女二人在水中折騰，不如看我們做被子底下的鴛鴦。」[64]

皇宮夏天降溫的方式很有效，在御座旁邊，有幾個碩大的「金盤」，盤子裡堆滿了冰塊，像座小小冰山。整個大殿散發著五月的寒氣，一片超凡脫俗、一塵不染的氣氛。[65]

為了消暑，皇帝還會別出心裁地命人製造出一些下雨的氣氛。人們在宮中裝好水車，用水車帶動，引水上房。水從寢殿的房簷上嘩嘩地流下來，滴到地面上，發出悅耳的水珠聲響。一種難得的涼爽油然而生。「助得聖人高枕興，夜涼長作遠灘聲。」[66]

太液池中有千葉白蓮，仲秋之際，皇帝常在此夜宴觀賞。[67]蓬萊島上，最近新建造了一所重光殿，島上的所有亭台樓閣也都全部經過一番改造。新配置了黃金閣、鎖牙床等。這都是為皇上準備的。皇上乘坐的畫船驚起一對一對睡在池邊的鴛鴦。聽說皇上馬上回來了，一個宮女來不及到池邊迎駕，就趕忙抄近路到建章宮迎接。[68]

宮女們要隨時注意季節和節氣的微妙變化，如果「夜來霜墜梧桐葉」，清早就要及時給皇上換上厚實一點的衣服。如果「真珠簾外雪花飛」，就要準備好有著檀香味的木炭和火爐，還要預備好一些溫酒。[69]如果皇帝在「不夜珠樓」玩了一宿，天亮時，「袍褲宮人」做好迎駕準備。

有時皇帝冬夜在內殿加班，有點餓了，「令宮人於火爐中煨栗子，俄有數栗爆出，燒損繡褥子。」[70]其實，皇宮的取暖設施有些是很先進的。密室有一種「紅泥地火爐」，就像巨大的電熱毯，整個地面都是熱乎乎的，室外寒氣逼人，室內溫暖如春。這時晚上，皇帝要到「池頭」過夜，傳呼宮女前來服侍，這裡的密室比起后妃的「椒房」要暖和得多。[71]

60 上述文來源於〔後蜀〕花蕊夫人，〈宮詞〉。
61 〔後蜀〕花蕊夫人，〈宮詞〉。
62 〔唐〕王建，〈宮詞一百首〉。
63 中國最早的室內游泳池始於東漢靈帝。「靈帝盛夏避暑於裸泳館，長夜飲，帝嗟曰：『使萬歲如此，則上仙也。』宮人年二七以上，三六以下，皆靚妝解其上衣，惟著內服，或共裸泳。」（〔東晉〕王嘉，《拾遺記》，《香豔叢書》，中冊，人民中國出版社，1998年，第1607頁）
64 〔五代〕王仁裕，〈被底鴛鴦〉，《開元天寶遺事》，卷三。
65 〔後蜀〕花蕊夫人，〈宮詞〉。
66 〔後蜀〕花蕊夫人，〈宮詞〉。
67 〔五代〕王仁裕，〈解語花〉，《開元天寶遺事》，卷三。
68 〔後蜀〕花蕊夫人，〈宮詞〉。
69 〔五代〕和凝，〈宮詞百首〉。
70 〔後蜀〕何光遠，〈容易格〉，《鑑誡錄》，卷五。
71 〔後蜀〕花蕊夫人，〈宮詞〉。

七

夜裡值班的宮女要負責報時。如果漏報或錯報，都要被追究責任。[72]不過，即便值班，也比白天更有情趣。所謂「夜開金殿看星河」，就是說，夜間無事，值班的宮女就無聊得數星星打發時間。月中的嫦娥，禁中的宮娥，都很寂寞。只能在想像中相互解悶。時間長了，宮女們甚至感覺自己渾似在月宮中值班一樣，清冷而孤寂，她們不禁吟出「宮女知更月明裡」[73]，聊以自慰。不過碰上雨天，或許會別有情致。一個名喚春雲的宮女就描述過這樣一個場景。宮女們睡覺時，一般都點著燈。這大概是為了方便有關人員的巡查。燈是紅燈。所謂紅燈，可能是燈上面有個紅罩，類似小巧的紅燈籠；也可能是紅蠟燭。春雲似乎是個貪睡的女孩。她正在熟睡中，被一起值班的同伴喊醒了。「三更了，該直宿了。」兩人來到院子裡，發現剛下過一場不大不小的雨。地面的瓷磚濕漉漉的，很滑，兩人不得不用手撩起裙子，小心翼翼地走著，避免將漂亮的隱花裙濺上水珠和泥點。[74]

月色朦朧，波瀾不驚。一池清水寂然無聲。在一個妃子的寢殿，宮女們高度緊張。因為她們服侍的女主人在今夜要迎接皇上的第一次寵幸。一切都要事先準備好。整個房間收拾得像個喜慶的新房。粉紅色的牆壁上綴滿了閃爍著五顏六色的寶石，華麗的幃帳上鏽著一隻張牙舞爪的金龍，巨大的幃帳一直拖到地上，把整個床嚴嚴實實地掩蓋起來。床下的「紅獸」（小火爐）和「鳳爐」（小香爐）都要一一擺好。床上的畫屏更要一絲不苟地擺好。等到皇上和寵妃沉沉睡去，宮女們才算是鬆了口氣。站在帳前隨時聽候呼喚的宮女低聲說道，皇上現在恐怕夢見了夏代的傅岩。說著不禁掩口一笑。香氣繚繞的寢殿讓人昏昏欲睡，但宮女們卻不敢絲毫大意。她們看著涼月西下，知道天色已深。她們悄聲商量：趁著現在沒事，一塊上樓去看天上的老人星。如果有事，再趕緊下來。[75]

這又是一個皎潔的月夜，萬籟俱寂。一位寂寞的宮女百無聊賴。她孤獨地徘徊於庭院之中。她的「媚眼」

一直盯著雙飛雙宿的燕子。或許她想到了自己的處境和身世。這讓她倍感惆悵。夜深了，她感到有些涼，回到屋裡。夜不能寐的她就著燈光，拔下玉釵，「剔開紅焰」，使一隻撲火飛蛾倖免於難。[76]

這還是一個清涼的月夜，一位更加寂寞的妃子，獨守空房。綠色紗窗掩映著她的孑孑獨影。今晚皇上沒來她這裡過夜。這位寂寞難耐的妃子就和身邊侍女一道展開了一場「偷尋阿鵠湯」的祕密行動。[77]在後宮，妃子們的任何活動都不可能瞞著宮女，都需要宮女的配合和協助。

這依然是一個難得的月夜，皇帝和大臣們在朝元閣興致勃勃地觀賞霓裳舞曲。夜深了，天涼了，節目還沒有結束。長時間的音樂會使得在宮中值班的宮女們深感寒氣逼人，不得不反復換班輪替。值班的宮女很多，兩兩一組，從樓上一直排到樓下。由於霧氣太重，雨露遍地，濕濕的樓梯使得宮女們上上下下很難站穩。更增加了她們心中的不安和怨氣。[78]

對有些宮女來說，她們的工作只能在夜裡幹。比如，像洗衣服。「長信宮中秋月明，昭陽殿下搗衣聲。」[79]還有像燙衣服，熏衣服。「每夜停燈熨御衣，銀熏籠底火霏霏。」做這一切都必須倍加小心，不能影

72 〔後蜀〕花蕊夫人，〈宮詞〉。
73 〔唐〕王建，〈溫泉宮行〉，《全唐詩》，卷二九八。
74 〔唐〕王建，〈宮詞一百首〉。
75 〔五代〕和凝，〈宮詞百首〉。
76 〔唐〕張祜，〈贈內人〉，《全唐詩》，卷五一一。
77 〔唐〕張祜，〈阿鵠湯〉，《全唐詩》，卷五一一。
78 〔唐〕王建，〈霓裳詞十首〉，《全唐詩》，卷三〇一。
79 〔唐〕王昌齡，〈長信秋詞五首〉。

響皇上睡覺。「遙聽帳裡君王覺，上直鐘聲始得歸。」[80]看來工作量不小，直到晨鐘響起，才拖著沉重的步伐回房休息。

點著香燭，在搖曳的燭光下，把皇上的衣服熏好，夜已經很深了。回到自己的寢室，困頓至極的宮女倒頭便睡，也不管紅色的幃帳整理好了沒有，很快就進入了沉沉的夢鄉。[81]

八

一個宮女坐在台階上，靜靜地看著天上一抹如洗的銀河，對人間，對自己，對未來，充滿了無窮的憧憬和嚮往。畫屏凝冷，紅燭搖曳。她手持小扇，撲捉眼前飛來飛去的流螢。累了，就坐在清涼如水的台階上，仰臉看著天上的牽牛星和織女星。[82]這夜，她獨自坐了很久，也看了很久。

寶瑟淒鏘夜漏餘，玉階閒坐對蟾蜍。
秋光寂歷銀河轉，已見宮花露滴疏。[83]

有個負責在夜裡照看蠟燭的宮女，多情而敏感，夜空的寒星與宮殿的夜光簾交相輝映，也能誘發她的內心思緒。荳蔻年華的她，情竇初開。渴望愛情到了著迷的程度。以致看到「龍樓露著鴛鴦瓦」，也想靠近「螭頭」給自己抽上一籤，預測自己的婚姻大事；看見蓮池的一汪春水，眼中竟然也能變幻出「小魚雙併錦鱗行」[84]的恩恩愛愛；瞧見成雙成對地頻頻出沒於池邊丹霞亭、曲沼門的鴛鴦，更是對它們在岸邊的淺沙上留下的結伴成行的愛情足跡讚歎不已。[85]

這裡有幾個小故事，[86]有喜有悲，可以看出宮女追求愛情時的無限創意，以及忍受命運之神的無窮煩惱。

開元年間，按照慣例，皇帝要在冬季賞賜給邊防軍人一些「纊衣」，以示皇恩浩蕩。這批棉衣都是在宮中由宮女製作。做軍服的時間往往都在季秋。

高殿秋砧響夜闌，霜深猶憶御衣寒。
銀燈青瑣裁縫歇，還向金城明主看。[87]

一位宮女在做棉衣的時候，忽發奇想，就寫了一首愛意綿綿的情詩，藏在棉袍中。

沙場征戍客，寒苦若為眠。
戰袍經手作，知落阿誰邊？
畜意多添線，含情更著綿。
今生已過也，重結後身緣。[88]

詩歌樸素而感人，這位多情的宮女說：不知道我親手縫製的戰袍會穿在哪位士兵身上。但不管誰穿著我做的棉衣，都能感覺到我的深情厚意。正因為這樣，我就情不自禁地會將戰袍縫製得更厚實，更暖和。

---

80 〔唐〕王建，〈宮詞一百首〉。

81 〔後蜀〕花蕊夫人，〈宮詞〉。

82 〔唐〕杜牧，〈秋夕〉，《全唐詩》，卷五二四。我覺得這首詩可能是從沈佺期的〈相和歌辭．長門怨〉變化而來。「月皎風泠泠，長門次掖庭。玉階聞墜葉，羅幌見飛螢。清露凝珠綴，流塵下翠屏。妾心君未察，愁嘆劇繁星。」（收錄：《全唐詩》，卷二〇）扇子，流螢，台階，畫屏，星空，宮女。這一系列相同的意象足以證明二者的深刻相關性。

83 〔五代〕和凝，〈宮詞百首〉。

84 〔五代〕和凝，〈宮詞百首〉。

85 〔後蜀〕花蕊夫人，〈宮詞〉。

86 〔唐〕孟棨，〈情感〉，《本事詩》。

87 〔唐〕王昌齡，〈長信秋詞五首〉。

88 〔唐〕開元宮人，〈袍中詩〉，《全唐詩》，卷七九七。

這雖然不能讓我們今生相愛，但卻能夠讓我們來世結緣。

一位士兵在短袍的口袋裡發現了這首詩，就交給了將軍。將軍又交給了皇帝。玄宗把詩在六宮中傳示一遍，要求把這首詩的作者找出來，並保證絕不降罪。這個宮女就站出來承認是自己寫的。玄宗深為感動，當即表態，「我今天成全你這份曠世奇緣。」便作主把宮女嫁給了這位邊防士兵。天子的賜婚在邊防軍人中引起強烈反應，他們無不感激涕零。

一個相同的故事發生在僖宗時。朝廷向戍邊部隊送去了數千領棉袍，「賜塞外吏士。」神策軍馬真在棉大衣中發現了一把金鎖和兩首詩。

玉燭製袍夜，金刀呵手裁。
鎖寄千里客，鎖心終不開。

馬真把金鎖拿到市場上賣，為人告發。主將把宮女這首詩奏報朝廷。「僖宗令赴闕，以宮人妻真。」後來僖宗逃蜀，「真晝夜不鮮衣，前後捍禦。」[89]

如果說結緣邊疆是遠在天邊，那麼生情深宮就是近在眼前了。

詩人顧況在洛陽時，有一次和三位詩友來到皇宮後面的東都苑中遊玩。宮苑規模很大，洛水自西而東流經苑中，在洛水兩旁分布有很多宮殿。在苑中的東北部則是一處最大的上陽宮。自北而南的谷水從上陽宮流過。他們漫步於谷水河邊，一邊欣賞美景，一邊大發詩興，不知不覺走到了上陽宮的宮牆外面。顧況突然看見穿牆而過的河渠水面上漂下來一片很大的梧桐葉，上面隱隱約約還有字跡。撈起來一看，樹葉上題詩一首。

一入深宮裡，年年不見春。
聊題一片葉，寄與有情人。[90]

對這位懷春的宮女來說，心不懷春即等於眼中無春。但深宮如囹圄，只能題詩寄情，於無望中尋覓有情人。

顧況第二天來到谷水上游，也在一片葉上題寫了一首詩，放入河中。

花落深宮鶯亦悲，上陽宮女斷腸時。
帝城不禁東流水，葉上題詩欲寄誰？[91]

顧況安慰宮女，深宮如深淵，但畢竟遮不住東流水。

過了十來天，有人到苑中尋春，又在水面上見到一片寫有詩的樹葉。就把這片樹葉拿給顧況看。

一葉題詩出禁城，誰人酬和獨含情？
自嗟不及波中葉，蕩漾乘春取次行。[92]

對於顧況的急切回應，宮女傷感地表示：我要是那河中的梧桐葉多好，那樣我們兩人春情蕩漾，攜手而行了。

這是一個浪漫而淒美的愛情故事。意料之外地發生，意料之中的結束。無疾而終的結局，令人感傷不已。

---

89 〔宋〕計敏夫，《唐詩紀事》，卷卷七八。

90 《全唐詩》卷七九七中有三首類似的詩。天寶宮人的〈題洛苑梧葉上〉：「舊寵悲秋扇，新恩寄早春。聊題一片葉，將寄接流人。」德宗宮人的〈題花葉詩〉：「一入深宮裡，無由得見春。題詩花葉上，寄與接流人。」宣宗宮人的〈題紅葉〉：「流水何太急，深宮盡日閒。慇勤謝紅葉，好去到人間。」

91 〔唐〕顧況，〈葉上題詩從苑中流出〉，《全唐詩》，卷二六七。「帝城不禁東流水」為「君恩不閉東流水」。

92 〔唐〕天寶宮人，〈又題〉，《全唐詩》，卷七九七。

春天的愛情泡沫已經破滅，但秋天的愛情果實正在墜落。近乎同樣的情節、同樣的意願，詩人于祐就比顧況幸運得多。

僖宗時，于祐在御溝也撿到一片紅葉。上有題詩：

流水何太急，深宮盡日閒。
慇勤謝紅葉，好去到人間。

于祐當即潑墨揮毫，「深宮葉上題紅怨，付與清流欲誰寄」就這樣從上游流入宮中，為宮女韓翠蘋拾到。不久僖宗釋放三千宮女，韓翠蘋也在其中。丞相韓泳就做媒嫁給了自己的幕僚于祐。在洞房，兩人無意中發現了雙方保存的紅葉，更是激動。韓翠蘋口占一絕：

一聯佳句隨流水，十載幽思滿素懷。
今日得成鸞鳳侶，方知紅葉是良媒。[93]

彷彿是為唐朝所有有過類似經歷的痴男怨女的哀嘆畫上了一個美滿的句號。[94]

但對絕大部分人來說，這種過於偶然的奇蹟根本無力抗衡那些眾多的必然性結局。它指向的是一種永遠不可能成為現實的歷史真實。一個題詩紅葉的宮女用生命詮釋了愛情的真諦。僖宗逃蜀，進士李茵在民家「見一宮娥，自云『宮中侍書家雲芳子』。有才思，與李同行詣蜀，具述宮中之事，兼曾有詩書紅葉，上流出御溝中，即此姬也。行及綿州，逢內官田大夫識之，乃曰：『書家何得在此？』逼令上馬與之前去。李甚怏悵，無可奈何，宮娥與李情愛至深，至前驛自縊而死，其魂追及李生，具道憶戀之意。」[95]這種生死相依的愛情被無情禁錮於宮中，該是多麼殘酷之事。詩人慼嘆：

洛下三分紅葉秋，二分翻作上陽愁。

千聲萬片御溝上，一片出宮何處流。[96]

皇宮對於宮女近乎愛情真空世界。愛情夢想和愛情童話就像眼前這御溝流水一樣，永遠無法打撈地流逝過去。這首詩透過展示命中注定的絕望，將「御溝」這一具體而又獨特的皇宮建築細節創造為一個極富想像的詩意符號。這一符號具有極大的視覺衝擊力，將人們對宮女的相關意象聯繫成片，並迅速擴展成為一種對所有宮女境遇和命運的整體觀照和深刻同情。

如此一來，「御溝」就在唐詩中反復出現。

柳色參差掩畫樓，曉鶯啼送滿宮愁。
年年花落無人見，空逐春泉出御溝。[97]

宮門長閉舞衣閒，略識君王鬢便斑。
卻羨落花春不管，御溝流得到人間。[98]

93 李永祜主編，《奩史選注》，第94頁。
94 據說，貞元時，進士賈全虛與宮中王才人養女鳳兒之間也是以這種方式被德宗成全美滿姻緣。（〔宋〕王銍，《補侍兒小名錄》，《香豔叢書》，上冊，第68～69頁）另外，進士盧渥也有過這種豔遇。（〔唐〕范攄，〈題紅怨〉，《雲溪友議》，卷下）
95 〔五代〕孫光憲，〈雲芳子魂事李茵〉，《北夢瑣言》，卷九。
96 〔唐〕徐凝，〈上陽紅葉〉，《全唐詩》，卷四七四。
97 〔唐〕司馬扎，〈宮怨〉，《全唐詩》，卷五九六。
98 〔唐〕李建勳，〈宮詞〉，《全唐詩》，卷七三九。

女人如水，水暗示著女人的命運。水通過御溝，從宮外流入宮中，又從宮中流出宮外。御溝作為一種絕對權力的人為建構，強力規劃著水流的整體走向。在這一精巧設計中，御溝中的水既不會如洪水氾濫成災，也不會乾枯斷水。至於作為宮女隱喻的渠水，則呈現出宮女的命運是無法改變的悲劇。詩人透過「御溝」展示出對宮女的悲情理解。顯然，「御溝」出現在文學史上，並不完全是詩人的天才創造，它首先有賴於客觀的建築結構。因為水渠穿過皇宮，是唐朝東西兩京的共同特點。特別是從渭河分支出來的龍首渠和清明渠流經長安三大宮的路線更為蜿蜒曲折。這足以誘發詩人們的豐富想像。

一水終南下，何年派作溝。
穿城初北注，過苑卻東流。
繞岸清波溢，連宮瑞氣浮。
去應涵鳳沼，來必滲龍湫。
激石珠爭碎，縈堤練不收。
照花長樂曙，泛葉建章秋。
影炫金莖表，光搖綺陌頭。
旁沾畫眉府，斜入教簫樓。
有雨難澄鏡，無萍易擲鉤。
鼓宜堯女瑟，蕩必蔡姬舟。
皋著通鳴鶴，津應接鬥牛。
迴風還瀲瀲，和月更悠悠。
淺憶觴堪泛，深思杖可投。
只懷涇合慮，不帶隴分愁。
自有朝宗樂，曾無潰穴憂。

不勞誇大漢，清渭貫神州。[99]

九

宮裡宮外的花都不一樣，正月就開了一半紅。供奉皇上的櫻桃，必須派宮女專人看守，免得烏鴉喜鵲都來園中糟蹋櫻桃。

初春，宮女們有一項任務，就是在早上到內園採摘花朵，貪玩的她竟然假傳聖旨，一直玩到黃昏。第二天皇上要到蠶市巡行，這個宮女就偷偷地讓「氈車」開到「苑門」。一場春雨剛過，綠苔濕漉漉的，池邊的紅杏也開花了。宮女摘下一枝杏花，插在金瓶裡，雙手捧著，放在皇帝的玉殿裡。

立春這天，宮女照慣例給皇帝呈上剛剛從內園摘下的紅花，當宮女們跪在玉階前把鮮花捧給皇帝的時候，上面還有晶瑩的露水。皇帝把這些鮮花都賞給了宮女們。[100]

開元末，每至春時，一早一晚，玄宗都要在宮中舉行宴會，使嬪妃轎子上插滿了豔花。[101]其實這也是一場賞花的宴會。但含苞欲放的花就是遲遲不開，焦急的宮女忍不住大老早就去花園打探了好幾回。望眼欲穿的她終於遠遠看見了御苑最新栽種的「千葉桃花」[102]迎風怒放，激動之餘，舉起袖子來回搖擺，告

99 〔唐〕吳融，〈御溝十六韻〉，《全唐詩》，卷六八五。
100 上述文來源於〔後蜀〕花蕊夫人，〈宮詞〉。
101 〔五代〕王仁裕，〈隨蝶所幸〉，《開元天寶遺事》，卷一。
102 〔五代〕王仁裕，〈助嬌花〉，《開元天寶遺事》，卷一。

知皇帝。[103]明皇便在千葉桃樹下擺開陣勢，「與貴妃日逐宴於樹下，帝曰：『不獨萱草忘憂，此花亦能銷恨』。」[104]

春天對宮女來說也是懷春的季節。她們為了能到「春風金裊萬年枝，簇白團紅爛熳時」的御苑遊玩，大家就一起向皇上求情，放她們一天假。[105]

宮娥解禊豔陽時，鷁舸蘭橈滿鳳池。
春水如藍垂柳醉，和風無力裊金絲。[106]

春光明媚，青春少女，兩向映照，呈現出最自然的美麗。

有時，宮女們也會找一些樂子。划船、對歌、釣魚，獲勝者有權力向皇帝索要最時髦的衣料和服裝。

春池日暖少風波，花裡牽船水上歌。
遙索劍南新樣錦，東宮先釣得魚多。[107]

有時，像採蓮這種工作，本身就充滿詩意。

荷葉羅裙一色裁，芙蓉向臉兩邊開。
亂入池中看不見，聞歌始覺有人來。[108]

如果碰上女伴，她們會更高興。「旋折荷花伴歌舞，夕陽斜照滿衣紅。」宮女們在採蓮時，追逐戲弄，驚起兩岸沙鷗亂飛。她們手裡握著划船的蘭棹，使勁拍水，船挨著船，相鬥中，弄濕了身上的羅衣。一個叫「阿監」的宮女在池中採菱花，牽錦纜，直到月上樹梢，「月明猶在畫船中。」[109]

宮女們最恐懼的日子恐怕就是寒食節了。這天，宮中也不能做飯。宮女們飢餓難耐地只好畫餅充饑。好容易清明節頒布新曆，取消了禁食，皇宮馬上變成了星火燎原。

司膳廚中也禁煙，春宮相對畫鞦韆。
清明節日頒新火，蠟炬星飛下九天。[110]

白天的禁食擋不住晚上的夜宴。皇宮的夜宴自然舉世無雙，奢侈無比。「魚犀月掌夜通頭，自著盤鴛錦臂韝。」這些稀奇古怪的菜譜聞所未聞，以致「多把沉檀配龍麝，宮中掌浸十香油」[111]，做菜的宮女手上都有十兩油之多。

宮宴很多，酒令也時時翻新，而且都是一些華美的詞章。新來的宮女初次侍宴，缺乏經驗，忙中出亂，竟然忘了最新的酒令。皇上傳令近臣給她筆墨，讓她到翰林院裡把所有的酒令都抄下來。[112]

昭儀夜宴時，身邊宮女就會忙開了。她們打起精神，倍加小心，手舉「玉燭」，四處巡視，記錄和檢查每人飲酒的次數。一個宮女因為認字被指定為「錄事」，但卻不小心出了點紕漏，不敢聲張，瞞混過去。[113]

103 〔後蜀〕花蕊夫人，〈宮詞〉。
104 〔五代〕王仁裕，〈銷恨花〉，《開元天寶遺事》，卷一。
105 〔五代〕和凝，〈宮詞百首〉。
106 〔五代〕和凝，〈宮詞百首〉。
107 〔唐〕王建，〈宮詞一百首〉。
108 〔唐〕王昌齡，〈採蓮曲二首〉，《全唐詩》，卷一四三。
109 〔後蜀〕花蕊夫人，〈宮詞〉。
110 〔五代〕和凝，〈宮詞百首〉。
111 〔五代〕和凝，〈宮詞百首〉。
112 〔後蜀〕花蕊夫人，〈宮詞〉。
113 〔後蜀〕花蕊夫人，〈宮詞〉。

當然，開心的事情也有。因為皇帝往往會慷慨地扔給侍宴的宮女大把的賞錢。「長說承天門上宴，百官樓下拾金錢。」[114]

十

冬去春來。

春天，鳥語花香，整個宮殿香氣撲鼻。為了從樹上取來「黃金粉」，宮女們身穿深紅色的裙子，繞樹而立，站滿了一大片樹林。[115]

所有的宮女都來到花園，立刻笑語連連。不論撲蝶，還是採花，童心未泯的宮女們只顧自己玩，顧不上搭理別人。[116]

有人看桃花。一個宮女可能有黛玉情結，喜歡尋花、葬花。這天，她來到桃花樹下，尋覓落葉，「樹頭樹底覓殘紅，一片西飛一片東。」[117]

有人看櫻桃。三月櫻桃剛熟，宮女紛紛都來花園看櫻桃樹上的紅花。同時，她們還拿出隨身攜帶的彈弓，裝好「黃金彈」，蹲下身子，藏在樹後，瞄準鳥雀，伺機發射。[118]

有人看牡丹。苑中的牡丹都是「藩方」進貢來的。還沒有等到「末春」，牡丹就早早盛開了，這是因為宮苑地氣溫暖的緣故。宮女們興奮地歡呼，各種顏色的牡丹一起盛開的美景，讓宮女們喜不自勝，歡喜雀躍。[119]

有人看石榴。天真爛漫的宮女在石榴園捉迷藏，不時傳來一陣陣笑聲。玩得太瘋了，有的宮女頭上的金釵掉了都不知曉。拾到金釵的宮女死活要她用錢來贖，否則不還給她。一個有點貪小便宜的宮女無意中揀到了一個稀罕的小玩意。她害怕別人看見，就走得遠遠的，等人都走光了，再從自己袖子裡拿出「郁金芽」。[120]

春天讓人心裡發癢。有的宮女儘管被看管得很嚴，也忍不住偷跑出來玩。一個新來的小宮女叫「阿監」，還不知道怎麼來好好打扮自己，她頭上裹著羅巾，頭髮也沒梳好，就到處亂跑，但她那潔白無瑕、姣美如花的臉頰仍然不可掩飾地透露出清水出芙蓉的天然美麗。她是皇后身邊的侍女，皇后對她管教很嚴，禁止她到外面採花撲蝶，也不讓她隨便到花船上玩。[121]

御溝春水清澈碧綠，宮女進入內園尋花。香汗漸漸濕透了宮女的薄薄衣衫，她也有點睏了，就呼喚同伴到岸邊洗洗頭上的花鈿，使自己變得清醒一些。[122]

春天是玩的季節。下班回到寢殿，宮女們開始卸裝，取下頭上的玉簪，恢復成了一個個天真爛漫的無邪少女。她們紛紛來到花圃摘取嬌豔欲滴的花朵，插到自己頭上，費了半天勁，也沒能在花叢中捕捉到一隻蝴蝶，只好回到窗明几淨的房間擺弄繡花針。[123]

114 〔唐〕張祜，〈退宮人二首〉。
115 〔唐〕王涯，〈宮詞三十首〉。
116 〔唐〕王建，〈宮詞一百首〉。
117 〔唐〕王建，〈宮詞一百首〉。
118 〔後蜀〕花蕊夫人，〈宮詞〉。
119 〔後蜀〕花蕊夫人，〈宮詞〉。
120 〔唐〕王建，〈宮詞一百首〉。
121 〔後蜀〕花蕊夫人，〈宮詞〉。
122 〔後蜀〕花蕊夫人，〈宮詞〉。
123 〔五代〕和凝，〈宮詞百首〉。

春光惹人醉，有些少不更事的糊塗宮女竟然變得像桃花源人，不知今昔何年，只得來到宮殿的台階下尋找堯蓂來數。因為這種草是十五天一開。這可以幫助宮女回憶起今天是什麼日子。[124]

更有甚者，長時間的半封閉性生活環境，使得宮女們對外界世界的瞭解完全成為空白。她們對外面社會已經沒有一些最基本的概念了。這天，宮女們像往常一樣很早就起床了，她們相互開心地打著招呼。這時她們發現台階前掃地的清潔工人很陌生，好像是剛從外面來的。她們爭搶著給掃地工人手裡塞錢，想讓掃地工人告訴她們皇宮外面的世界怎麼樣，有沒有宮中這麼漂亮的房子。[125]

春去夏來。

大明宮的晨鐘敲響，每個院子的紗窗都被像是被剛剛從海面上升起的一抹朝陽染紅的一樣，宮女們匆匆放下胭脂盒，拉開窗簾。[126]如果不用上班，她們就用胭脂「夾臉」，搞成一個醉妝。[127]

風和日麗，宮女們在迎風殿裡，聽到蟬鳴，情不自禁地聞蟬起舞。[128]

釣魚亭周圍都是的嫩香的荷葉，水面上文魚成群結隊，場面壯觀。宮女都來池邊觀看，笑語喧嘩，這時不遠處的房子裡有人大聲呼喊叫宮女們不要嗓門太高。

一個愛美的宮女偷偷折了鮮花插在頭上，沿著河邊走，不料被一個內監遠遠瞧見，機智的宮女連忙裝著用紅豆打黃鶯，掩飾自己。

夏天，宮女們身上穿的半透明的「薄羅衫子」，都能看見潔白的肌膚。許多人都百無聊賴，無所事事，有心的宮女卻找到一個有風有水的清涼去處，靜靜地讀書。水面上有荷花，有浮萍，鯉魚接二連三地躍出出面，微風襲來，荇草搖盪，水波橫生。這景緻在宮女眼裡，「恰似金梭攛碧沼」正好可以用來題寫「幽恨」與「閨情」。

當然，有的宮女很誇張。一個俊俏的宮女，身著羅衫，腰繫玉帶，頭上「斜插銀篦」，裹頭也是隨便地一包。她閒來無事，騎著皇帝的御馬，在宮中揮鞭疾馳，有點示威性的「橫過小紅樓」[129]。唐初，宮女騎馬要「全身障蔽」，包裹嚴實。高宗時，開始「帷帽施裙」，露出脖子。到了開元，「宮人馬上始著胡帽，靚妝露面。」[130]

夏天，一個宮女可能得了病，一個藥童在午飯後送來「雲漿」。天氣悶熱，寬敞的高殿一絲風也沒有，扇子扇出來的都是熱氣。值班的宮女每到中午頭都是汗津津的，不得不反復把鬢角的烏髮往耳朵後面撩一撩，然後再「衩衣騎馬繞宮廊」[131]。

休閒的時候，宮女們的模樣很動人。「紅羅窗裡繡偏慵，嚲袖閒隈碧玉籠。」不光懶慵，有時簡直就是放蕩不羈。頭上是秀髮蓬鬆，「雲鬟閒墜鳳犀簪」；身上是羅裙半退，「鴛錦蟬羅撒麝臍」。狻猊散發出來的香氣，瀰漫於整個房間。紅酥點心堆得如小山般高。雖然日頭還未西下，但宮女們就已經急不可耐地捲上了珠簾。銀泥殿裡遍插紅燭，光明透徹，宮女們陪著皇帝一塊玩「火珠」的遊戲。[132]

烈日炎炎，宮女們連平時最愛玩的擲盧遊戲也不摸了，都到井邊戲水，並在乾燥的地面噴水塗鴉，畫出各種小雞小鳥。也不管主管怎麼扯著嗓子喊，就是裝著聽不見，直到把「滕王蛺蝶圖」拓下來。

---

124 〔五代〕和凝，〈宮詞百首〉。
125 〔唐〕王建，〈宮詞一百首〉。
126 〔後蜀〕花蕊夫人，〈宮詞〉。
127 李永祜主編，《奩史選注》，第764頁。
128 〔唐〕王涯，〈宮詞三十首〉。
129 上述文來源於〔後蜀〕花蕊夫人，〈宮詞〉。
130 〔唐〕劉肅，《大唐新語》，卷十。
131 〔唐〕王建，〈宮詞一百首〉。
132 〔五代〕和凝，〈宮詞百首〉。

到了夜裡，更是悶熱的難受。這時候，宮裡的一些先進的降溫設施和裝置就派上了用場。所謂「風簾水閣壓芙蓉，四面鉤欄在水中」，像是一個安裝在水面上的移動性亭子，和船有點類似，但能根據需要固定在水中。它高高聳立，有門窗，四面透風，很涼爽，故稱「水閣」。它利用寬闊的水面，製造出一種天然的空調效果，以至於宮女們夏夜都不願意回房睡覺，只想躺在水閣乘涼，她們看著入水的夜空和皎潔的銀河，想像著織女此時那種紅妝素裹的驚豔美麗。「避熱不歸金殿宿，秋河織女夜妝紅。」[133]

夜深人靜，宮女們來到池邊的花叢中捉迷藏。一個調皮的宮女靈機一動，藏到了一個仙洞裡，搞得大家尋覓不著，急得發慌。[134]

夏天過去了，梧桐葉也快落了，一個細心的宮女因為怕冷，就早早著手做了一件繡花的小棉襖。[135]

夏去秋來。

百尺高的樓梯如同天梯，宮女登上仙梯，倚在闌邊，恍若置身雲端，紛紛往下拋擲金錢。「風來競看銅烏轉，遙指朱杆在半天。」大明宮就在腳下，玉樓瓊閣，金殿銀階，一片光明。宮女們這時似乎聽到了遠處碧空傳來的天樂。[136]

高聳入雲的玉樓，風聲送來陣陣笙歌，那是宮女們的開懷大笑。成千上萬間房子的水晶簾，下垂觸地，恍惚看去，連成一片，如同銀河。[137]

一位宮女進來喜歡上了釣魚。她慢慢地細心地捲好紅色的衣袖，露出纖纖十指，握住魚竿在水池旁耐心地等著魚兒上鉤。由於太著迷，有時天氣冷了，還忍不住要去釣魚。可是魚竿卻常常被別人順手拿走。於是，她就上釣魚船上玩。由於貪玩，天黑了都不知道，清冷的水面已經沒人了，宮女有點發慌，趕緊在船上掛上彩帆，急急忙忙趕回來，一陣急風從水門前吹過，更增加了些許惶恐。

秋天傍晚，一個天真爛漫的宮女沿著太液池的岸邊玩，她看見了蜻蜓，就撩起衣袖捕捉，偶爾回首，卻瞥見宮中在喚她回去，「幾度藏身入畫屏。」[138]這個畫屏其實就是池邊的畫廊。後唐宮女用網罟俘獲蜻蜓之後，「愛其翠薄，遂以描金筆涂翅，作小折枝花子，金線籠貯養之。爾後上元賣花者取象為之，售於游女。」[139]

秋夜，銀瓶瀉水般的星空，剔透玲瓏，快要上班了。宮女們早早梳妝打扮成「朝妝」的模樣，紅燭的火焰把牆壁都染成粉色了。走出房間，宮女們看到黃花瓦上覆蓋的一層新霜，立刻條件反射般的感覺到自己衣服上的玉石珠翠太多了，竟然弄得身上發冷。[140]

雨水飄進大殿，整個殿裡都是涼颼颼的，剛剛做好的「玉盆湯」也難以「避風」。宮女已經明顯感覺到了身上穿的秋衣有點單薄了，不停地在熏籠裡換上好香。[141]

秋去冬來。

五更時分，宮女就要起床。寒風讓人感覺到了陣陣涼意。她看見香燭快燒完了。想要捲起珠簾，卻驚異地發現上面沾滿了一層厚厚的雪花。於是她就點上紅燭，親自上樓查看情況，[142]以便為上朝做好準備。

133（唐）王建，〈宮詞一百首〉。
134（後蜀）花蕊夫人，〈宮詞〉。
135（後蜀）花蕊夫人，〈宮詞〉。
136（唐）王涯，〈宮詞三十首〉。
137（唐）馬逢，〈宮詞二首〉，《全唐詩》，卷七七二。
138（後蜀）花蕊夫人，〈宮詞〉。
139（北宋）陶谷，《清異錄》，卷上。
140（唐）王涯，〈宮詞三十首〉。
141（唐）王建，〈宮詞一百首〉。
142（唐）王涯，〈宮詞三十首〉。

由於初降瑞雪，六宮的珠簾一夜之間全都變成了銀光閃閃的水晶簾。愛潔淨的宮女們，一早起來，金盆洗手，用銀盤盛好香蕉，給后妃們送去。[143]

冬天如期而至，宮女們的事情一般會變得少些。她們有的學寫字，「擘開五色銷金紙，碧鎖窗前學草書。」[144]也有的在暖而香的房間裡，身穿綺羅，倚靠在窗下學著繡金鵝。冬至這天，她們的工作也不少。[145]

進入嚴冬，結冰的湖面晶瑩如心，寒風凜凜，臘雪膝深，已經看不見台階。可是有的宮女住處還沒有預備好木炭和火爐，只能在寢室不停地來回走動驅寒。由於太過於寒冷，宮女們幾乎都是在小跑了。頭上的釵子在跑動中搖擺不停，叮噹作響，這被宮女們稱作「辟寒金」[146]。宮女們終於在自己頭上幽默了一把。

143〔五代〕和凝，〈宮詞百首〉。
144〔後蜀〕花蕊夫人，〈宮詞〉。
145〔五代〕和凝，〈宮詞百首〉。
146〔五代〕和凝，〈宮詞百首〉。

宮妓

君恩如水向東流，得寵憂移失寵愁。

一

宮妓具體人數不詳，估計有萬把人左右。「先帝侍女八千人，公孫劍器初第一。」[1]和宮女總數、后妃人數聯繫起來綜合比較，杜甫給的這個數字比較靠譜。大體說來，宮妓是宮女中特殊的一類，基本屬於色藝俱佳的一群人。所以，宮妓和嬪妃不同的一點在於，宮妓不光是以色侍人，而且是以藝侍人。后妃雖然要求色和德，但對藝並不刻意規定。像楊貴妃那樣善音律精歌舞的嬪妃畢竟少見，屬於異類。

宮妓平時居住和生活的地方有好幾個。一個是掖庭。它的上級主管部門是緊挨著掖庭宮南部的內侍省。掖庭的正式名稱是掖庭宮。它具有雙重含義，一是地理空間，一是職能機構。從位置看，它位於太極宮的西邊，它的面積大約相當於太極宮的二分之一，同時也大體相當於長安兩個坊的平均面積。[2]長安一個坊居住有一萬人左右。以此標準，掖庭容納一兩萬人不成問題。它內部劃分有行政區、生活區、生產區、訓練區，甚至表演區等，在掖庭東北角就有一座「眾藝台」，類似現在的戲台。從功能看，雖然比較複雜，但都是直接為皇宮服務的。具體來說，就是給皇帝和后妃們提供各種高質量的物質滿足和精神享受。首先，掖庭負有對某些犯罪官員妻女[3]和犯婦的收容與監管責任，這方面類似於現在中國的勞教所。[4]關在這裡的女人，年齡肯定大小不一，相貌也是良莠不齊。她們都要幹活，工作有生產性的，有服務性的，甚至也有某些表演性的。所以儘管掖庭裡面有相當數量的罪犯妻女和犯婦，但嚴格說來，掖庭還不能說是真正的監獄。此外，掖庭還有大量的男女工匠和手藝人，主要負責為皇宮生產一些高檔消費品和豪華生活用品。在這方面，它類似於現在的工藝美術廠、絲綢車間。這裡的女工在各個季節的工作時間長短都不太一樣。「冬至後日晷漸長，比常日增一線之功。」[5] 最後，掖庭還有人數不菲的男女演員即樂戶。或許，其中女演員即宮妓的比例更大一些。

一是教坊。它的上級主管部門開始是太常，後來改為宦官充任的「教坊使」。教坊有五個部門，即內教坊、左教坊、右教坊、宜春院、雲韶院。

內教坊位於蓬萊宮（即大明宮）東側，具體位置在龍首池東邊，近鄰外部的小兒坊。內教坊始建於高祖武德年間，藝術門類齊全，側重於歌曲、舞蹈、戲劇。它裡面有分工細緻的各種博士，名氣大的「音聲

---

1 〔唐〕杜甫，〈觀公孫大娘弟子舞劍器行〉，《全唐詩》，卷二二二。

2 長安共有一百一十個坊，雖然按照城市的整體格局來說，這百十來個坊裡已經被設計和規劃得相當整齊和有序，但其中仍有大中小三種類型（亦有人劃分五類。參見足立喜六：《長安史蹟研究》，三秦出版社，2003年，第143頁；楊鴻年，《隋唐兩京考》，武漢大學出版社，2005年，第272頁）。大坊的數量最少，全都分布於長安城北邊的東西兩端，即位於宮城和皇城的東西兩面；中坊的數目最多，全都分布於長安城南邊的東西兩端；小坊的數字最精確，共有三十六個，對稱排列於朱雀大街兩邊，整體位於長安城南邊的中部，與北邊的皇城隔街相對。正是因為考慮到這些複雜因素，我覺得用「平均面積」來估量坊裡與掖庭之間的對應性是最為準確的。

3 即便有些犯罪官員之女此前已削髮為尼，仍要沒入掖庭。比如，「元載之敗，其女資敬寺尼真一，納於掖庭。」（〔唐〕李肇，《唐國史補》，卷上）據此推知，教徒身分（佛道皆然）對官府律令，並無特權。

4 所以沒入掖庭只是一項行政處罰措施，而不是一種法律制裁。《唐律疏議》中對女性通姦罪的判決就沒有沒入掖庭這一條款。

5 李永祜主編，《奩史選注》，第437頁。

人得五品已上勳」[6]。右教坊位於光宅坊，左教坊位於延政坊。[7]二坊位於大明宮的正南面。右教坊擅長歌曲，左教坊工於舞蹈。左右教坊始設於開元二年，以俗樂為主，有流行歌曲、民樂民歌、外國音樂，同時也有舞蹈和戲曲。左右教坊約有四、五百人。這三教坊均是有男有女。但盛行女風。「坊中諸女，以氣類相似，約為『香火兄弟』。」一幫多者十四五人，少者也有八九人。如果結婚，其老公則被稱作「老婆」。其香火兄弟則要在洞房戲弄其「老婆」。有個當紅歌手張少娘，人氣很旺，常被人邀請參加各種名目的歌舞酒會。她老公蘇五奴甚不放心。每次都陪同前往。很惹人煩。人就拚命勸酒，想把他灌醉。蘇五奴說，「你只要多給錢，我吃錘子也能醉，不勞你勸酒。」[8]

宜春院位於東宮北側。在教坊的所有部門中，宜春院的名氣最大，水準最高，地位最尊。其中的宮妓無論歌曲、舞蹈、戲劇，樣樣精通，而且個個光豔四射，貌美如花。人數不多，共有數十人，習慣上統稱「十家」。一般稱作「內人」、「內人家」、「前頭人」。這三種稱呼都與皇帝有關，不是一個單純的住址或領舞的問題。內人即皇帝之內人，內人家即皇帝一家人，前頭人即皇帝跟前人。由此可見她們與皇帝親密無間的包養關係。由於皇帝包養她們，所以朝廷必須「四季給米」。她們的合法身分是皇帝的「二奶」、「外室」、「情人」。所以，宜春院應該算是皇帝的「二奶院」或「情人院」。皇帝與情人在一起消磨的時光超過了后妃。凡是左右教坊進新人了，皇帝必定集體召見宜春院的情人們，並在宮中大擺宴席，以示犒賞。皇帝會很開心地說，「今天娘子們不用唱歌了，就讓教坊的其他宮妓上台演奏好了。」每月二日、十六日，是內人與母親見面的時間。如果沒媽了，就由姐妹一人代替相見。十家在宜春院相聚，其餘內人都在內教坊聚會。[9]內人生日可以讓母親、姑姑、姐妹一塊來聚餐。對公開情人採取這種半封閉的集中管理的方法和制度，在某種意義上，已經使情人和二奶這一性質多少有些變質，因為它基本是後宮制度的擴大和延伸，等於在後宮嬪妃之外，新發展了一批供皇帝專用的「准嬪妃」。這種「編外嬪妃」構成了皇宮一景。從外部看，「離宮別院繞宮城」；從內部看，「三十六宮連內苑，太平天子住崑山。」[10]當然，在名分和待遇上，宜春院宮妓和後宮嬪妃肯定不是一個檔次。它有點類似官員家裡購買和教養的家妓。家妓雖然是官員的公開二奶和合法情人，但並不是官員的家庭成員，所以與姬妾不是同一回事。家妓憑藉容貌和藝技取悅官員，陪酒陪睡，但不能參與官員家庭事務的管理，而且隨時會被當作物品送人或轉賣。[11]正因為宜春院是專門用於安置皇帝寵幸的宮妓的場所，所以居住條件和生活條件均是一流。唐朝皇帝的風流韻事大多發生於宜春院，或常常與宜春院有關。宜春院可以看作是皇帝的固定情場。

相比起來，雲韶院（位於大明宮）雖然也是純粹的宮妓世界，但名氣就差多了。雲韶院宮妓的身分是宮人，「蓋賤隸也」。容貌待遇與內人相差甚遠。「內人帶魚，宮人則否。」[12]她們以歌舞為主，最初還算是皇帝公開情人的一部分，後來就降低為一般的歌妓舞女了。

一是梨花園。它的上級主管部門是梨園。梨花園位於東宮宜春院北邊，又被叫做「宜春北院」。始建於天寶年間，僅限歌舞，無與戲曲，約有六、七百人。這些人一部分是從太常坐部伎選拔上來的，一部分是

---

6 〔北宋〕王溥，〈雜錄〉，《唐會要》，卷三四。

7 東京還有左右兩個教坊，俱在明義坊。右南，左北。「坊南四門外，即苑之東也，其間有頃餘水泊」俗謂「月陂」。形似偃月，故名。（〔唐〕崔令欽，〈教坊記〉，《中國古典戲曲論著集成》，第一冊，中國戲劇出版社，1959年，第11頁。）

8 〔唐〕崔令欽，〈教坊記〉。

9 〔唐〕崔令欽，〈教坊記〉。

10 〔後蜀〕花蕊夫人，〈宮詞〉，《全唐書》，卷七九八。

11 「劉尚書禹錫罷和州，為主客郎中、集賢學士。李司空罷鎮在京，慕劉名，嘗邀至第中，厚設飲饌。酒酣，命妙妓歌以送之。劉於席上賦詩曰：『鬟髯梳頭宮樣妝，春風一曲杜韋娘。司空見慣渾閒事，斷盡江南刺史腸。』李因以妓贈之。」（〔唐〕孟棨，《本事詩．情感》）可見，家妓更像是官宦家裡的寵物或炫耀身分或財富的高級禮物。

12 〔唐〕崔令欽，〈教坊記〉。

宮女，[13]合稱「梨園弟子」。梨園弟子親炙天子，由皇帝親授技藝，故稱「皇帝梨園弟子」。梨園雖分有男女組，但男弟子徒有虛名，唯有女弟子名副其實。[14]

二

宮妓少量來自於罪犯家庭、戰爭俘虜、官員進奉以及番邦進貢，大部分是從民間和青樓徵集來的。部分宮妓的身分是樂戶，即世襲性的官府奴婢（俗稱「賤隸」）。她們不僅是官奴，同時也是性奴。她們按照皇帝的口味變化和心情好壞隨時為皇帝提供高雅或低俗的娛樂服務，也為皇帝提供花樣翻新的性服務。但就全體而言，宮妓的身分都是妓女，只不過是皇帝一個人的妓女。如果把六宮粉黛和三千佳麗統統看作一家，那麼掖庭女奴、教坊宮妓、梨園弟子作為官府掌控的一批龐大人力資源，[15]其本身就是公開的皇帝「二奶」和「外室」，[16]俗稱「宮妾」。

由此可見，掖庭、教坊和梨園是管理皇帝「外室」或「二奶」的專職機構。管理、教育、訓練男女藝人的具體機構則是教坊和梨園。尤其是教坊，由於它活動最多，規模最大，和皇宮及其外界的聯繫最密切，這使得在許多場合下，教坊就成為宮妓的同義詞和代名詞。

簡單說來，教坊是受朝廷領導，用國庫來養活的一個高級藝妓機構。它具有色藝雙重職能，就藝而言，類似現在的官方和軍隊的文工團、歌舞團、雜技團等所謂藝術團體；就色而言，類似現在的妓院。但不同的是，教坊這個妓院直接隸屬於皇宮，只服務於皇帝一人。所以，它是一種皇家妓院或天子妓院，也可以說是一種國家妓院。在這個意義上，它屬於廣義的官妓範疇。但它從不向官員提供性服務，只滿足皇帝個人的性需要。所以，教坊中的妓女只能稱作宮妓，而非官妓。宮妓都兼具一身二任的職責。以藝娛君，同時，以色侍君。但也不能排除她們另有自己的情人。這些情人也許是教坊裡的男性藝術家，也許是色膽包天的朝廷官員，也許是京城裡的富豪大款。

一個叫裴大娘的著名歌手，丈夫姓侯，是位頂竿木的雜技演員，她的情人趙解愁也是個頂竿藝人。他在玄宗的生日慶典上，一舉成名，很快就成了皇帝的紅人。

八月平時花萼樓，萬方同樂奏千秋。
傾城人看長竿出，一伎初成趙解愁。[17]

侯氏有病，裴大娘就想趁機下手，毒死丈夫。趙解愁把這計畫透露給朋友鄭銜山。鄭銜山是侯氏的老鄉，他託人告訴侯氏，「夜間有人送粥，千萬不要吃。」夜裡果然有人送來稀粥，侯氏沒吃。裴大娘估計丈夫喝了粥，時間也差不多了，為澈底解決，就與趙解愁前來動手，意圖謀殺。鄭銜山自告奮勇，「到時你們先滅燈，我就用大土包捂到他頭上，一准弄死他。」誰知，鄭銜山只是將大土包壓在了侯氏身上，沒壓口鼻。裴大娘和趙解愁也沒發覺。天亮後，侯氏醒了，朝廷追究，趙解愁只被杖打一百棍。和裴大娘關係好的女歌手不知道其中緣故，都以為是土袋不結實，沒縫好，裂開了，就相互開玩笑，「我們以後要壓死老公，可要留意

---

13 〔北宋〕歐陽脩等，《新唐書．禮樂志》。

14 關於教坊和梨園的情況說明，參見任半塘，《唐戲弄》，上海古籍出版社，1984年，第1112、1128、1133～1134頁。

15 這批人有數千人不為過。因為，「唐之盛時，凡樂人、音聲人、太常雜戶、子弟隸太常及鼓吹署，皆番上，總號音聲人，至數萬人。」（〔北宋〕歐陽脩等，《新唐書．禮樂志》）即便以男女比例一比一來估算，女藝人上萬是不成問題的。

16 在這個意義上，唐朝皇帝合法擁有的女人較之前後朝代顯然要多出許多。令皇帝意料不到的是，當他在後宮之外成批量獵取女色時，其後宮紅杏出牆的機率便也隨之空前暴漲。由此破紀錄的是，唐朝皇帝后妃偷情的人數可能是歷代最多的。名氣最大的就有武則天、韋后、上官昭容、楊貴妃等。

17 〔唐〕張祜，〈千秋樂〉，《全唐詩》，卷五一一。

土袋縫隙，再不能讓它開線破裂了。」[18]

開元天寶年間，一個名叫「念奴」的宮妓，貌若天仙，聲似鶯歌，日日夜夜伴隨玄宗身邊。念奴演奏時，眼波流轉，顧盼自芳，觸目者無不有觸電之感。玄宗忍不住對妃子們說，「此女妖麗，眼色媚人。」念奴囀聲歌喉，直上雲霄，朝霞之上不足為其高，雖鐘鼓笙竽嘈雜紛擾也不能壓過她的清麗歌聲。她是所有宮妓中，玄宗最為鍾愛的內人。[19]但紅顏多情，念奴不知何時愛上了一位男歌手。皇帝找她的時候，她卻正枕在別人的懷中。「力士傳呼覓念奴，念奴潛伴諸郎宿。」[20]專屬皇帝的宮妓偷偷擁有自己的情人，這固然危險，但也絕非罕見。偶爾還能撞上大運。薛瓊瓊是開元宮中的第一箏手。清明踏青時，被士人崔懷寶看見，當即愛上，並作了一首打油詩，希望自己成為佳人手裡的那把箏，「近得玉人纖纖手子，砑羅裙上放嬌聲，便死也為榮。」後來明皇慷慨，就將薛瓊瓊賜予崔懷寶。[21]宮詞高手張祜也有一位宜春院的情人。他在《贈內人》中寫道：

> 禁門宮樹月痕過，媚眼唯看宿燕窠。
> 斜拔玉釵燈影畔，剔開紅焰救飛蛾。[22]

宮禁重重遮擋不住情人的媚眼。那是在渴望燕子一般的雙宿雙飛。他和她都知道，宜春院的幽會如同飛蛾撲火，儘管危險，但兩人仍願冒險一試。更為驚險的是，「宜春花夜雪千枝，妃子偷行上密隨。」[23]一個大雪紛紛的冬夜，宜春院的一位宮妓以為皇帝不會來此過夜，便趁此機會，冒險與情人幽會，不幸被發現了，妒火中燒的皇帝親自跟蹤，意圖抓姦。

皇權是禁臠，皇帝的女人更不可染指。如果動了這個念頭，進而付諸行動，下場可想而知。懲罰是免不了的，就看是死是活了。因為宮妓只能屬於皇帝一人。換言之，宮妓就是專為皇帝一人服務的妓女，就是天子一人獨享的應召女郎。

宮妓的藝術分工很細，有歌（歌曲），有舞（舞蹈），有戲（戲劇），有技（雜技），當然，也有綜合的，或歌舞，或舞技，或全套。

由於唐朝形成並發展出了一種真正意義上的娛樂政治，這使得皇權意識形態變得更精緻、更溫和、更有情調。娛樂政治並不能改變專制政治的本質，但可以改善專制政治的形態。其特點是政治娛樂化，娛樂政治化，二者往往界限不明。它的理念依據是普天同慶，與民同樂。它講究一種君臣同樂、君民同樂的普天同慶式的儀式化效應。這表現在兩方面，一方面朝廷凡有大事，比如平定叛亂、國家慶典等，往往會從各地選拔一批新的藝妓來宮中表演，順帶著充實一下宮妓隊伍；另一方面，上行下效的結果是地方官府也普遍建立了自己的教坊機構，並不時表演一些當地官員自編自導的節目。開元二十九年（西元七四一年），陝郡太守韋堅「鑿成新潭，又致揚州銅器」，就改編民歌，組織兩縣一百名坊妓搞了個大合唱。

得寶弘農野，弘農得寶耶！
潭裡船車鬧，揚州銅器多。
三郎當殿坐，看唱《得寶歌》。

---

18 崔令欽，〈教坊記〉。
19 〔五代〕王仁裕，〈眼色媚人〉，《開元天寶遺事》，卷一。
20 〔唐〕元稹，〈連昌宮詞〉，《全唐詩》，卷四一九。
21 〔宋〕皇都風月主人，《綠窗新話》，卷下，轉引：徐有富，《唐代婦女生活與詩》，第142頁。
22 收錄：《全唐詩》，卷五一一。
23 〔唐〕張祜，〈耍娘歌〉，《全唐詩》，卷五一一。詩中所謂「妃子」，其實只是一位得寵的宮妓的雅號，並非真的后妃。宮中習慣用後宮的名號來稱呼得寵的宮妓。貴妃稱「娘子」，寵妓也稱「娘子」。甚至皇帝還給寵妓封有「才人」之類的后妃名號，死後還追贈宮妓為「昭儀」。此外，皇帝還喜歡以官名來劃分宮妓等級，像「中丞」、「御史」之類。

在好事官員的指揮下，這些坊妓「皆鮮服靚妝，齊聲接影，鼓笛胡部以應之」。於是很自然地形成了「府縣進奏，教坊出樂迭奏」[24]的廣泛娛樂政治效應。

所以，朝廷時不時也會舉辦一些規模盛大的全國性文藝匯演。各地官府的教坊藝人來到京城，表演各種拿手的絕活。

> 唐玄宗在東洛，大酺於五鳳樓下。命三百里內縣令、刺史，率其聲樂來赴闕者，或謂令較其勝負而賞罰焉。時河內郡守令樂工數百人於車上，皆衣以錦繡。……府縣教坊，大陳山車旱船，尋撞走索，丸劍角抵，戲馬鬥雞。又令宮女數百飾以珠翠，衣以錦繡，自帷中出，擊雷鼓為《破陣樂》、《太平樂》、《上元樂》。[25]

這種大型歌舞娛樂活動，對宮妓的藝術水準和表演技巧無疑提出了更高的要求和標準。事實上，宮妓的節目往往是這種全國文藝匯演中最受歡迎的。她們作為大唐帝國的中央歌舞團，自然代表著皇朝的最高藝術水準。她們由此得到的獎賞，自然也就相當豐厚，有時甚至能獲得朝廷數萬錦彩的纏頭。[26]

宮妓除了為皇帝、為後宮、為朝廷百官、為皇室成員表演各種節目外，同時也有一些其他官方任務，比如，在某些節日和慶典儀式上，宮妓會舉行一些面向社會市民的精彩歌舞表演；甚至，她們偶爾也會有一些勞軍的慰問演出。

> 邊藩□宴賀休征，細仗初排舜日明。
> 坐定兩軍呈百戲，樂臣低折賀昇平。[27]

但毫無疑問，為皇帝表演，始終是宮妓的主要職責。宮妓的活動安排有些是計畫性的，「每一月之中，五日一直長秋殿，餘日得肆遊觀。」[28]有些則是臨時性的。有時在白天，有時在夜晚；有的是獨唱、獨奏、獨舞，有的是合唱和大型團體操。[29]對於那些容貌出眾、技藝超群的宮妓來說，表演個人節目是接近和取悅皇帝的有效捷徑。一旦得到皇帝的青睞和賞識，從而由演藝到侍寢，就能逐漸獲得皇帝的寵幸。這樣，皇帝就會給她們提供更好的待遇和條件。比如，給寵妓們建房蓋樓，單獨另處。這樣，錦衣玉食、金銀珠寶也就隨之而來。這些寵妓是宮妓中最為幸運和高級的一類。除了宮中這些在編的正式宮妓外，皇帝有時也會親自到民間發現一些人才，納入帳下。「露台舞倡李豔孃有姿色，召入宮，賜其家錢十萬。」[30]

寵妓們一般住在宜春院。裡面分布著數十座大大小小的獨門獨院和亭台樓閣。這都是為那些得寵的宮妓們建造的。所以，宜春院是教坊中最為春色撩人的場所。紅顏魅惑，同時也紅顏薄命。只要兵亂禍及皇宮，宜春院必首當其衝。安史之亂、朱泚之亂中，這些與皇帝曾有過肌膚之親的絕代佳人，往往成為叛軍亂兵爭相搶掠的首選獵物。

開元、天寶年間，唐朝進入百年不遇的所謂盛世，再加上玄宗本人酷愛音樂，並有著天才的歌舞造詣，他便在皇家園林的「梨園」建立了中國歷史上第一所藝術學校，順理成章地將宮妓發展成為自己的合法弟子。這樣，宮妓之於皇帝便多了一種新的學生身分。作為天子門生，宮妓和皇帝之間的親密接觸乃至零接觸，

---

24 〔後晉〕劉昫等，《舊唐書·韋堅列傳》。
25 鄭處誨，《明皇雜錄》，卷下。
26 李永祜主編，《奩史選注》，第五百七十頁。
27 〔五代〕和凝，〈宮詞百首〉。（□為原詩缺字。）
28 〔五代〕和凝，〈宮詞百首〉。
29 王昆吾在其著作《唐代酒令藝術》（東方出版社，1995年）說中唐以後，酒妓和飲妓取代了掖庭妓和教坊妓的藝術歌舞作用，這完全搞錯了後者的宮妓性質。
30 〔清〕吳省蘭，《十國宮詞》，《香豔叢書》，上冊，第192頁。

便具有了更加豐富多彩的形式。由學藝到獻藝，由獻藝到獻身，梨園弟子與言傳身教的皇帝之間自然而然地發展出了一種新型的君臣關係和師生關係。

三

許和子是玄宗時期最著名的宮妓，出身於吉州永新縣（屬今中國江西吉安）的一個世襲樂戶之家。開元末選入宮中，玄宗給她起名「永新」，籍於宜春院，為內人。永新人漂亮，人緣也好，歌唱得更好。她很快成了明皇的專職歌手和首席歌唱家。每次給皇帝奏歌，「絲竹之聲莫能遏。」她的歌聲既是明皇工作的興奮劑，又是明皇入睡的催眠曲。玄宗甚至還給永新開出了不菲的身價。他不止一次地對別人說，「此女歌值千金。」[31]最令人稱奇的是，永新能「變新聲」。也就是能譜曲，能創作，能演奏千年絕唱。據說，韓娥、李延年沒後千餘載，曠無其人，至永新「始繼其能」。遇到高秋朗月，台殿清虛，「喉轉一聲，響傳九陌。」明皇曾經讓宮廷樂師李謨用笛子為永新伴奏，「吹逐其歌」結果「曲終管裂」。永新的歌是一絕，舞也是一絕。她甚至能在一個小小的圓球上完美地跳出骨塵舞、胡旋舞這些高難度的舞蹈，「縱橫騰踏」兩腳始終不離球面。[32]

天寶時，有一年明皇生日，在興慶宮的勤政樓大擺宴席，並舉辦全國性的歌舞戲劇匯演。成千上萬的長安市民都來觀看，廣場上熙熙攘攘，吵吵鬧鬧，搞得玄宗「莫得魚龍百戲之音」。明皇惱怒非常，臉一拉就要拂袖而去。高力士連忙說，讓永新出來唱一嗓子，就能擺平。「永新乃撩鬢舉袂，直奏曼聲，至是廣場寂寂，若無一人。」更神奇的是，永新的一首歌竟能讓不同的人產生完全不同的感受。「喜者聞之氣勇，愁者聞之腸絕。」

自安史之亂，六宮星散，永新也流落江湖，做了一個士人的妓妾。後來又漂泊於廣陵，居無定所，隨波逐流。這天，永新在船上憂傷地唱著往日宮中的歌曲，意外遇到了一個故人。此人就是舊時宮中的男歌唱家韋青。

韋青出身書香門第，但他天性酷愛唱歌，他曾寫詩，「三代主綸誥，一身能唱歌。」他的歌唱才華得到明皇賞識，提拔他做了將軍。待到烽火連天，韋青也流浪廣陵。他漫無目的地天天在河上轉悠，忽聞從水面上傳來熟悉的歌聲，當即斷定，「此永新歌也！」於是登舟與永新見面。同是天涯淪落人加上相逢本就曾相識，更讓人唏嘘不已，倍感傷痛，不由地久久對泣。

後來，士人死了，永新再次失去了依靠。她與母親來到京師，無以為生，只能進入青樓，做了妓女。死前，永新心有不甘地對母親說，「阿母，錢樹子倒了，我不能再照顧你了。」[33]

和永新分手後，韋青在全國各地轉來轉去，最後在代宗大曆年間，又回到了長安家中。他家在昭國坊的南門裡。這天，韋青出門，在街道上聽到有人唱歌，一看是一對父女在街邊的十字路口賣唱乞食。韋青是個行家，一聽即知歌聲不同凡響。走上前去，細品眉目，觀這女子衣衫破爛，卻相貌不俗。當即問清姓名，引入家中，納為姬妾。

這個女子叫張紅紅，韋青對這父女二人都不錯，他將岳父安置在後院，好生伺候，不在話下。同時，又把自己的歌唱技藝傾囊相授。張紅紅本來就天資聰穎，悟性極高，現在又有了韋青手把手的指點，歌唱水準更是突飛猛進，更上層樓。

當時，有個樂工自己填詞，創作了一首歌，即將「古長命西河女」改變其快慢節奏，令人耳目一新。

---

31 〔五代〕王仁裕，〈歌值千金〉，《開元天寶遺事》，卷四。

32 〔唐〕段安節，《樂府雜錄．歌》。

33 〔唐〕段安節，《樂府雜錄．俳優》。

他知道韋青是高手，在將此新聲獻給皇上之前，先唱給韋青，讓他試聽一番。韋青讓紅紅在屏風後面偷聽。紅紅就用小豆數記其節拍韻律。樂工唱完，韋青到屏風後面問紅紅如何，她說好了。韋青就走出來對樂工說，「我有個女弟子很早以前就會唱這首歌。這首歌不是新歌。」說完即令紅紅隔著屏風唱，一聲不失，一字不差。樂工大驚，要求見見紅紅。表示十分欽佩，還說，「這支曲子原來有一聲不穩，現在讓你糾正過來了。」

韋青隨後就把這支曲子獻給皇帝。第二天，皇上召見紅紅，很喜歡，立刻叫她進宜春院，「寵澤隆異。」宮女們對紅紅的過人的記憶驚歎不已，都叫她「記曲娘子」，不久又晉封為才人。

一天，內史報告韋青死了。皇上告訴紅紅這個消息。紅紅痛哭失聲，抽抽泣泣地對皇上說，「我本來是街頭的流浪女，乞討為生。現在老父死有所歸，我又進宮侍奉皇上，這都要感謝韋青。我忘不了他的大恩大德。」說完「一慟而絕」。皇帝也是感慨不已。就追贈紅紅為「昭儀」。[34]

敬宗朝，淛東國進貢了兩個舞女：一名飛鸞，一名輕鳳。「修眉伙首，蘭氣融冶，冬不纊衣，夏不汗體。」她們平時吃的多是荔枝榧實、金屑龍腦之類。她們的服飾也與眾不同。她們穿的軿羅衣無縫無隙，渾然整體，紋飾天成，令人目眩。她們戴的輕金冠「以金絲結之為鸞鶴狀，仍飾以五彩細珠，玲瓏相續」，雖高一尺，份量卻輕，秤之不足二三分。敬宗特意為這兩個宮妓打造了一個空前絕後的玉芙蓉歌舞台。「每歌聲一發，如鸞鳳之音，百鳥莫不翔集其上。及觀於庭際，舞態豔逸，更非人間所有。」每次歌罷，由於擔心風吹日曬有所侵蝕，敬宗就令內人將這個美玉打磨的精緻舞台收藏到金屋寶帳。宮中都戲言：「寶帳香重重，一雙紅芙蓉。」[35]

憲宗朝，有一個宮妓的故事相當離奇。她叫杜秋，金陵人，十五歲作了李錡（宗室，曾任鎮海節度使）的姬妾。後來李錡叛亂，被殺。杜秋籍之入宮，很得憲宗寵愛。[36]穆宗即位，杜秋先是作了皇子的保姆，後因宮廷爭鬥，皇帝就讓她歸還故里了。杜牧路過金陵，聽說了這件事，又看到杜秋既窮且老，很不忍心，就給她作了一首長長的五言詩，以示安慰。[37]杜牧的多情引發了另外一位詩人的感慨。善寫宮詞的張祜在《讀池州杜員外杜秋娘詩》[38]中說：

年少多情杜牧之，風流仍作杜秋詩。
可知不是長門閉，也得相如第一詞。

文武兩朝，都有類似的故事。一天，文宗在內殿前欣賞牡丹，不覺興致上來，憑欄吟出舒元輿的《牡丹賦》：「俯者如愁，仰者如語，合者如咽。」吟罷，嘆息良久，「泣下沾臆。」轉身瞥見宮人沈阿翹正在專注地演奏《何滿子》，「調聲風態，率皆宛暢。」文宗不覺呆了，舞罷半響，才回過神來，賞給阿翹一對金臂環，並問其何來。阿翹說，「我本是吳元濟之妓女，[39]吳元濟敗亡後，我因善歌舞做了宮妓。」文宗又令阿翹演奏《涼州曲》，「音韻清越，聽者無不淒然。」文宗擊節讚賞，「此乃天樂，非人間所有。」並挑選了一批水準高的內人拜阿翹為師。[40]

武宗南征，駐蹕金陵，從教坊司選了十幾個樂妓，以供娛樂。王眉山是頭牌歌妓，姿容瑰麗，體態曼妙，是皇帝枕邊不可少的尤物。這班樂妓，有人是美容以媚上，有人是毀妝以自保，無不左右狼顧，前後失據。

---

34 德宗貞元時，有個叫田順曾的宮妓也被封為「宮中御史娘子」。（〔唐〕段安節，《樂府雜錄·俳優》）

35 〔唐〕蘇鶚，《杜陽雜編》，卷中。

36 據說憲宗對宮妓很拒斥。「四方進歌舞妓樂，上皆不納。則謂左右曰：『六宮之內，嬪御已多，一旬之中資費盈萬，豈可以剝膚椎髓，強娛耳目焉！』」（〔唐〕蘇鶚，《杜陽雜編》，卷中）

37 〔唐〕杜牧，《杜秋傳》。

38 收錄：《全唐詩》，卷五一一。

39 一說是吳元濟之女。

40 〔唐〕蘇鶚，《杜陽雜編》，卷中。

王眉山說，「我們這些出身，千萬不要有非分之想。只管盡本分，皇上不責怪，就是萬幸。美化無益，醜化也不必。聽天由命，感恩皇德，不妄冀福祉，才是正經。」武宗返京，只將王眉山一人帶回了宮裡。宮妓皆以「貴人」呼之。王眉山風流倜儻，有丈夫氣，更兼玉樹臨風之姿，每次出宮，都引來無數粉絲瞻仰其風采。一天，王眉山與嬪妃出宮遊玩，遇到了京城球師（國足教練）王悅和傅愉，二人皆負絕技，盛邀王眉山來一場友誼賽。王眉山「風度灑然，舉趾蹁躚，眾皆辟易」，觀眾如山如潮。王眉山拿出一錠金子，餽贈兩位國腳，翩然而去。自供奉歸家，閉閣不出。她說：「我侍奉過天子，就不能再伺候別人了。」於是變換道袍，入道觀誦經，「不復溷巾幗中矣。」[41]

文宗朝發生的另外一件事，才更具傳奇色彩。

一位宜春院的內人，名喚鄭中丞，擅長胡琴，也喜歡彈琵琶。宮中有大小兩面琵琶，鄭中丞最愛彈小琵琶。有次小琵琶的「匙頭」脫落，就送到崇仁坊南趙家修理。崇仁坊在皇城東邊，與之僅隔一條馬路。它是唐朝樂器製造廠的集中地。宮中所用樂器大都出自這裡。其中有南北兩個姓趙的製造商，水準最高，工藝最精。所以成了皇宮指定的樂器製造商和修理店。

誰知天有不測風雲，鄭中丞因為一件小事惹惱了喜怒無常的文宗。文宗就命內官把鄭中丞勒死，扔到河裡。這條河從御溝流向宮外。鄭中丞在河裡不知道漂了多久，就被救了上來。

救鄭中丞的是一個名叫梁厚本的退休官員。他家別墅正臨河岸。他喜歡釣魚，有次垂鉤之際，忽見水面上漂來一物，長約五六尺，上面還用錦綺纏裹。他令家僮把它打撈上岸，一看原來是宮中祕器。打開之後，發現是一宮女，妝飾儼然，脖頸上繫有羅領巾。解開領巾，用手一摸，口鼻尚有餘息，連忙抬回家中，靜息調養。過了十來天，鄭中丞才慢慢緩過氣來，開口說話，講了自己死亡的經過，並說，「我脖子上的錦綺是女伴們贈送我的。」

梁厚本就把鄭中丞納為妻子。她說自己會彈琴，順便說到了她的琵琶現在南趙家修理。正碰上宮中政變，李訓、鄭注作亂，沒人惦記這件事。梁厚本賄賂樂匠買回了這張琵琶。為了掩人耳目，只敢在半夜才悄悄彈上一曲。

時間一久，這對夫妻也就掉以輕心，不太謹慎了。一個月明風清之夜，兩人心情甚好，花下對飲，酒酣之餘，鄭中丞忘乎所以地放開手腳，即興彈奏了幾支最拿手的曲子。恰巧碰上宮中的一個小黃門放鴿子路過他們家門口。太監站在牆外偷聽了一小會，驚訝萬分，「這不是死去的鄭中丞彈奏的琵琶曲嗎？」第二天就稟告了文宗。

自從一怒之下把鄭中丞處死之後，文宗就追悔莫及。現在聽到這個消息，喜出望外，立即宣召鄭中丞進宮，不但赦免了梁厚本之罪，還格外賞賜他了不少東西。[42]

四

對皇帝來說，下朝就是娛樂。「朝臣冠劍退，宮女管弦迎。」[43]所以，朝堂就是舞場。「歌聲天仗外，舞態御樓中。」[44]宮妓們以「千年一遇聖明朝」的虔誠心態，「願對君王舞細腰。」[45]甚至舞上三夜五夜，也不

41 （唐）杜牧，《杜秋傳》。
42 （唐）段安節，《樂府雜錄．琵琶》。
43 （唐）顧況，〈樂府〉，《全唐詩》，卷二六。
44 （唐）佚名，〈陸州歌第三〉，《全唐詩》，卷二七。
45 （唐）佚名，〈雜曲歌詞．入破第五〉，《全唐詩》，卷二七。

在話下。「鴛鴦殿裡笙歌起，翡翠樓前出舞人。喚上紫微三五夕，聖明方壽一千春。」[46]

春天，興慶宮，百花盛開，一個叫悖拏兒的宮妓演奏了梁州曲。接下來，順手又表演了金碗舞，「上皇驚笑悖拏兒。」[47]

龍池二月，是宮妓們最喜歡的時光，「毿毿金線弄春姿。」梨園弟子之所以「偏愛垂楊拂地枝」，是因為天子教給她們演奏的所有「詞客賦」，都要用笛子來吹。既然「宮中要唱洞簫詞」，那就只能把發芽的柳枝都弄成了笛子，橫吹一氣。這樣就有了「新詞玉管聲」。於是，凝碧池頭，鳳凰樓畔，人人都在歌詠新詞，儘管難度很大，慢慢地，就演變成了合奏的管弦曲調。[48]

演出服有很多的樣式，「沓颯起舞真珠裙」[49]「最宜全幅碧鮫綃，自襞春羅等舞腰。」[50]「蜂鬚蟬翅薄鬆鬆，浮動搔頭似有風。」當然這種演出服不常穿，只是演出時穿一會，然後拋擲一邊。[51]所謂「架上塵生翡翠裙」。[52]演奏霓裳舞曲的時候，月色裙是一種最新款式，[53]長長的「砑裙」也很吸引眼球。春天在大殿前表演時，舞蹈都是分列成行的「隊舞」，每隊的領舞者要為大家準備演出服。[54]

說皇帝一年四季都是夜夜笙歌，多半並不為過。初秋時的二更時分，宮中夜宴正是高潮，宮殿內外燈火通明，如同白晝。直到皇帝心滿意足，興致已盡，才下令參加夜宴表演的宮妓們解散回到各自住處。這時就聽到宜春院中各個院門逐次打開的聲音。[55]

這是秋天的一個盛大夜宴，宮妓們表演了各自最拿手的絕活，「絃管掙摐各自調。」由於玩得太晚了，皇上下旨，明天放假，不用上朝了。[56]

秋冬之夜，在大明宮含元殿西邊的棲鳳樓上，盛筵正在進行。地上鋪著蜀地進貢來的錦繡地毯。宮妓們已經站好了隊形，準備表演熱烈的隊舞。領舞的宮妓先走出隊列，向皇帝叩拜，請求皇帝發令表演開始。[57]領舞的都是宜春院中最出色的宮妓。她們一般站在隊舞的首尾，起到引領和示範的作用。[58]

地毯上鏽著美麗的彩霞，絲竹管弦，餘音裊裊，繞樑不絕。一曲唱罷，皇帝擊節稱賞，宮女們激動得跪謝皇上。她們那美麗的臉龐，粉雕玉琢的脖頸，惹得皇上愛不釋手。[59]

一個宮妓傳授自己邀寵的經驗，「箏翻禁曲覺聲難，玉柱皆非舊處安。」一定要搶在別人之前給皇帝彈奏，這樣，皇帝才可能對你留下好的印象。[60]

一位宮妓正在為皇帝演奏做準備，只見她在金盆中匆匆洗過手，一邊用紅巾擦手一邊步入殿門。大家手裡都拿著新摘下來的果子，遠遠地向她身上拋擲。這是一種帶有遊戲性質的歡迎儀式，如果她能接住果

46 〔唐〕佚名，〈排遍第二〉，《全唐詩》，卷二七。

47 〔唐〕張祜，〈悖拏兒舞〉，《全唐詩》，卷五一一。

48 〔宋〕徐鉉，〈柳枝詞十首〉，《全唐詩》，卷七五六。

49 〔唐〕李賀，〈十二月樂辭·二月〉，《全唐詩》，卷二八。

50 〔唐〕段成式，〈柔卿解籍戲呈飛卿三首〉，《全唐詩》，卷五八四。

51 〔唐〕王建，〈宮詞一百首〉。

52 〔唐〕胡曾，〈妾薄命〉，《全唐詩》，卷二四。

53 〔唐〕王建，〈霓裳詞十首〉，《全唐詩》，卷三〇一。。

54 〔唐〕王建，〈宮詞一百首〉。

55 〔唐〕王建，〈宮詞一百首〉。

56 〔後蜀〕花蕊夫人，〈宮詞〉。

57 〔後蜀〕花蕊夫人，〈宮詞〉。

58 〔唐〕崔令欽，〈教坊記〉。

59 〔五代〕和凝，〈宮詞百首〉。

60 〔唐〕王涯，〈宮詞三十首〉。

子，就能得到皇帝的寵幸。[61]

宮妓們給皇帝表演的節目，主要是站著吹簫，皇帝最寵愛的宮妓聽說皇帝要來，高興得梳妝打扮，來到殿門口來迎接。「舞頭當拍第三聲。」[62]

一個宮妓演奏時很得皇上喜歡，每次演奏都是靠近皇上的東頭。雖然她的才藝受到了皇上的賞識，倍加恩寵，可是只能供皇上一時開心，不過是讓皇帝取樂的戲子，早晚都是一場空。[63]雖然她已經進入了宜春院，可仍然時時有種不安全的感覺。上次，本來是演奏霓裳曲的，卻又臨時改變節目。估計是貴妃察覺到了什麼，到宜春院的樓上突擊檢查，發現了「內人舁下彩羅箱」。[64]明皇時，地方官府進貢了一種鳳毛金錦，「多以飾衣，夜中有光。惟貴妃所賜最多，裁以為帳，燦若白日。」[65]這種好像夜光衣的服裝很受宮妓喜愛。明皇高興時，也賞給了一些得寵的宮妓。這可能又打翻了貴妃的醋罈子。

即便內人身著那種常見「五方衣」[66]，也掩飾不住她的美麗。芙蓉的頭冠，水精的簪子，她超凡脫俗仙鶴一般的脖頸，夜鶯一般的芳唇，勝過天上的仙子；她步態輕盈，聲音婉約，更顯得房間的空曠和深邃。她閒來無事，在玉琴上給皇帝彈了幾支曲子。[67]

紅粉拂臉，腰肢纖細，有金絲繡花的短袖羅衫鬆鬆軟軟輕輕飄飄地批在身上。歌舞的時候，她總怕很快結束，同時卻又莫名其妙地渴望快點演完，和皇上一塊享受雲雨情、魚水歡。[68]

某日，皇上在宮妓處過夜，房間燃著沉香，點著紅燭，宮妓在床上撫琴清唱。

調絲競短歌，拂枕憐長夜。
帷橫雙翡翠，被捲兩鴛鴦。
婉態不自得，宛轉君王床。[69]

唱完之後，皇上還想聽最新創作的樂曲，她只好把新曲全都唱了一遍，「帳外時聞暖鳳笙。」這個時候，殿前值班的衛士還沒有換班。[70]

皇帝下朝來到「鑑樓」，宮妓剛剛起床，還沒有梳頭，臉上還留著昨夜的「殘眉」，睡眼惺忪，一幅嬌羞慵懶的模樣。皇帝順手又把她放到了床上。她光潔如玉的胳膊自然地彎曲著，當作皇帝的枕頭。纏綿過後，她起床想用箜篌給皇上彈奏一首新曲。[71]皇帝欣然笑納。

五

蓬萊正殿是整個大明宮最高的宮殿，清晨，站在這裡俯瞰太液秋波，就如同欣賞太陽從碧波蕩漾的大海冉冉升起。站在殿門往北望，能很清晰地看到池邊亭台那新安置的柘黃色的御床高高在上。[72]

61 〔唐〕王建，〈宮詞一百首〉。
62 〔唐〕王建，〈宮詞一百首〉。
63 〔後蜀〕花蕊夫人，〈宮詞〉。
64 〔唐〕王建，〈霓裳詞十首〉。
65 〔元〕陶宗儀，《說郛》，卷八四下。
66 〔唐〕張祜，〈退宮人二首〉。
67 〔五代〕和凝，〈宮詞百首〉。
68 〔唐〕張祜，〈李家柘枝〉，《全唐詩》，卷五一一。
69 〔唐〕郭元振，〈相和歌辭·子夜四時歌六首·冬歌二首〉，《全唐詩》，卷二一。
70 〔後蜀〕花蕊夫人，〈宮詞〉。
71 〔五代〕和凝，〈宮詞百首〉。
72 〔唐〕王建，〈宮詞一百首〉。

蓬萊正殿其實是一座多功能的皇家歌劇院。既能面對水面舉行開放性的賞花宴會，又能舉行封閉性的皇宮歌舞演出，還能開合自如，一舉兩得。

這天，舞台的四周角落都擺著燃燒香燭的狻猊，這是一種香爐，但也蘊含震懾邪氣的作用。皇帝要在這裡舉行觀賞蓮花的宴會，讓宮妓們來表演節目。她們正在化妝，皇帝就等不及了，急著派人來催。[73]

在宴會上，百官紛紛賦詩，同時，梨園弟子演唱新詞。君恩好似春風東來，總是先讓柳枝染上了綠色。「憑君折向人間種，還似君恩處處春。」[74]

宮妓在蘭殿演奏，身披透明的紗巾，玉樹臨風。歌聲優美，如鶯歌燕舞，有一種流暢的感覺，「可使雲和獨得名。」[75]一個宮妓憑藉一曲「解紅」一舉成名。另外兩個宮妓也憑藉一支「柘枝」舞而成名。[76]「琵琶先抹六麼頭，小管丁寧側調愁。」兩個美麗的宮妓在為皇帝表演合唱，動人的歌聲顯得格外悠揚。[77]

一個宮妓把自己彈奏的樂器「紅鑾桿撥」緊緊貼在胸前，而且她有意識地把自己的座位慢慢移向皇帝身邊，她是獨奏，她彈得格外賣力，大殿的空氣中充滿了美妙的琴聲，她的手指在撥弄琴絃的時候，也震動了整個大殿，皇帝恍惚感覺似乎有鳳凰從她的那四條弦的琴絃上飛下來。[78]

宮妓們表演時，都爭先恐後地想第一個跳舞。即便站在音樂博士旁邊也很難有機會。「忽覺管弦偷破拍，急忙甩過羅袖掩蓋起來，不教人知曉。[79]此外還有一些出人意料的小插曲。舞筵上，一個宮妓本來演奏玉簫，突然又叫她彈箏，別人催促她趕緊改換紅色羅衫的演出服，頭上卻忘了也戴上柘枝花帽子。[80]

夜深了，舞會還在繼續。銀盤上的蠟燭燃燒得稀稀落落，宮女用剪刀挑起蠟燭中間的繩捻。皇帝還不停地叫宮妓們上場，她們都在紅燭的燭台前換上各種不同樣式的舞衣。[81]宮妓來不及歇會兒，金吾就派人來通知宮妓還要演奏。於是，她們趕緊起身，「數行鴛鷺各趨班。」[82]

接下來是藝術團體操《聖壽樂》。這個場面很壯觀。它實際上是一組氣勢恢弘的大型舞蹈頌歌。每次曲目都有變化。每次變化都取決於皇帝的喜好。演出前，曲目才由御筆欽點下來，謂之「進點」[83]。作用類似於現在歌舞廳的點歌。表演者「縵衫」上都繡有一個不引人注意的精巧口袋。「舞人初出樂次，皆是縵衣，舞至第二疊，相聚場中，即於眾中從領上抽去籠衫」快速藏入口袋。「觀者忽見眾女咸文繡炳煥，莫不驚異。」[84]這其實就是透過舞女們的肢體變化加上服裝變換來組字作畫。這即是所謂「字舞」，「以舞人亞身於地，布成字也。」[85]按照節目設計，先是排成十六行，載歌載舞，「輕動玉纖歌遍慢。」舞女懷著對皇帝的祝福和感恩，傾情獻藝，但她們又忍不住地想多看皇上幾眼。[86]接著，宮妓們依照身穿的繡有金鳳和銀鵝

73 〔唐〕王昌齡，〈殿前曲二首〉，《全唐詩》，卷一四三。
74 〔宋〕徐鉉，〈柳枝詞十首〉。
75 〔五代〕和凝，〈宮詞百首〉。
76 〔五代〕和凝，〈解紅歌〉，《全唐詩》，卷七三五。
77 〔唐〕王建，〈宮詞一百首〉。
78 〔唐〕王建，〈宮詞一百首〉。
79 〔唐〕王建，〈宮詞一百首〉。
80 〔唐〕王建，〈宮詞一百首〉。
81 〔唐〕王涯，〈宮詞三十首〉。
82 〔五代〕和凝，〈宮詞百首〉。
83 〔唐〕崔令欽，〈教坊記〉。
84 〔唐〕崔令欽，〈教坊記〉。
85 李永祜主編，《奩史選注》，第566頁。
86 〔五代〕和凝，〈宮詞百首〉。

的圖案的服裝，各自站成一排。「每遍舞時分兩向，『太平萬歲』字當中。」[87]不光組合成字，還變幻出畫，文字與圖畫又交替變換，「作字如畫」無不窮盡其妙。[88]最後的壓軸戲「三百內人連袖舞，一時天上著詞聲」[89]，則將整個舞蹈頌歌推向掌聲雷動的高潮。這種配合默契、整齊有致的藝術團體操，就連經年從事雅樂的太常樂工，也達不到如此神乎其技的高妙境界。

歌舞表演結束，每人身上的羅衣都被濕透了。宮妓們在宮女的攙扶下走下樓梯，到了院中用清水洗面，金花盆裡漂上了一層銀泥。這是臉上演出化妝的厚厚脂粉。[90]

宮妓演出後，多多少少都能得到皇帝各種花樣的賞賜。

一個宮妓用一件站立有兩隻鳳凰的演奏樂器「紫檀槽」，熟練地演奏了一曲「紅蕊調」，皇上賞賜給她了「酪櫻桃」。[91]

一個手拿繡有一雙蟬的紅羅手帕的宮妓更是幸運，因為皇帝賞給她了一件渴望已久的樂器「花檀木五弦」。[92]

一個宮娥年齡雖小，卻濃妝豔抹，唱得心搖神蕩，餘音繞樑。因為她是太妃新推薦來的，皇上特別賜給她一個小羅箱。[93]

一個宮妓的髮型是「玉蟬金雀三層插，翠髻高叢綠鬢虛」。由於太過於投入，「舞處春風吹落地」頭上的金釵玉簪都被風吹落了，演奏完畢，皇上又賞賜給她了一套新的梳妝用品。[94]

宮妓們給皇上表演完節目，每人都得到了一枝鮮花。解散的時候，每個宮妓手裡都點著一隻紅燭，只顧相互追逐嬉鬧，不願上車回家。[95]

表演了整整一夜，天亮下朝後，宮妓就激動的向同伴炫耀自己胳膊上繫著的時新樣式的「五色香絲」，說這是皇帝賞賜給她的。[96]

最意外的是，皇帝給宮妓改名，以示殊榮。宮妓的纖纖玉手捧著「暖笙」，絳脣呼吸生動得吸引了春鶯。

一曲霓裳曲演罷，皇上開心地笑了，他叫宮妓走上前來，要親自給她改名。[97]

當然，有的宮妓或許是得到的賞賜太多了，也就不太在乎這些了。曾有某個宮妓就隨手將皇帝賞給的金條扔到了自己的珠寶盒裡。[98]

六

梨園作為展示皇帝個人藝術品位的世界窗口，硬件設施絕對超一流。其中有玄宗親自監製的藍田玉磬。「尚方造流蘇之屬，皆以金鈿珠翠珍怪之物雜飾之。又鑄金為二獅子，拿攫騰奮之狀，各重二百餘斤以為趺。」

87 〔唐〕王建，〈宮詞一百首〉。《高麗史》說，「女弟子奏王母對歌舞，一隊五十五人，舞成四字：或『君王萬歲』，或『天下太平』。」（李永祜主編，《奩史選注》，第567頁）高麗國這種團體藝術顯然是向唐朝學習的。

88 〔後晉〕劉昫等，《舊唐書・音樂志一》。

89 〔唐〕張祜，〈正月十五夜燈〉，《全唐詩》，卷五一一。

90 〔唐〕王建，〈宮詞一百首〉。

91 〔五代〕和凝，〈宮詞百首〉。

92 〔唐〕王建，〈宮詞一百首〉。

93 〔後蜀〕花蕊夫人，〈宮詞〉。

94 〔唐〕王建，〈宮詞一百首〉。

95 〔唐〕王建，〈宮詞一百首〉。

96 〔五代〕和凝，〈宮詞百首〉。

97 〔五代〕和凝，〈宮詞百首〉。

98 〔唐〕王建，〈宮詞一百首〉。

其製作精妙，一時無兩。自蜀回京，樂器多亡，唯獨玉磬尚在。[99]也有安祿山獻上的「白玉蕭管數百」，據說音響森然，不類人間。還有蜀地進獻的精美琵琶。「其槽以邏逤檀為之，清潤如玉，光輝可見，有金縷紅文，蹙成雙鳳。」其音色之美，如聞仙樂。「音韻淒清，飄如雲外。」[100]

皇帝寫好新曲，就會馬上教數十上百的宮妓來演唱，她們「衣珠翠緹繡，連袂而歌」。有的歌曲比較形式化，像《播皇猷》曲，「舞者高冠方履，褒衣博帶，趨走俯仰，中於規矩。」有的就很有些邊塞風情，像《蔥嶺西曲》，「士女蹋歌為隊，其詞言蔥嶺之民樂河，湟故地歸唐也。」[101]還有的時候，皇帝創作了新曲，還沒有歌名，但後宮已經傳唱開了。「盡將觱篥來抄譜，先按君王玉笛聲。」[102]

按照宮中規定，新曲子只能教給梨園弟子，別人不能學。這既是一種待遇和身分，也是出於保密的考慮。[103]皇上還專門下旨，規定抄寫曲子和樂譜的書法家，要多寫幾份，再派中官騎馬賜給功臣。[104]

一個乖巧伶俐的宮妓自從成為梨園弟子之後，就經常向皇帝學習新曲，陪伴左右，皇帝賞賜給她了一件象徵著朝廷高級官員朝服的紫衣，以示寵幸。[105]

梨園弟子的訓練很有特點，都要隔著簾子，洗耳恭聽。「中管五弦初半曲，遙教合上隔簾聽。」直到有了「仙人夜唱經」的最佳效果。[106]

皇帝和梨園弟子之間的授課情況很有趣。「別敕教歌不出房，一聲一遍奏君王。」[107]

皇上新傳授給邠娘一支羯鼓樂曲，排練成了，皇上急著要看，「大酺初日最先呈。」[108]

宮妓學習霓裳曲的時候，總有貴妃相伴，從開始直到學會。時間長了，聲音熟悉了，哪怕稍稍差錯一點，也能聽出來。[109]貴妃以國母之尊，當仁不讓地成了梨園弟子們公認的藝術指導。楊貴妃「多曲藝，最善擊磬，拊搏之音，玲玲然多新聲。」太常和梨園的一流藝術家也自嘆弗如。[110]宮妓們更是以「貴妃琵琶弟子」[111]為榮，「每受曲畢皆廣有進獻。」[112]

玄宗做了太上皇之後，還是痴迷於鼓舞。現在梨園弟子比安史之亂前少得多了，好曲子也少了。「雨霖鈴」

就是一首新曲。太上皇教給宮妓的時候，常常淚流滿面。這時，月上樹梢，萬籟俱寂，諾大的興慶宮好像就剩下了他們兩人。[113]太上皇在向梨園弟子傳授霓裳曲的時候，必須是有風有水的地方。太上皇很認真，「散聲未足重來授」感到韻味不足，要重來一遍，直到他自己滿意為止，然後在床前召見宮妓，同床共枕。[114]

這是被選拔到仙韶院的第一個宮妓，「才勝羅綺不勝春。」在桃花樹下舞姿翩翩，卻總是跳錯舞步。不

---

99 〔元〕陶宗儀，《說郛》，卷五二下。
100 〔北宋〕歐陽脩等，《太平御覽》，卷五八三。
101 〔後晉〕劉昫等，《新唐書．禮樂志十二》。
102 〔後蜀〕花蕊夫人，〈宮詞〉。
103 從穆宗的類似做法，大體可以推知一二。「帝祕其調極切，恐為諸國所得，故不敢洩。」（〔唐〕朱慶餘，〈冥音錄〉，《太平廣記》，卷四八九）
104 〔唐〕王建，〈霓裳詞十首〉。
105 〔唐〕王建，〈霓裳詞十首〉。
106 〔唐〕王建，〈霓裳詞十首〉。
107 〔唐〕王建，〈宮詞一百首〉。
108 〔唐〕張祜，〈邠娘羯鼓〉，《全唐詩》，卷五一一。
109 〔唐〕王建，〈霓裳詞十首〉。
110 〔唐〕鄭綮，〈太真妃〉，《太平廣記》，卷二〇四。
111 〔北宋〕李昉等，《太平御覽》，卷五八三。
112 李永祜主編，《奩史選注》，第五百三十七頁。
113 〔唐〕張祜，〈雨霖鈴〉，《全唐詩》，卷五一一。
114 〔唐〕王建，〈霓裳詞十首〉。

得不反復練習。只見她將樹上落下的桃花葉子都踩爛了，地上留下一片殘紅，好似香豔的地毯。[115]

梨園新來了一個十三歲的女弟子，她是昨天才剛剛從教坊中選拔來的。和她住在一個房間的宮女好心地幫她梳頭。她從小就跟姐姐學習吹笙，梨園要求她學習「擘箜篌」。見到皇上後又被賜給了一個新名。她聰穎貌美，很得皇帝喜歡，被點名留下，陪侍皇帝。以後她就留在皇上身邊，朝夕相伴，「夜拂玉床朝把鏡，黃金殿外不教行。」[116]

領舞的宮妓身上穿的都是「畫羅衣」，唱的都是皇上最新創作的歌詞。每天都在內庭排練，樂聲傳遍了整個皇宮。[117]

梨園子弟休閒的時候，一群群地來到池邊，攜帶樂器，好像郊遊一般，邊玩邊唱，還在草地上聚餐，「旋炙銀笙先按拍，海棠花下合梁州。」[118] 秋高氣爽，女弟子們繞著「盆池蹋採蓮」，「罨畫披袍從窣地，更尋宮柳看鳴蟬。」[119]

梨園弟子們之間充滿著妒忌和排擠。宮妓們之間相互較勁，關係十分緊張。每人都暗自攀比，看誰學會和記住的曲子多。第二天在東宮的梨花園裡集中，「先須逐得內家歌。」[120]

一個宮妓刻苦學習歌舞，把教坊的歌曲全都學會了。她的頭髮都白了，也沒人知道。同伴都說她唱得好，也沒人問她最初向誰學的。[121]

七

在宮中，皇帝就是天，就是地，是一切的一切。尚未得寵的女人，企盼皇帝的光顧，哪怕是多看上自己一眼。正在得寵的女人，每日望眼欲穿，等待皇帝的再次到來。曾經得寵的女人，終日回味那曾經的甜蜜感覺，它似乎很真實，又似乎很飄渺，似乎遙不可及，似乎近在眼前。皇帝，令宮中的女人魂牽夢繞。

企盼與回味當中，充滿了對未知的恐懼和辛酸。

初春，晴天，草色淺綠，一片溫潤；山雪漸融，輪廓凸顯。宮妓在今天出去踏青，回來晚了，宮門已經緊閉，她就大聲喊人開門，「傳聲留著望春門。」[122]宮裡的金殿仍然燈火通明。她躺在床上剛剛睡著，又被喊了起來。因為宮嬪向皇帝報告今夜月亮很圓，[123]心血來潮的皇帝就在五更三點時分，下令安排「金車」，讓宮妓們都和自己坐著「金車」出宮去看花。而且還催得很急，有人趕快向皇上寵幸的宮妓報告了這一突然消息。[124]

大明宮，翔鸞閣外，夕陽西下，樹影花光，不辨顏色。宮妓和皇上在樓船上，緩緩駛過水門。[125]夜深了，月亮偏西。無數的宮嬪還在興頭上，頭上插滿了鮮花。婕妤先上了岸，「遙聞隔岸喚船家。」[126]

115 〔後蜀〕花蕊夫人，〈宮詞〉。
116 〔唐〕王建，〈宮詞一百首〉。
117 〔後蜀〕花蕊夫人，〈宮詞〉。
118 〔後蜀〕花蕊夫人，〈宮詞〉。
119 〔五代〕和凝，〈宮詞百首〉。
120 〔唐〕王建，〈宮詞一百首〉。
121 〔唐〕王建，〈宮詞一百首〉。
122 〔唐〕王建，〈宮詞一百首〉。
123 〔五代〕和凝，〈宮詞百首〉。
124 〔唐〕王建，〈宮詞一百首〉。
125 〔後蜀〕花蕊夫人，〈宮詞〉。
126 〔後蜀〕花蕊夫人，〈宮詞〉。

每到皇上外出，宮妓必定伴隨左右。曲江池就是皇帝和宮妓常來玩的地方。從春明門到曲江池一帶，有好多胡姬開辦的酒家，賣的都是西域名酒。胡姬打扮入時，能歌善舞，好多文人都是這裡的常客。[127] 萬一哪個好奇的皇帝也慕名而來也說不定。另外曲江池周邊到處都擱置了筆墨硯台，以便皇上隨時「能向彩箋書大字」，因為皇上常常心血來潮地寫一些新詩。[128]

春天來了，一個宮妓在碧綠的紗窗前，整天就教鸚鵡念詩，而且念的幾首詩都是皇帝寫的。[129] 落地的珠簾把院子遮擋的嚴嚴實實。無事可做的宮妓在窗下悄悄地教鴝鴿兒說話，希望它能像鸚鵡一樣道出自己的心聲。[130] 內人的鸚鵡是一種寄託，鳥兒的有口無心，喋喋不休，反而給宮妓一種奇妙的幻覺，「語多更覺承恩澤，數對君王憶隴山。」[131] 宮妓雖然教會鸚鵡說話了，但也只能在金籠子裡叫出幾個人名。當宮妓到花園看花時，鸚鵡就自己在深院裡模仿人的笑聲。[132]

宮妓們不去看花時，就緊閉院門，肩並肩地站在樓上，東一句西一句說些閒話。滿腹心事的宮妓本來想說一些宮中的事，但一看到掛在頭頂的鸚鵡，就啥也不敢說了，[133] 改口恭維皇帝的無為而治。[134]

一個獲寵的宮妓住在興慶宮的龍池，她掃地焚香，忙到中午，等候皇上來院裡。趁著皇上還沒有來，她就教鸚鵡念自己寫的新詩。[135]

春光明媚，春水潺潺。一位宮妓被悄悄告知皇帝要到她這裡來，她連忙叫其他宮妓一塊來做好準備，把裙裾洗乾淨。[136]

一個多情的宮妓對宮前的楊柳愛護有加，因為玄宗曾用楊柳做的笛子吹奏過她喜歡的曲子。她最喜歡做的事情就是，「凝碧池邊斂翠眉，景陽樓下綰青絲。」[137] 昔日那得寵的情境令她難以釋懷。宜春院的內人接二連三地向皇上稟告花開了，她們期盼皇上快點來看。她們手裡提著繡有五絃琴的琴袋，在宜春院裡不停地唱歌。[138]

暖房種有許多花花草草，宮妓看了很喜歡，就向皇帝要求在自己院裡栽種一些芍藥，皇上就敕賜她「一窠紅躑躅」，她還沒有來得及謝恩，就又稟報皇帝說花已經開了。[139]

一位國色天香的宮妓，她身上的體香即便隔著繡衣，也能嗅到，讓皇上心醉神迷，忘乎所以，以至於官員奏對時也心不在焉。[140]皇上讓她先去沐浴更衣。回來時，她已經遠遠看見了宜春院門為她打開了。[141]皇上新賜給了宮妓一件「紫羅襦」，給她的待遇很高，她出門都是乘坐的高級「軟輿」。上頭來人報喜，她升格為「內尚書」了。[142]她在家休閒時，總愛穿一身舊衣裳，頭上也是隨隨便便地盤在一起，臉上也懶得化妝。

---

127 李志慧，《唐代文苑風尚》，文津出版社，1988年，第245～247頁。
128 〔後蜀〕花蕊夫人，〈宮詞〉。
129 〔後蜀〕花蕊夫人，〈宮詞〉。
130 〔後蜀〕花蕊夫人，〈宮詞〉。
131 〔後蜀〕花蕊夫人，〈宮詞〉。
132 〔唐〕王涯，〈宮詞三十首〉。
133 〔唐〕朱慶餘，〈宮詞〉，《全唐詩》，卷五一四。
134 〔五代〕和凝，〈宮詞百首〉。
135 〔後蜀〕花蕊夫人，〈宮詞〉。
136 〔唐〕王建，〈宮詞一百首〉。
137 〔唐〕張祜，〈折楊柳枝二首〉，《全唐詩》，卷五一一。
138 〔唐〕王建，〈宮詞一百首〉。
139 〔唐〕王建，〈宮詞一百首〉。
140 〔後蜀〕花蕊夫人，〈宮詞〉。
141 〔唐〕王建，〈霓裳詞十首〉。
142 〔唐〕王建，〈宮詞一百首〉。

「忽地下階裙帶解，非時應得見君王。」[143]宮妓正在臥房休息，紅鸞門扇輕輕地掩著，一切都是靜悄悄的。突然傳來皇帝御輦的鳴鑼聲，聲音未落，皇上已經把簾子掀開，自己進來了。[144]睡覺前化的夜妝，沒到天亮就已經在枕邊被蹭掉了。[145]皇帝現在興頭上，怎樣看她都順眼。由於皇帝寵幸，她很快又晉升為高級別的「中尉」。第二天，她在家裡宴請皇上，準備的點心花樣很多，「一樣金盤五千面，紅酥點出牡丹花。」[146]宮妓很細心地發現房裡的珊瑚架有點損壞，再一看原來上面沾染了一點「瀝蘇」。[147]她養了不止一隻寵物狗，沒事就百無聊賴地逗弄這些活蹦亂跳的小東西。[148]特別是一隻珍貴的白雪猧兒，身小，腿短，幾乎拂地而行，而且嬌慣無比，習慣在大紅地毯上酣睡。一旦深宮來人，只會懶洋洋地在台階上朝著螢火蟲叫喚幾聲。[149]

八

一個一個的宮門都被金鎖鎖上了，皇上開始了豐富多彩的夜生活。這個時候的宜春院張燈結綵，每個院子的宮妓都在等待著皇上的到來。年老的白頭太監走來走去，他和哪個宮妓說話最多，哪個宮妓就是今夜最幸運的人。[150]

皇帝來到了宜春院，夜宴笙歌總是不能盡興，得花心思做點有趣兒的事情。他就叫人拿來金箋，倚馬而立，按照他喜歡的口味給每位宮妓都編上了號碼，然後將他御筆親書的號碼，一一貼在每棟樓的院門上。[151]

從外觀看，宜春院的每家每戶似乎都差不多。「窗窗戶戶院相當，總有珠簾玳瑁床。」[152]「水晶簾箔雲母扇，琉璃窗牖玳瑁床。」[153]水晶門簾、琉璃窗牖，無疑都是大唐最好的建築和裝修材料，所以房間採光很好。這使得宮女的心中，陽光燦爛，對未來充滿憧憬。尤其是瑞英簾，「赤紫色，人在簾間，自外望之，繞身有光。」[154]至於玳瑁床更是家家必備之物。它是生活起居的中心地帶。所有那些關鍵性過程都發生於這個方寸之地。另外，宜春院的人家似乎都偏愛巴蜀進貢的錦繡紅地毯，上面有各種精美圖案，有的燦爛如彩霞，有的是吉祥的瑞蓮圖。[155]地毯上還撒有「龍腦鬱金香」。[156]宜春院的窗簾也是別具特色。「紗幔薄垂金麥穗，簾鉤纖掛玉葱條。」[157]雖然宮妓們知道皇上不會來過夜，臥房照常點著「真珠百寶燈」，[158]幃帳中也依舊燃著「炷牙香」。[159]

143 〔唐〕王建，〈宮詞一百首〉。
144 〔後蜀〕花蕊夫人，〈宮詞〉。
145 〔唐〕王建，〈宮詞一百首〉。
146 〔唐〕王建，〈宮詞一百首〉。
147 〔五代〕和凝，〈宮詞百首〉。
148 周昉畫的宮女圖中有一個頭上插有牡丹花釵的宮妓，手拿拂蠅棒正在戲弄小狗。
149 〔唐〕王涯，〈宮詞三十首〉。
150 〔唐〕王涯，〈宮詞三十首〉。
151 〔唐〕王涯，〈宮詞三十首〉。
152 〔五代〕和凝，〈宮詞百首〉。
153 〔唐〕崔顥，〈邯鄲宮人怨〉，《全唐詩》，卷一三〇。
154 〔元〕陶宗儀，《說郛》，卷一二〇下。
155 〔五代〕和凝，〈宮詞百首〉。
156 〔後蜀〕花蕊夫人，〈宮詞〉。
157 〔後蜀〕花蕊夫人，〈宮詞〉。
158 〔後蜀〕花蕊夫人，〈宮詞〉。
159 〔唐〕王建，〈宮詞一百首〉。

宜春院的每個樓都有一個院子，院子有竹柵與笆籬，有的還養了鵓鴿兒。有人專門為獲寵的宮妓飼養。光看牠的毛色品種，就知道是誰家的。[160]

宜春院的有些院子已經破舊得不堪修繕了，近來皇上傳旨宣徽院在別處建樓。宮妓們之間紛紛傳聞，馬上有新的美人要搬進來，這讓得寵的宮妓們感到了空前的緊張和妒忌。[161]

皇帝喜歡誰，就給誰建樓。這不，一夜之間，樓西拔地而起一座長春殿，裝修得甚是豪華。「香碧紅泥透蜀椒。」[162]得寵的內人住上了皇上給她建造的新樓，它有著長長的畫廊，搭配著紅紙泥窗，很喜慶。地毯和窗簾都換上了最新的進口樣式。[163]甚至連床也換了。「畫簾垂地紫金床。」[164]她在院子裡種了海柑，剛結果，就急著要親自送給皇帝品嚐。[165]

一個年齡十五的宮妓，最是風流俏皮，「新賜雲鬟使上頭。」「上頭」就是處女的破身之夜，[166]自明清起俗稱「破瓜」（現在簡稱「破處」，學名「初夜權」），又名「入月」。「密奏君王知入月，喚人相伴洗裙裾。」[167]當她獲悉自己有機會被皇帝「上頭」幸福得溢於言表。本來想忍住笑，結果沒忍住，笑得花搖枝顫。

宮樣衣裳淺畫眉，晚來梳洗更相宜。
水精鸚鵡釵頭顫，舉袂佯羞忍笑時。[168]

接下來，她就要花費心思地「學梳鬆鬢試新裙」。所以她不得不向人求教。「為要好多心轉惑，遍將宜稱問傍人。」[169]這一切都是為了讓皇帝上身的時候滿意。皇上要了她的乾淨身子，以後自然風調雨順。明皇喜歡玩新花樣，「宮人被進御者，日印選以綢繆，記印於臂上，文曰『風月常新』。印畢，漬以桂紅膏，則水洗色不退。」[170]穆宗則以「玄綃白書、素紗墨書為衣服，賜承幸宮人，皆淫鄙之詞，時號『諢衣』。」[171]這樣，每個被皇上寵幸過的女子便都擁有了皇權的永恆標記或特殊符號。有了這些標記或符號，就保證了這個宮妓能順順當當地住進宜春院。由於皇帝現在對她還有新鮮感，所以每當她表演完霓裳曲，皇上總會再次把給她建造的畫樓雲閣粉飾一新。[172]她一邊慢慢地梳著鬟髻，一邊輕輕地在嘴脣上抹紅，她想盡早能在樓前種上芍藥花。皇上專門為她在夾城裡面建了一座新宮，不在宜春院裡住了。[173]

宣城院在池水南岸，粉壁紅窗，難以描摹。這是一個宮妓的金屋。皇上常來這裡，於是，總能聽到徹夜的管弦之聲。[174]她近來喜歡上了騎馬。「盤鳳鞍韉閃色妝，黃金壓胯紫游韁。」為了博得紅顏一笑，皇上專門為她在東頭建了一個小馬坊。[175]而且還常帶她到東苑巡遊，教她射草叢中的鴨子。他們把弓箭繞著池

---

160 〔後蜀〕花蕊夫人，〈宮詞〉。
161 〔唐〕王建，〈宮詞一百首〉。
162 〔後蜀〕花蕊夫人，〈宮詞〉。
163 〔唐〕王建，〈宮詞一百首〉。
164 〔唐〕羅虯，〈比紅兒詩〉，《全唐詩》，卷六六六。
165 〔後蜀〕花蕊夫人，〈宮詞〉。
166 〔元〕陶宗儀，〈上頭入月〉，《南村輟耕錄》，卷十四。
167 〔唐〕王建，〈宮詞一百首〉。
168 〔唐〕韓偓〈忍笑〉，《全唐詩》，卷六八三。
169 〔唐〕韓偓〈新上頭〉，《全唐詩》，卷六八三。
170 〔元〕陶宗儀，《說郛》卷七七下。
171 〔唐〕馮贄，〈諢衣〉，《雲仙雜記》，卷七。
172 〔後蜀〕花蕊夫人，〈宮詞〉。
173 〔後蜀〕花蕊夫人，〈宮詞〉。
174 〔後蜀〕花蕊夫人，〈宮詞〉。
175 〔後蜀〕花蕊夫人，〈宮詞〉。

邊，擺放了好多。[176]金井中清澈的泉水如玉液般的香甜，旁邊有一座琉璃大殿，散發出天然的清涼。他們玩累了，就吃上幾葉「溫湯」剛獻進的西瓜。順便也把其他宮妓叫來，一塊吃，晚來的只能嘆息一口都沒嘗到鮮了。[177]

從住房到服飾，宮妓們都有自己的要求和風格。

宮妓們喜歡的時裝和妝扮是「一叢高鬢綠雲光，官樣輕輕淡淡黃」。這就是社會上的女人們豔慕並東施效顰的所謂「內家裝」。[178]

宮妓們的髮型和裝飾總是超前的，「翠鈿貼靨輕如笑，玉鳳雕釵裊欲飛」[179]就很吸引眼球。至於「猩猩血彩系頭標」[180]因過於誇張而令人恐怖。一個宮妓自恃美麗，萬人無一，特別討厭穿著「龍綃著越紗」，覺得它根本無法襯托出自己的傾城之美，就喜歡別出心裁地弄出些新花樣。侍宴的時候，頭上插著山花，「檀妝唯約數條霞。」[181]

一個身輕如燕的宮妓技壓群芳，細細的柳腰旋轉如風，只有她能把高難度的柘枝舞舞得出神入化，令人窒息。皇帝被她弄得神魂顛倒，三百寵愛在一身，占盡風頭。一天，她畫了一個別緻的新妝，「學畫蛾眉獨出群，當時人道便承恩。」[182]結果六宮粉黛都來爭著向她學習畫短而粗的黑煙眉。[183]「卻是內人爭意切，六宮羅袖一時招。」[184]

一般來說，宮中引領社會上的時尚潮流，但宮妓卻引領宮中的時尚潮流。「城中畫廣黛，宮裡束纖腰。」[185]服裝、美容、髮型等新潮流的最初源頭往往都是宮妓。宮妓一方面影響到其他宮女和后妃，一方面影響到社會上的妓女和仕女。之所以如此，是因為：第一，宮妓是國家出錢，用公費養活的一個超大型的歌舞娛樂團體兼皇宮妓院的特殊機構。宮妓們有足夠的時間、精力和金錢來發明和創造各式各樣匪夷所思的玩意，取悅於皇帝。皇帝開心了，自然就成為最具權威性和說服力的超級明星廣告。第二，一般宮女即便愛美，也沒有更多的條件來比美。第三，嬪妃們限於身分，一般都趨於保守，她們可以很快接受新的樣式，但一般不會主動發明某種新樣式。[186]第四，由於宮妓還往往擔負有為百官表演的任務，特別是在一些節日和國家慶典上，要對廣大社會公眾進行歌舞娛樂雜技表演，所以她們的服裝和髮型便成為眾多京城女人的仿效對象。這就像現在的影迷、歌迷瘋狂追逐和模仿影星和歌星是一樣的道理。第五，宮妓們為了在表演節目時體態更優美，可能會別出心裁地在腳上動腦筋，憑藉經驗，她們知道，在腳上做文章，會使舞姿的變化幅度更具張力，更具誘惑性。所以，漸漸就在宮妓中產生了一種纏足的時尚。這種時尚同頭上的髮型變化，是一個道理，都是追求時髦的表現。一開始，纏足是宮妓的個人愛美創意，後來就變成了女人們群體性的仿效趨從。這樣，「蓮中花更好，雲裹月長新」的畸形美感就逐漸變成了「以纖弓為妙」的變態陋習。[187]

176 〔後蜀〕花蕊夫人，〈宮詞〉。

177 〔五代〕和凝，〈宮詞百首〉。

178 〔唐〕王涯，〈宮詞三十首〉。

179 〔後蜀〕花蕊夫人，〈宮詞〉。

180 〔唐〕張祜，〈上巳樂〉，《全唐詩》，卷二七。

181 〔唐〕徐凝，〈宮中曲二首〉，《全唐詩》，卷四七四。

182 〔唐〕劉氏媛，〈長門怨二首〉，《全唐詩》，卷二〇。

183 〔唐〕徐凝，〈宮中曲二首〉，《全唐詩》，卷四七四。

184 〔唐〕張祜，〈上巳樂〉。

185 〔唐〕法宣，〈和趙王觀妓〉，《全唐詩》，卷八〇八。

186 某些公主可能例外。「安樂公主造百鳥毛裙，以後百官百姓家效之。山林　禽異獸，搜山滿谷，掃地無遺。至於網羅殺獲無數。開元中，禁　器於殿前，禁人服珠玉金銀羅綺之物，於是采捕乃止。」（〔唐〕張鷟，《朝野僉載》，卷三）但從整個唐朝看，這種影響終究是次要的。

187 〔元〕陶宗儀，〈纏足〉，《南村輟耕錄》，卷十。

九

在光鮮後面，是宮妓們不盡的悲感。她們從未有過真正的安全感和自信。她們總是處於惶惑之中。麻醉自己的精神自慰就成為宮妓們的心理常態。

一個獲寵的宮妓本來打算迎接皇帝一起去看花，剛走下台階卻又後悔了。她害怕看到那些失寵的宮妓們的舊院子，這些院子就在自己的宅子附近。於是，她退回房中，拿出五絃琴，彈著彈著就沉浸於得寵的幸福時光。[188]

這是一個充滿鄉愁的宮妓，雖然她很得寵，皇上常常在她這裡過夜，以至於貪睡的她總是被早晨的鐘聲敲醒。但她仍然控制不住地思念家鄉的楚山楚水，甚至有時她在御樓陪伴皇上遊玩時，也恍恍惚惚地看見了「兩三峰」。[189]

宜春院的十二個樓，全都擺好了架勢，等待皇上大駕光臨。宮妓們把自己的樓稱作「望仙樓」，皇上就是那讓她們夜夜望眼欲穿的神仙。為了等待這一激動人心的時刻到來，她們覺得白天過得是那麼慢。她們一刻不停地描眉搽粉，剛收拾完，對著鏡子一看，又不滿意，近乎強迫症式地自我折騰。衣服也是試過一件再試一件。還有香燭，也是一根接一根。就在這時，她們遠遠地看見了正殿的門簾掀開了，「袍袴宮人」正在給皇帝打掃御床呢。她們大失所望。皇上不來了，今夜又要孤枕難眠了。[190]

一個臉似芙蓉腰似柳的美人，正在痴痴地等待皇上。但皇上始終沒來。她感覺到自己手裡拿的秋扇，就像天上的明月，永遠都在苦等皇上。[191]夜不能寐的她，熬到天亮，頭暈腦脹，胡思亂想，剛走下台階就立刻想到了床。這時宮中送來了最新的化妝品和美容霜「山丹紅蕊粉」，但她此刻根本無心打扮。皇上不來，打扮了給誰看呢！

因為是深秋，夜涼如水，一層薄霜，故而珠簾也不用捲起來了。宮妓這時在臥室裡，守著已經沒有香味的熏籠，側身而臥，靜聽著南宮傳來的清脆水漏聲，[192]漸漸的進入了夢鄉。她知道自己心比天高，命比紙薄，以致夢見了皇上也不敢輕易相信。醒來後，還反復思量，是真是假。看到窗外的西宮燈火通明，她知道那是妃子們的夜宴正到高潮，她長嘆一口氣，明白那才是受寵之人應該過的生活啊！[193]

或許是長期的心情鬱悶所致，一位宮妓近來總感覺身體不適，沒有胃口，壓根兒不想吃御廚做的菜餚，光想吃些民間的小吃。她有一種傷春的心病，每當見到春暖花開就會愁眉苦臉，總怕韶華不再，容顏衰老。大白天就臥床不起，整日唉聲嘆氣，嬌喘噓噓，彷彿身染重病，隔著珠簾喊叫宮中的女醫生。[194]

一個宮妓新來乍到，還沒有得到皇上的恩寵，全家人都在為她發愁。她雖然技藝超群，遺憾的是從未得到機會，到宮內演奏和侍寢。她每天只能憑藉回憶往事來打發時光。甚至在學習和演奏之時，也常常在嘴裡情不自禁地哼出家鄉的小調兒。「求守管弦聲款逐，側商調裡唱伊州。」[195]

至於那些過了氣的失寵宮妓，她們早已不再夢想。甚至做夢都夢不到皇帝了。「夜深前殿按歌聲」使得她難以入睡，只能「斜倚熏籠坐到明」。但這只不過是「紅顏未老恩先斷」的一個普通例子而已。[196]儘管「三

188 〔唐〕王建，〈宮詞一百首〉。
189 〔後蜀〕花蕊夫人，〈宮詞〉。
190 〔唐〕薛逢，〈宮詞〉，《全唐詩》，卷五四八。
191 〔唐〕王昌齡，〈西宮秋怨〉，《全唐詩》，卷一四三。
192 〔唐〕王昌齡，〈長信秋詞五首〉。
193 〔唐〕王昌齡，〈長信秋詞五首〉。
194 〔唐〕王建，〈宮詞一百首〉。
195 〔唐〕王建，〈宮詞一百首〉。
196 〔唐〕白居易，〈後宮詞〉，《全唐詩》，卷四四一。

千玉貌休自誇，十二金釵獨相向」，但現在仍要忍受「深院獨開還獨閉，鸚鵡驚飛苔覆地。滿箱舊賜前日衣，漬枕新垂夜來淚。痕多開鏡照還悲，綠鬢青蛾尚未衰」[197]的悲苦和絕望。

得寵的宮妓永遠是少之又少的幸運兒，時間久了，多數宮妓不免心如枯井，又心如死灰。即便春天來了，她們也絲毫感覺不到春天的生機與溫暖。一任又一任的新人走來換去，早已奪走了那喜新厭舊的皇帝對自己的寵愛。不管是不是寒食節，她的房門一天到晚都是緊緊地關閉著。[198]在魚藻宮，像她這樣的「翠娥」還有很多。魚藻宮是一座廢棄已久的行宮，用來安置那些年輕時服侍過皇帝並曾經得寵的宮妓。「曾經」二字已經注定了宮殿的氛圍。魚藻宮遠離紅塵，空曠無比。所以年久失修，池底都堆滿了垃圾和淤泥，「菱角雞頭積漸多。」[199]寂寞的宮花還是那麼鮮紅，可是宮女卻早已紅顏不再。白髮蒼蒼的她整日無所事事，「閒坐說玄宗」式的回憶往事便成為她的全部生活。[200]

君不見宜春苑中九華殿，飛閣連連直如髮。
白日全含朱鳥窗，流雲半入蒼龍闕。
宮中綵女夜無事，學鳳吹簫弄清越。
珠簾北卷待涼風，繡戶南開向明月。
忽聞天子憶蛾眉，寶鳳銜花揲兩螭。
傳聲走馬開金屋，夾路鳴環上玉墀。
長樂彤庭宴華寢，三千美人曳光錦。
燈前含笑更羅衣，帳裡承恩薦瑤枕。[201]

更有甚者，有的宮妓因失寵而失常。一個宮妓，蓬頭垢面，雖然還插著一支鳳凰釵，卻早就忘卻「霓裳法曲」是什麼了，如今只是獨自一人在花園中反反復復地打掃著那近乎一塵不染的台階。[202]

一個倒棢的宮妓因為貪吃櫻桃，吃壞了肚子，想必是影響了演出品質，即被遣散回家。三年來，她難以釋懷，一直穿著宮中的破舊羅衣，後來在一個偶然場合，被一個宮妓認了出來，給她換上鏽有金花的宮裝，引薦給了貴妃，得以重入宮廷。「內中人識從來去，結得金花上貴妃。」[203]不知她是幸運還是悲哀。宮廷這座富麗堂皇的「牢籠」，似乎讓人很糾結。希望與失望並存，也許是一旦得寵的誘惑太大，以至於讓人有些不知所措。

比倒楣還要不幸的是冷酷和無情。一個宮妓雖然已經失寵，但皇帝也不讓她出宮，非要把她送到長門宮（即冷宮），還不許她到原來居住的宜春院告別和收拾東西。因為怕她睹物感懷，哭哭啼啼地再來懇求皇帝讓她回家。[204]皇帝的意思是將她弄到先帝陵園打發餘生。

陵園妾，顏色如花命如葉。
命如葉薄將奈何，一奉寢宮年月多。
年月多，時光換，春愁秋思知何限。
青絲髮落叢鬢疏，紅玉膚銷系裙慢。

197 （唐）長孫佐輔，〈相和歌辭．宮怨〉，《全唐詩》，卷二〇。
198 （唐）王涯，〈宮詞三十首〉。
199 （唐）王建，〈宮詞一百首〉。
200 （唐）王建，〈故行宮〉，《全唐詩》，卷三〇一。
201 （唐）王翰，〈相和歌辭．蛾眉怨〉，《全唐詩》，卷二〇。
202 （唐）王建，〈舊宮人〉，《全唐詩》，卷三〇一。
203 （唐）王建，〈宮詞一百首〉。
204 （唐）王建，〈宮詞一百首〉。

憶昔宮中被妒猜，因讒得罪配陵來。
老母啼呼趁車別，中官監送鎖門回。
山宮一閉無開日，未死此身不令出。
松門到曉月裴回，柏城盡日風蕭瑟。
松門柏城幽閉深，聞蟬聽燕感光陰。
眼看菊蕊重陽淚，手把梨花寒食心。
把花掩淚無人見，綠蕪牆繞青苔院。
四季徒支妝粉錢，三朝不識君王面。
遙想六宮奉至尊，宣徽雪夜浴堂春。
雨露之恩不及者，猶聞不啻三千人。
三千人，我爾君恩何厚薄。
願令輪轉直陵園，三歲一來均苦樂。[205]

青春易老，宮門無情，宮妓的思緒卻還沉浸在往日之中。讀來惹人唏噓。

十

宮妓的結局各不相同。至少有相當一部分人將來年老色衰之後要離開皇宮。她們出宮的最後一站是大明宮的九仙門。憲宗時，「出掖庭、教坊女樂六百人於九仙門，召其親族歸之。」[206]文宗時，「內出音聲女妓四十八人，令歸家。」[207]有的宮妓無家可歸，或不願回家，她們就會到寺院或道觀中打發餘生。白居易在一所由華陽公主舊宅改建成的華陽觀裡就遇見過這類宮妓。

帝子吹簫逐鳳凰，空留仙洞號華陽。
落花何處堪惆悵，頭白宮人掃影堂。[208]

對於這些把青春年華獻給皇帝的宮妓來說，她們出宮之後的生活，常常是在回憶中度過的，但皇帝永遠不會知道。

神仙風格本難儔，曾從前皇翠輦游。
紅躑躅繁金殿暖，碧芙蓉笑水宮秋。
寶箏鈿剝陰塵覆，錦帳香消畫燭幽。
一旦色衰歸故里，月明猶夢按梁州。[209]

相對於這位宮妓的浪漫回憶和夢迴縈繞，有的宮妓境遇就更為困難和實際些了。

歌舞梁州女，歸時白髮生。
全家沒蕃地，無處問鄉程。
宮錦不傳樣，御香空記名。

205 〔唐〕白居易，〈陵園妾〉，《全唐詩》，卷四二七。
206 〔後晉〕劉昫等，《舊唐書．順宗、憲宗本紀上》。
207 〔後晉〕劉昫等，《舊唐書．文宗本紀下》。
208 〔唐〕白居易，〈春題華陽觀〉，《全唐詩》，卷四三六。
209 〔宋〕廖融，〈退宮妓〉，《全唐詩》，卷七六二。

一身難自說，愁逐路人行。[210]

詩人崔顥年輕時常常喜新厭舊，「意浮豔，多陷輕薄」。他頻繁地離婚結婚，理由只有一個：沒有最美，只有更美。當他以宮女自述的敘事手法來為人們講述一個普通宮妓的完整歷史時，讓人心中五味雜陳。崔顥肯定無意自我譴責。但不知他是否想透過展示宮妓身世來對自己頻頻休妻的行為表示某種委婉的歉意？

邯鄲陌上三月春，暮行逢見一婦人。
自言鄉里本燕趙，少小隨家西入秦。
母兄憐愛無儔侶，五歲名為阿嬌女。
七歲丰茸好顏色，八歲黠惠能言語。
十三兄弟教詩書，十五青樓學歌舞。
我家青樓臨道傍，紗窗綺幔暗聞香。
日暮笙歌君駐馬，春日妝梳妾斷腸。
不用城南使君婿，本求三十侍中郎。
何知漢帝好容色，玉輦攜登歸建章。
建章宮殿不知數，萬戶千門深且長。
百堵涂椒接青瑣，九華閣道連洞房。
水晶簾箔雲母扇，琉璃窗牖玳瑁床。
歲歲年年奉歡宴，嬌貴榮華誰不羨。
恩情莫比陳皇后，寵愛全勝趙飛燕。
瑤房侍寢世莫知，金屋更衣人不見。
誰言一朝復一日，君王棄世市朝變。
宮車出葬茂陵田，賤妾獨留長信殿。

一朝太子升至尊，宮中人事如掌翻。
同時侍女見讒毀，後來新人莫敢言。
兄弟印綬皆被奪，昔年賞賜不復存。
一旦放歸舊鄉里，乘車垂淚還入門。
父母愍我曾富貴，嫁與西舍金王孫。[211]

年輕貌美，能歌善舞，入宮受寵，錦衣玉食，皇帝駕崩，遣送回家，嫁作商婦。這幾乎就是《琵琶行》的另一版本。重複著差不多一模一樣的悲劇故事。略有不同的是，一者是人盡可夫的妓女，一者是惟一人可夫的宮妓。

出宮之後，宮妓們或為妻或為妾或為妓，更有人因種種原因而周轉於幾種身分之間。她們大都抱著一種改行不改技的態度和觀念。一個宮妓出宮後，嫁給了一個品秩不高的「卑官」，並隨丈夫到西蜀任職。誰知不到一年，也不知何故，丈夫便丟了官。她便成了「途中身賤」的歌女，「願持卮酒更唱歌」自願留在官衙，迎來送往，陪官員們喝酒、取樂。「蜀王殿上華筵開，五雲歌從天上來。」某次，她偶遇一個對其歌舞頗為欣賞的官員，遂直言相告：自己曾是一位很受皇帝寵愛的宮妓。皇帝不但給她取了個好聽的藝名，而且還把她的級別置於「中丞」、「御史」這些高級宮妓之前。「水殿一聲愁殺人。」她在水殿演奏王維的《征戍詞》，可謂驚心動魄，更增添了無限的閨情相思。皇宮的生活經歷，似乎令諸多女人唸唸不忘。這個宮妓直到出宮二十年後，仍然懷舊似地保持著宮中的服飾、髮型和化妝風格。

210 〔唐〕張籍，〈舊宮人〉，《全唐詩》，卷三八四。
211 〔唐〕崔顥，〈邯鄲宮人怨〉，《全唐詩》，卷一三〇。

舊樣釵篦淺淡衣，元和梳洗青黛眉。
低叢小鬢膩髮鬌，碧牙鏤掌山參差。[212]

儘管她心裡很清楚，「今色將衰，歌當廢矣。」[213]但仍然不可自拔地幻想著自己依然是那個萬人矚目風光無限的美麗宮妓。

也有的宮妓轉行做官妓之後，還能將自己的技藝發揚光大，開闢一片新天地。一個叫李周的女子就是如此。

聞君七歲八歲時，五音六律皆生知。
就中十三弦最妙，應宮出入年方少。
青驄慣走長楸日，幾度承恩蒙急召。
一字雁行斜御筵，鏘金戛羽凌非煙。
始似五更殘月裡，淒淒切切清露蟬。
又如石罅堆葉下，泠泠瀝瀝蒼崖泉。
鴻門玉斗初向地，織女金梭飛上天。
有時上苑繁花發，有時太液秋波闊。
當頭獨坐撚一聲，滿座好風生拂拂。
天顏開，聖心悅，紫金白珠沾賜物。
出來無暇更還家，且上青樓醉明月。
年將六十藝轉精，自寫梨園新曲聲。
近來一事還惆悵，故里春荒煙草平。
供奉供奉且聽語，自昔興衰看樂府。
只如伊州與梁州，儘是太平時歌舞。

旦夕君王繼此聲，不要停弦淚如雨。[214]

但對絕大多數宮妓來說，宮中不是自己的久留之地，更非自己的養老場所。再加上這種「臥聽未央曲，滿箱歌舞衣」[215]的光鮮日子只是一種短暫的青春飯，所以，她們必須早早打算，為自己留下退路。「梨園弟子偷曲譜，頭白人間教歌舞。」[216]心思活絡的宮妓偷學，甚至偷竊梨園中的流行歌譜和最新曲子，以便在自己出宮後能在青樓或戲班傳授這些，作為自己謀生的資本。

當然，也不是所有的宮妓都樂意把絕技炫耀於人。楊志是晚唐時太常寺的一個下層官員，他善彈琵琶，但他姑姑水準更高。他姑姑就曾是宣徽院（總領內諸司及三班內侍之籍、郊祀、朝會、宴饗、供帳之事）弟子，後放出宮，作了永穆觀的道姑。她既已遁入空門，自然不願重操舊技，所以保持低調，害怕人們知道她以前的經歷和技藝，總是在夜半無人之際才彈上幾曲。楊志懇求教授，屢遭拒絕。「我死也不傳人。」楊志就賄賂永穆觀的觀主，懇請留在觀裡寄宿，以便竊聽姑姑彈奏。樂聲甚輕，難以聽得清楚，他勉強記下了一兩首曲調。次日，楊志攜帶樂器拜訪姑姑，將夜晚所記樂譜演奏出來，姑姑大驚。他告以實情，姑姑為其感動，遂心回意轉，將琵琶技藝傾囊相授。[217]

212 （唐）陳陶，〈西川座上聽金五雲唱歌〉，《全唐詩》，卷七四五。
213 （唐）范攄，〈餞歌序〉，《雲溪友議》，卷上。
214 （唐）吳融，〈李周彈箏歌〉，《全唐詩》，卷六八七。
215 （唐）盧綸，〈相和歌辭．長門怨〉，《全唐詩》，卷二〇。
216 （唐）王建，〈溫泉宮行〉，《全唐詩》，卷二九八。
217 （唐）段安節，《樂府雜錄．琵琶》。

娛樂篇

遊戲

摴蒱冷澹學投壺，箭倚腰身約畫圖。

一

唐人愛玩。玩的花樣男女都差不多，上千年過去，這些花樣大體都已失傳，以至於當時的各種遊戲現在都覺得奇奇怪怪。

每到秋天，宮中嬪妃宮女都喜歡捉蟋蟀玩。她們把蟋蟀放到小金籠裡，擱在自己枕頭旁邊，當作一種催眠曲，每夜都在蟋蟀的吱吱聲中安然入睡。這種遊戲很快流傳到了宮外。京城百姓之家紛紛效仿。[1]

許多宮人都很熱衷鬥香。中宗朝，「韋武間為雅會，各攜名香比試優劣。」看誰的香香味濃、時間長。「惟韋溫挾椒涂所賜常獲魁。」這是一種常玩不衰的宮廷遊戲。因為宮中的香品種多，用途廣，香味奇異。「刀圭第一香，酷烈清妙，雖焚豆大，亦終日旖旎。」花蕊夫人夏天用「水調龍腦末涂白扇上，用以揮風」，被人稱作「雪香扇」。[2] 僖宗逃亡蜀地時，「關中道傍之瓜，悉皆萎死。蓋宮嬪多帶麝香所熏，遂皆萎落

1 〔五代〕王仁裕，〈金籠蟋蟀〉，《開元天寶遺事》，卷二。

2 上述詩文來源於〔北宋〕陶谷，《清異錄》，卷下。

耳。」[3]香料的大量使用，也就順勢帶動了宮中對香爐的巨大需求。李煜皇后居住的柔儀殿設置有專職的主香宮女，焚香器皿繁多，有「把子蓮、三雲鳳、折腰獅子、小三神、卍字金鳳、口嬰、玉太古、容華鼎，凡數十種，金玉為之。」[4]

長安仕女在春天愛玩鬥花。「戴插以奇花多者為勝。皆用千金市名花，植於庭苑中，以備春時之鬥也。」[5]由此帶動了京城花卉業的興旺。時尚流行，波及皇宮。有的皇帝也忍不住參與其中。南漢皇帝在早晨把宮女集合起來，來到內苑，發起採花運動，然後帶著花回宮吃飯，接下來開始鬥花。「訖角勝於殿中，令宦者抱關、置樓、羅歷，以驗出入，號曰花禁。」輸者交錢，金銀不拘。[6]

或許玩鬥草的女人更多，從公主到宮女都喜歡玩。安樂公主玩鬥草，對草的品種很有講究。[7]宮女們可不管這些，只要玩著方便，什麼草都行。碧羅冠子、香蓮都可以，而且似乎很容易贏錢，「結勝雙銜利市錢。」所以，宮女們紛紛忙著尋找各種花草，就連頭上的金蟬簪子丟了都沒感覺。[8]由於取材便利，鬥草深宮便成為宮女們最喜歡的一種遊戲。「春蒲如箭荇如錢」的感覺，讓宮女們忘記一切地玩上整天，直到日暮黃昏，大家才發現彼此都是披頭散髮，翠鈿滿地。[9]

還有的宮女更為離奇，已經玩到了痴迷程度，頭髮不梳，工作不管，典型的玩物喪志，荒廢業務，目標只有一個，鬥草贏錢。

春來睡睏不梳頭，懶逐君王苑北遊。
暫向玉花階上坐，簸錢贏得兩三籌。[10]

有的宮女喜歡玩投壺。投壺早先是一種貴族禮儀，唐朝時已經變成了一種大眾化的遊戲。整個宮殿鋪滿了花團錦簇的地毯，宮女們分成兩隊，各坐一邊，學習樗蒲。樗蒲的玩法是，「在一塊木製的棋盤上畫有棋道，棋道上設有『關』、『坑』等名目。棋子稱為『馬』，一共設有二十馬，分為五種顏色。」參與遊戲者各有一種顏色的馬，最多一局可有五人來玩。玩的時候先擲骰子，如果五枚骰子擲出來的都是黑色，稱為「盧」，分值十六；如果五枚骰子擲出來的是三個黑色，兩個刻有山雞圖案的白色，稱為「雉」，分值十四。這都是數一數二的高分值，俗稱「王采」。只有擲出王采，才能過坑出關。[11]宮女們心裡都在暗暗較勁，詛咒發誓自己早點擲出盧或雉。「欲教官馬沖關過，咒願纖纖早擲盧。」[12]宮女們自己玩的時候，偶爾會用櫻桃作賭注。這種遊戲看似輕巧，實則需要技巧，也是個力氣活。不一會兒，宮女們就感覺手腕瘦疼。[13]

有的宮女也玩「摴蒱」，這是一種風險性很高的博戲，透過擲骰子決定輸贏，很刺激。宮女們不論玩摴蒱，還是玩投壺，和皇帝一塊玩的時候，皇上往往不是對手。

摴蒱冷澹學投壺，箭倚腰身約畫圖。

3 〔元〕陶宗儀，《說郛》，卷二四下。
4 〔北宋〕陶谷，《清異錄》，卷下。
5 〔五代〕王仁裕，〈鬥花〉，《開元天寶遺事》，卷三。
6 〔清〕吳省蘭，《十國宮詞》，《香豔叢書》，上冊，人民國出版社，1998年，第194頁。
7 〔唐〕韋絢，《劉賓客嘉話》。
8 〔五代〕和凝，〈宮詞百首〉，《全唐詩》，卷七三五。。
9 〔後蜀〕花蕊夫人，〈宮詞〉，《全唐書》，卷七九八。。
10 〔唐〕王建，〈宮詞一百首〉，《全唐詩》，卷三〇二。
11 于左，《玩在唐朝》，中華書局，2008年，第30～32頁。
12 〔五代〕和凝，〈宮詞百首〉。
13 〔唐〕王建，〈宮詞一百首〉。

盡對君王稱妙手，一人來射一人輸。[14]

藏鉤也是宮女愛玩的一種遊戲。它主要靠眼力，而不是手氣。不需要特別的器具，隨時隨地都能玩。「更憐花月夜，宮女笑藏鉤。」[15]不過和皇帝一塊玩的時候，規模就相當大了，甚至有上百人之多。這種熱鬧場合一般都是在載歌載舞的夜宴上。這天，皇帝在龍池舉行夜宴，旁邊有歌舞管弦伴奏。宮女們在宴席上和皇帝玩起了藏鉤的遊戲。她們都盼望皇上能猜中自己手中的東西。因為這樣可以讓皇帝來給自己畫眉。「好是聖人親捉得，便將濃墨掃雙眉。」[16]從唐人繪畫來看，至少有段時期，女人們都喜歡這種像掃帚一樣的短而粗的蠶眉。

藏鉤遊戲，甚至在敦煌這樣的邊疆地區也很流行。地方官員在歌舞宴會上就常和妓女們玩這種遊戲。

城頭月出星滿天，曲房置酒張錦筵。
美人紅妝色正鮮，側垂高髻插金鈿。
醉坐藏鉤紅燭前，不知鉤在若個邊。[17]

二

皇宮中的遊戲大多與女人身體有關，或直接就是出於展示女人的身體，所以它往往具有強烈的性遊戲意味。以風流天子自命的明皇在這方面玩出了不少的新鮮花樣。

皇帝有很多妃子，讓哪個妃子侍寢也不是一件簡單的事。其中包含種種權術、陰謀、技巧和智慧。所以它需要一種綜合的平衡和靠量。明皇發明了一種簡單卻有效的的方式來公平決定哪個妃子有資格陪自己睡覺。他讓嬪妃賭錢決勝負。「以親者為勝。」勝者就是侍寢者。[18]或者擲骰子定輸贏。「集宮嬪，用骰子擲最勝一人，乃得專夜。宦璫私號骰子為『剉角媒人』。」[19]骰子在男女性愛中的作用並不限於皇宮。元和末，縣尉薛昭罷官為民，夜裡誤入蘭昌宮，見到三個美女。長曰「雲容張氏」，次曰「鳳台蕭氏」，次曰「蘭翹劉氏」。經詢問，「雲容張氏」是楊貴妃之侍女，「鳳台蕭氏」和「蘭翹劉氏」都是開元中的漂亮宮女。酒酣之餘，蘭翹拿出骰子說，「今夜嘉賓相逢，須有匹偶，請擲骰子。遇采強者，得薦枕席。」雲容勝出，得以與薛昭發生合巹之歡。[20]

這種充滿荒誕色彩的宮外豔遇在宮中則屬於天天進行的殘酷競爭。儘管它表面上不那麼血腥。一種春天常用的競爭上床辦法，在嬪妃眼中，無疑使春暖花開變得寒氣肅殺。開春時節，一到傍晚，明皇都要在宮中舉行夜宴，他讓嬪妃的車子或轎子上插滿了各種鮮花。明皇親手將蝴蝶放走，看蝴蝶最後落到誰的車子上或轎子上，就到誰的寢宮過夜。[21]比較而言，敬宗玩的花樣就更刺激些。「帝造紙箭竹皮弓，紙間密貯龍麝末香。每宮嬪群聚，帝躬射之。中者濃香觸體，了無痛楚。宮中名『風流箭』，為之語曰：『風流箭，中的人人願』。」[22]在這種宮廷遊戲中，敬宗這位少年天子就像手握金弓的小愛神一樣，射向嬪妃的便是那

---

14 〔後蜀〕花蕊夫人，〈宮詞〉。
15 〔唐〕李白，〈宮中行樂詞〉，《全唐詩》，卷二八。
16 〔後蜀〕花蕊夫人，〈宮詞〉。
17 〔唐〕岑參，〈敦煌太守後庭歌〉，《全唐詩》，卷一九九。
18 〔五代〕王仁裕，〈投錢賭寢〉，《開元天寶遺事》，卷三。
19 〔北宋〕陶谷，《清異錄》，卷上。
20 〔明〕陸楫，《古今說海》，卷六七。
21 〔五代〕王仁裕，〈隨蝶所幸〉，《開元天寶遺事》，卷一。
22 〔北宋〕陶谷，《清異錄》，卷下。

沒有盡頭的幸福許願。

明皇李隆基則要高雅得多，他喜歡用桃花打扮各位妃子。他折斷花枝，插在嬪妃的寶冠上，認為，「此個花尤能助嬌態也。」[23]明皇還有一個愛好，就是在貴妃酒醒之後，一塊兒賞玩芍藥花。明皇親手折下一枝遞給貴妃，讓她「遍嗅其豔」。明皇說，「萱草可以忘憂，芍藥尤能醒酒。」[24]

華清宮是明皇和貴妃的日常遊戲場所。這裡有兩人專用的浴池。另外，還有「長湯十六所」，供其他嬪御使用。[25]「屋宇環回，甃以文石，為銀樓漆器船及檀香水船，致於其中。至楫棹，皆飾以珠玉，又於湯中壘瑟瑟及檀香為山，以狀瀛洲方丈……甃以文蟲密石，中央有玉蓮捧湯泉，噴以成池；又縫綴錦繡為鳧雁，致於水中。」至於明皇的浴池，更是製作宏麗而又窮奢極欲，可謂古今罕匹。當年，「安祿山於范陽以白玉石為魚龍鳧雁，仍以石樑及石蓮花以獻，雕鐫巧妙，殆非人功。上大悅，命陳於湯中，仍以石樑橫亙湯上，而蓮花才出水際。上因幸華清宮，至其所，解衣將入，而魚龍鳧雁，皆若奮鱗舉翼，狀欲飛動。上甚恐，遽命撤去。」[26]儘管明皇葉公好龍，但這一點也不影響他的興致。他與貴妃駕著小舟，戲玩於池中。每次洗完放水，排水道都會把一些「珠纓寶絡」從御溝衝到宮外的溝渠，好些貧民每天都準時守在御溝河邊等著打撈這些稀罕物件。[27]

明皇與貴妃，喝酒喝到盡興的時候，就使貴妃統領一百多名宮妓，明皇自己統領一百多個太監，在掖庭中排成兩隊，擺開陣勢，號稱「風流陣」。雙方以錦緞彩霞為旗幟，相互攻擊，「敗者罰之巨觥以嘻笑。」[28]

玄宗與貴妃常在月夜捉迷藏。「玉真捉上每易。而玉真輕捷，上每失之。滿宮之人撫掌大笑。一夕，玉真於袿服袖上，多結流蘇香囊，與上戲。上屢捉屢失。玉真故以香囊惹之，上得香囊無數，已而笑曰：『我比貴妃差勝也。』」[29]

牡丹花開，玄宗夜召貴妃，步輦賞花，梨園子弟中尤者得從。明皇說，「賞名花對妃子，要用新曲。」

遂宣李白進清平調詞三章。李白酒醉未醒，援筆賦之：

雲想衣裳花想容，春風拂檻露華濃。

若非群玉山頭見，會向瑤台月下逢。

明皇命梨園子弟「約略調，撫絲竹，遂促龜年以歌」。貴妃手持玻璃七寶杯，淺酌西涼州蒲萄酒，喜笑顏開。「上因調玉笛以倚曲，每曲遍將換，則遲其聲，以媚之太真。」[30]

各地進獻的水果中，有一種「合歡實」。明皇與貴妃互相把玩。明皇說，「此果似知人意，朕與卿固同一體，所以合歡。」於是兩人同坐同食。並令宮廷畫家把他們這種情意綿綿的場面「畫圖傳之於後」。[31]

仲秋八月，正是太液池中的千葉白蓮盛開之際，明皇與皇親貴戚常在此宴賞。這種場合，貴妃都是最活躍的主角。明皇指著貴妃得意地對自己的兄弟說，「這就是朕的解語花。」[32]

---

23 〔五代〕王仁裕，〈助嬌花〉，《開元天寶遺事》，卷一。

24 〔五代〕王仁裕，〈醒酒花〉，《開元天寶遺事》，卷二。

25 〔五代〕王仁裕，〈長湯十六所〉，《開元天寶遺事》，卷四。

26 〔唐〕陳鴻，〈華清湯池記〉，《全唐文》卷六一二。

27 〔五代〕王仁裕，〈錦雁〉，《開元天寶遺事》，卷四。

28 〔五代〕王仁裕，〈風流陣〉，《開元天寶遺事》，卷四。

29 〔元〕陶宗儀，《說郛》，卷三一下。

30 〔明〕李濬，《松窗雜錄》。

31 〔元〕陶宗儀，《說郛》卷一一一（下）。

32 〔五代〕王仁裕，〈解語花〉，《開元天寶遺事》，卷三。

任何時候，得寵的妃子總是少數，失寵的后妃總是多數。對於她們來說，充滿希望的春天則是倍感失落和寂寞的時期。她們一般三五成群，賭錢為樂，在吆五喝六的狂呼聲中發洩自己內心的孤悶。[33]但對長安城的妓女來說，春光明媚就是讓人澈底放鬆的季節。她們「乘小犢車指名園，曲沼藉草，裸形去其巾帽，叫笑喧呼」與一幫不拘禮節的進士們旁若無人地激情狂歡、酣暢對飲。[34]

牡丹花開的季節，嬪妃和宮女開始了撲蝶遊戲。穆宗在殿前種有一種稀罕的千葉牡丹，花開時，一朵千葉，香氣襲人。宮中每夜，就有成千上萬的黃蝴蝶、白蝴蝶，「飛集於花間」拂曉才離去。剛開始宮女都是以羅巾撲蝶，一隻也捉不著。穆宗就讓人張開大網，一次就在殿內逮著了數百隻蝴蝶。然後，再放掉，讓嬪妃「追捉以為娛樂」。[35]

盛夏，敬宗來自異域的玳瑁盆和嬪妃們一塊在大殿戲水。玳瑁盆外面鑲金嵌玉，聚寶盆一般，灌滿水後，嬪御們拿著金碗銀杓「酌水相沃以為嬉戲」，就像玩潑水節，盆裡的水卻始終滿滿的。[36]

仲秋之夜，武宗與諸嬪妃泛舟於太液池中，進行水戰遊戲。「舟上各設女軍：居左者冠赤羽冠，服斑文甲，建鳳尾旗，執泥金畫戟，號曰『鳳隊』；居右者冠漆朱帽，衣雪氅裘，建鶴翼旗，執瀝粉雕戈，號曰『鶴團』。」兩隊人馬擺好陣勢之後，武宗下令「開戰」，「兩軍水擊為戲，風旋雲轉，戟刺戈橫，戰既畢，軍中樂作，唱『龍歸洞之歌』而還」。[37]

大雪封門，不能外出，「至午雪霽，有晴色」妃子們的心情會稍微好些。她們叫侍女到結滿冰棱柱的樹下，敲下兩根冰條賞玩。等皇帝下朝，妃子還會把這些天然冰棍拿給皇上看，[38]相互戲謔一番。

三

中宗是一個比較貪玩的皇帝，玩的也比較粗俗。他把皇宮當市場，「命宮女為市肆，公卿為商旅」有模有樣地討價還價，大呼小叫，高聲喧嘩，全無禮儀，毫無顧忌，言辭粗魯，姿態放蕩。中宗既是編劇，又是導演和演員，他彷彿是在現場指導這出宮廷喜劇電影的拍攝。中宗與韋后沒事就喜歡玩這種小商小販的交易遊戲，「臨觀為樂」樂此不疲。[39]這可能與他們流放期間的生活體驗有關。中宗的這種宮市遊戲，到了五代時期還有人玩。前蜀後主王衍，「命大內造村坊市肆，令宮嬪著青衫，懸簾鬻食，男女雜沓交易而退。帝與妃嬪輒為笑樂。」[40]

中宗怕老婆，這是朝野都知道的祕密。他自己從不諱言，連宴會上的戲子都拿他懼內取笑。有次，內宴唱《回波詞》，優人唱道：「回波爾時栲栳，怕婦也是大好。外邊祇有裴談，內裡無過李老。」裴談是御史大夫，怕老婆也是出了名的。這「李老」就是中宗。聽到這唱詞，韋后「意色自得」，賞給了優伶好多束帛。[41]不用說，這類極具戲謔色彩的娛樂段子很快就會成為官員們茶餘飯後津津樂道的笑料。

在一些只有女人沒有男人的夜宴上，酒令和歌曲仍然離不開男人。牛僧孺的《玄怪錄》中講了一個故事。

---

33 〔五代〕王仁裕，〈戲擲金錢〉，《開元天寶遺事》，卷二。
34 〔五代〕王仁裕，〈顛飲〉，《開元天寶遺事》，卷二。
35 〔唐〕蘇鶚，《杜陽雜編》，卷中。
36 〔唐〕蘇鶚，《杜陽雜編》，卷中。
37 〔元〕陶宗儀，《說郛》，卷一一〇上。
38 〔五代〕王仁裕，〈冰筋〉，《開元天寶遺事》，卷三。
39 〔北宋〕司馬光等，《資治通鑑》，卷二〇九。
40 〔清〕孟彬，《十國宮詞》，《香豔叢書》，上冊，第174頁。
41 〔唐〕孟棨，《本事詩·嘲戲》。

七、八個女人在一起喝酒。三四個少女，「色皆絕國。」還有三四個年輕姑娘和中年婦人，亦是雍容華貴。酒桌上，女郎被分配有不同的角色，一人為主席，一人為明府，一人為錄事。祝酒辭說的不外乎是嫁個有權勢的好男人。錄事女郎說，「我要罰蔡家娘子。劉姨夫才貌溫茂，何故不與他五道主使，空稱糾判官？是不是怕六姨姨不高興？深吃一盞。」蔡家娘子馬上端起酒杯，「劉姨夫年老眼暗，恐看五道黃紙文書不得，誤了公事。不過我喝一杯也沒啥。」眾女郎皆笑倒。

又一女郎起身說，要玩酒令遊戲。翠簪傳到誰手裡，誰就要趕快說出「鸞老頭腦好，好頭腦鸞老」。如果接到翠簪，說不出酒令，或說不對酒令，或說慢了都算輸，罰酒一杯。這個酒令是隋朝名將賀若弼為了戲弄侍郎長孫鸞年老口吃，又是禿頂而編造的。「傳說數巡」也沒人挨罰。女郎就讓侍女也坐到酒桌上。侍女素有口吃，令至，一著急只會說「鸞老鸞老」。這可笑翻了眾女郎。

三更後，她們開始彈琴擊築，齊唱迭和。

明日清風，良宵會同。
星河易翻，歡娛不終。
綠樽翠杓，為君斟酌。
今夕不飲，何時歡樂？

接著又唱：

楊柳楊柳，裊裊隨風急。
西樓美人春夢中，翠簾斜卷千條人。

最後唱道：

玉戶金釭，願陪君王。
邯鄲宮中，金石絲簧。
衛女秦娥，左右成行。
紈縞繽紛，翠眉紅妝。
王歡轉盼，為王歌舞。
願得君歡，常無災苦。[42]

澧州（今中國湖南澧縣）李宣古是個宴席上讓人開心捧腹的活躍人物，類似宮廷弄臣。「每謔戲於其座，或以鉛粉傅其面，或以輕綃為其衣。」他生性戲謔放浪，常常諷刺嘲笑別人，時間一長，有人就煩了。一次酒席上便被人扔到了泥沼中加以羞辱。長林公主聞訊，「不待穿履，奔出而救之。」叫人把李宣古扶起來，「以香水沐浴，更以新衣」再次赴宴。李宣古為了感謝公主，作詩一首。

紅燈初上月輪高，照見堂前萬朵桃。
觱栗調清銀字管，琵琶聲亮紫檀槽。
能歌姹女顏如玉，解飲蕭郎眼似刀。
爭奈夜深拋耍令，舞來按去使人勞。

當時澧州酒場上有個有名的席糾（即酒司令）喚作崔雲娘，「形貌瘦瘠而戲調」喜歡折騰客人喝酒，還倚仗歌聲甜美，自視為楚女翹楚。正當誰也拿她沒辦法時李宣古「當筵一詠」，崔雲娘當即閉口，再不好意

42 〔唐〕牛僧孺，〈劉諷〉，《玄怪錄》，卷二。

思引吭高歌了。

何事最堪悲？雲娘只首奇。
瘦拳拋令急，長嘴出歌遲。
只怕肩侵鬢，惟愁骨透皮。
不須當戶立，頭上有鍾馗。[43]

四

下棋是大唐的宮廷女人們最喜歡的遊戲之一。有雙陸（雙六、長行、握槊），圍棋，五子棋等。武則天就很愛下雙陸棋。據說有次夢中下棋輸了。醒來後很惶恐，她就詢問大臣這個夢是何預兆。狄仁傑和王方慶兩位宰相異口同聲地說，「雙陸不勝，就是說沒子了。這是上天在警示陛下。」女皇這才召回廬陵王李顯，並恢復其儲君之位。[44]這可謂是小棋盤決定大棋局的精彩案例。

當然，由一盤夢棋而引發一個嚴重的政治決定，並由此影響帝國命運這種事畢竟少之又少。絕大多數時候，女人們下棋都是出於純粹的娛樂。流傳到現在的唐五代繪畫作品，不少都是以宮女或仕女下棋為主題的，我們從中可以明顯感覺到她們下棋時的閒情逸致和悠然神態。

新疆唐墓（中國安西都護府張氏墓）出土過一幅木框連屏畫《弈棋仕女圖》，畫的是武則天時貴婦們的娛樂場面。畫面的中心人物是一個貴婦人坐在薦子上聚精會神地下圍棋。從手指姿勢看，「食指與中指拈棋，無名指與小指收回。」似乎說明她的動作相當專業。另外，這位貴婦人下棋的棋盤是十七道，與唐朝流行的十九道有所不同。可能是專門用於女性玩的一種棋盤。[45]

《內人雙陸圖》上的中心人物就是兩個豐腴的宜春院內人坐在凳子上在下雙陸棋。「各把沉香雙陸子，局中斗累阿誰高。」[46]旁邊站著一個宮妓一個宮女在津津有味地觀棋。稍遠處的左邊是兩個宮女在觀望下棋，右邊的一個女官手端盤子像是在服侍，另一個宮妓也在觀望下棋。

日頭高高昇起，貪睡的皇帝還臥床不起。趁著這個空閒，宮女在自己房間裡學下圍棋。她們都想贏錢，不惜爭吵悔棋。[47]

炎炎夏日，白色大理石的台階上鋪滿了梧桐葉。夜裡，宮女們都坐在涼蓆或竹床上，下棋消遣。[48]

彈棋玉指兩參差，背局臨虛鬥著危。
先打角頭紅子落，上三金字半邊垂。[49]

其實，唐詩對宮女下棋的描寫大都是以夜裡為背景。

宮棋布局不依經，黑白分明子數停。
巡拾玉沙天漢曉，猶殘織女兩三星。[50]

還有的宮女是在夜裡點著紅燭在海沙上畫棋盤下棋。可能是兩人水準不相上下，勢均力敵，結果是以

43 〔唐〕范攄，〈澧陽燕〉，《雲溪友議》，卷中。
44 〔北宋〕歐陽脩等，《新唐書．狄仁傑列傳》。
45 于左，《玩在唐朝》，第24頁。
46 〔唐〕王建，〈宮詞一百首〉。
47 〔後蜀〕花蕊夫人，〈宮詞〉。
48 〔唐〕王涯，〈宮詞三十首〉，《全唐詩》，卷三四六。
49 〔唐〕王建，〈宮詞一百首〉
50 〔唐〕王建，〈夜看美人宮棋〉，《全唐詩》，卷三〇一。

和棋收場。「趁行移手巡收盡，數數看誰得最多。」[51]

妃子們也下棋，也觀棋。如果是皇上在下棋，她們就要時刻注意維護皇帝的面子。一次，明皇與親王下棋，眼看皇上快要輸了，貴妃將懷裡抱著的寵物「康國子」扔到棋盤上，攪亂了棋局，沒法接著下，也就沒有勝負。皇上嘴上不說，心裡卻很開心。[52]

在中國人的想像中，神仙喜歡下棋已經有很長一段歷史了。至少晉人就有過這類描寫。到了唐朝，女神仙們也熱衷此道。

《遊仙窟》裡描寫一個關內道縣尉在「奉使河源」的路上，夜宿一個洞窟，遇到一群女仙。他們在宴樂、賦詩、調情之餘，又玩開了雙陸。被稱「張郎」的縣尉賦詩詠局曰：

> 眼似星初轉，眉如月欲消，
> 先須捺後腳，然後勒前腰。

女仙對詩曰：

> 勒腰須巧快，捺腳更風流，
> 但令細眼合，人自分輸籌。

雙方借詩言情，透過詩歌的微妙詞義暗示出一種彼此心領神會的曖昧欲望。

相比《遊仙窟》的豔遇，翰林院圍棋博士王積薪的經歷就應該算是奇遇了。

那是在安史之亂期間，明皇西逃，身邊只有少數隨從，王積薪是其中之一。蜀道艱難，一路上大家都是淒淒慘慘。歇息的時候，沿途有數的幾家旅店都被皇帝和高官占據了，王積薪只是個小小的「棋待詔」，怎會有他的一席之地。每當這個時候，他都像喪家之犬一樣孤孤零零地隨便找個旮旯角對付一夜。

快到四川的時候，路越來越狹窄和險峻，人煙也越來越稀少。王積薪夜裡想找到能睡覺的住處也是越來越困難。這天，他沿著小溪往山中走去。也不知道走了多久，終於看到前面有戶人家。他上前敲門，家中只有婆媳小姑三個女人，給他弄了些吃食，卻沒讓他進屋。王積薪倒也理解，填飽肚子之後，就躺在屋簷下，想熬過這夜。剛要睡著，忽然聽到屋裡兩個年輕女人在說話。只聽小姑在東頭房間說，「良宵難熬，我們下盤棋如何？」媳婦在西邊房間應了一聲。王積薪驚奇極了。他看這門窗無一絲光亮，實在不知道這棋怎麼下。他悄悄「附耳門扉」，馬上聽到媳婦說，「起東五南九置子。」小姑說，「東五南十二置子。」媳婦又說，「起西八南十置子。」小姑又說，「西九南十四置子。」原來，二人在下盲棋。每落一子，雙方都會想半天，一來二去就到了四更天。王積薪在心裡把雙方走的步數和佈局一一牢記。下到三十六步的時候，小姑突然說，「你輸了。」媳婦也無異議。

天亮後，王積薪畢恭畢敬地向老婆婆請教。老婆婆說，「把你最得意的佈局擺出來我看看。」王積薪使出渾身解數，走了十幾步，老婆婆就對媳婦說，「你可以教他幾招平常的下法。」媳婦就隨便指點了王積薪一些攻守、殺奪、救應、防拒之法。王積薪大開眼界，很不過癮，想讓再多教幾招。老婆婆笑著說，「你用熟這幾招就已經天下無敵了。」自此以後，王積薪雖然成了公認的大唐圍棋國手，但不論他在棋盤上怎麼推演那天夜裡姑嫂二人的下法，卻始終沒弄明白為什麼在三十六步之後小姑會獲勝。[53]

51 〔唐〕張籍，〈美人宮棋〉，《全唐詩》，卷三八六。

52 〔五代〕王仁裕，〈猧子亂局〉，《開元天寶遺事》，卷四。

53 〔唐〕馮翊，《桂苑叢談．史遺》；〔唐〕李肇，《唐國史補》，卷上。

五

「娛樂政治」是唐朝政治文化中一個非常重要和醒目的特點。它貫穿有唐一代始終。武德元年（西元六一八年），萬年縣法曹孫伏伽上書，要求朝廷禁止作為「淫風」的百戲散樂。據他說，「百戲散樂，本非正聲」，而是一種粗俗鄙陋的民樂。雖然它只在隋末才開始在朝野流行起來，到了唐初，卻似乎變得更加時髦。可能是考慮到這種變化趨勢，武德四年，皇帝下詔，對女樂和樂籍做了新的規定和調整。前代以來的樂籍一律廢除，「一起民例。」但他們所掌握的「音律之伎」，屬於世傳家學，不能廢棄，還要繼續承繼。「若已經仕宦，先入班流，勿更追補，各從品秩。」但自武德元年以來被新配充的樂戶，不能混同於一般戶籍。[54]

樂戶的制度還要維繫，但女樂在社會生活中的作用也變得更為重要。由於天子和朝廷的大力提倡，從京城到州縣軍鎮，「皆置音樂，以為歡娛。」[55]或許是為了配合上面的號召，一位手巧的縣令就自己動手刻木為妓，「唱歌吹笙，皆能應節。」更奇妙的是，只要酒沒喝光，木妓女就一直歌管相催。[56]至於那些巨商大賈，在長途販運時，更是不忘記帶上自己的家妓隨時娛樂。在長江大河的航道上，富商大船必備有「奏商聲樂」，「以據舵樓之下」[57]笙歌不絕。

太常寺的官府女樂既給皇帝表演，也給太子表演。[58]女樂作為唐朝娛樂政治的主要形式，雖然「出自禁中，非臣下所宜目睹」，[59]但仍然得到了朝廷的積極推廣和廣泛支持。依照規定，三品已上官員，允許家庭置辦女樂一部；五品已上以上官員，限制家庭女樂不能超過三人。[60]這使得朝廷官員基本上都有條件坐在家裡欣賞各種曼妙歌舞和精彩雜技。

禮部尚書許敬宗在家裡建造了一個有七十間大小的「飛樓」，實際上是一個多功能的家庭戲院，「令妓女走馬於其上，以為戲樂。」[61]一位詩人細緻描寫了在一個官員家裡觀賞女妓表演驚險節目的完整過程。

泰陵遺樂何最珍，彩繩冉冉天仙人。

廣場寒食風日好，百夫伐鼓錦臂新。
銀畫青綃抹雲髮，高處綺羅香更切。
重肩接立三四層，著屐背行仍應節。
兩邊丸劍漸相迎，側身交步何輕盈。
閃然欲落卻收得，萬人肉上寒毛生。
危機險勢無不有，倒掛纖腰學垂柳。

詩人也沒忘記交待表演結束後，女妓下場的身姿和神態。「下來一一芙蓉姿，粉薄鈿稀態轉奇。」他特別注意到了在座的一個女妓就是以前的宮妓。「坐中還有沾巾者，曾見先皇初教時。」[62]早先的宮妓出宮後變成了官員的家妓，說明官員的家庭女樂表演水準和皇宮的女樂演出水準還是很接近的。

唐太宗倡導的「君臣一體」理念，表現在娛樂政治上就是君臣同樂。君主政治的娛樂化是唐朝專制政治的一個顯著特點。皇帝甚至讓自己的愛妃為百官表演歌舞。這在其他朝代絕對不可思議。這與其說是一

54 〔北宋〕王溥，〈論樂〉，《唐會要》，卷三四。
55 〔北宋〕王溥，〈雜錄〉，《唐會要》，卷三四。
56 〔唐〕張鷟，《朝野僉載》，卷六。
57 〔唐〕李肇，《唐國史補》，卷下。
58 〔北宋〕王溥，〈論樂〉，《唐會要》，卷三四。
59 〔後晉〕劉昫等，《舊唐書．張茂昭列傳》。
60 〔北宋〕王溥，〈雜錄〉，《唐會要》，卷三四。
61 〔唐〕李亢，〈附錄〉，《獨異志》。
62 〔唐〕劉言史，〈觀繩伎〉，《全唐詩》，卷四六八。

種開放風氣，不如說是一種娛樂政治的人情表現。所以，對女樂資源的共享和分享，便成為一種皇權政治下的君臣共識。

一方面，皇帝以各種理由將女樂獎勵給或賞賜給大臣或功臣。比如，賞賜李孝恭女樂二部，[63]賜李晟女樂八人，賜渾瑊女樂五人，[64]賜竇抗女樂一部，[65]賜李林甫女樂二部，[66]賜李元諒女樂。[67]與女樂配套的是，同時賜有大批教坊樂具。另一方面，地方官員又會以各種明目向皇帝進獻大量能歌善舞，體態妖嬈的女樂。韓全義之子進獻女樂八人，[68]韓弘進獻女樂十人，[69]鳳翔節度使、淮南節度使進獻女樂二十四人。[70]諸如此類記載，不一而足。儘管有時皇帝會把官員獻上來的女樂退回。但沒退還的想必更多。

除了皇帝、皇后的忌日，如果沒有什麼特別限制，歌舞娛樂都是允許的。當然也有時候，會因為某些偶然原因而禁止女樂。高宗龍朔元年（西元六六一年年），根據武皇后的要求，朝廷禁止婦人倡優雜戲。[71]憲宗元和五年（西元八一〇年）二月，朝廷正在與藩鎮打仗，主管部門下令全國停止娛樂。宰相認為這種做法太過分了，反對「禁公私樂」[72]。因此戰爭期間，官員和百姓的正常娛樂也沒有受到影響。

六

唐朝的歌舞娛樂既有宮廷風格，也有民間形式。但有時候，二者也不太容易區分。武德初年，太常要向民間借五百多套婦女裙襦，作為散樂服裝，打算用於「元武門遊戲」。[73]可見娛樂活動中，官民關係還是相當融洽的。

唐朝的大型歌舞和團體操已經發展的相當成熟，並具有了領先世界的極高藝術水準。由武則天編劇兼導演的《神宮大樂》，就動用了男女演員九百人。萬象神宮恐怕也是當時世界上最大的歌劇院。唐明皇在位時，宮廷宴樂的主要場合轉移到了興慶宮的勤政樓和花萼樓。而且他偏好在左廂房看戲。[74]「宮女數百人自帷出擊雷鼓，為《破陣樂》、《太平樂》、《上元樂》。」明皇酷愛文藝，聽政之暇，常叫太常樂工和梨園子弟三百人「為絲竹之戲」。以明皇的音樂造詣，「音響齊發，有一聲誤」立馬就能「覺而正之」。每年初望（正月十五）夜，明皇都要和皇親朝貴在勤政樓一起「觀燈作樂」。「夜闌，太常樂府縣散樂畢，即遣宮女於樓前縛架出眺，歌舞以娛之。若繩戲竿木，詭異巧妙，固無其比。」[75]其實，一年四季，宮中夜宴舞會都沒有怎麼消停過。后妃生日不消說要歌舞慶祝。「武惠妃生日，上與諸公主按舞於萬歲樓下。」[76]楊貴妃做國母時，更是把酷愛舞樂的個人天性推向了極致，皇宮幾乎成了鼓樂喧天熱鬧非凡的國家大劇院。

63 〔後晉〕劉昫等，《舊唐書．宗室列傳》。
64 〔後晉〕劉昫等，《舊唐書．德宗本紀》。
65 〔後晉〕劉昫等，《舊唐書．竇抗列傳》。
66 〔後晉〕劉昫等，《舊唐書．李林甫列傳》。
67 〔後晉〕劉昫等，《舊唐書．李元諒列傳》。
68 〔後晉〕劉昫等，《舊唐書．憲宗本紀上》。
69 〔後晉〕劉昫等，《舊唐書．憲宗本紀下》。
70 〔後晉〕劉昫等，《舊唐書．敬宗、文宗本紀上》。
71 〔北宋〕王溥，〈雜錄〉，《唐會要》，卷三四。
72 〔北宋〕王溥，〈雜錄〉，《唐會要》，卷三四。
73 〔北宋〕王溥，〈論樂〉，《唐會要》，卷三四。
74 〔唐〕崔令欽，〈教坊記〉，《中國古典戲曲論著集成》，第一冊，中國戲劇出版社，1959年。
75 〔後晉〕劉昫等，《舊唐書．音樂志一》。
76 〔唐〕鄭處誨，〈補遺〉，《明皇雜錄》。

興慶池南柳未開，太真先把一枝梅。
內人已唱《春鶯囀》，花下傞傞軟舞來。[77]

六一是貴妃生日，每年的這天，明皇都要在華清宮的長生殿舉辦三十人的小型音樂會，演奏者為十五歲以下的梨園法部弟子。每年都要更換新曲子。[78]一次，有了新曲，還沒有名字，恰巧南方進獻荔枝，明皇即興賜名《荔枝香》。[79]

敬宗在自己生日那天，總要舉行規模盛大的歌舞曲藝演出，「集天下百戲於殿前。」可謂盛況空前。其中有個叫石火胡的雜技女演員，攜帶五個八、九歲的養女，在百尺高的竹竿上表演驚險的雜技。「竿上張弓弦五條，令五女各居一條之上，衣五色衣，執戟持戈，舞《破陣樂》曲，俯仰來去，赴節如飛。」現場觀眾無不目眩心怯。接下來，石火胡和女兒們表演第二個節目。她們的演出道具是由十張紅色的小凳子一層一層疊加起來的舞台。板凳很小，最大的不過一尺。石火胡先站在凳子上，然後讓女兒們一個踩著一個站上去，直到半空。六人直立成一線，手中皆執五彩小旗，「手足齊舉，為之踏渾脫，歌呼抑揚，若履平地。」[80]

宣宗被人稱作「小太宗」，也被人比作漢文帝，他「衣澣濯之衣，饌不兼味。」據說，「倡優妓樂或彌日嬉戲，上未嘗等閒破顏，縱賜與亦甚寡薄。」[81]但就是這麼一位皇帝，每宴群臣，照樣也是備百戲。而且宣宗興致來了，還自製新曲，「教女伶數十百人，衣珠翠緹繡，連袂而歌，其樂有《播皇猷》曲，舞者高冠方履，褒衣博帶，趨走俯仰，中於規矩。又有《蔥嶺西曲》，士女蹟歌為隊，其詞言蔥嶺之民樂河，湟故地歸唐也。」[82]可謂是頗有乃祖明皇之風采。

五代前蜀後主王衍也是一位狂熱的歌舞愛好者。史稱其荒廢政務，與后妃、大臣夜夜尋歡。太監嚴凝月等「競唱《後庭花》、《思越人》及搜求名公豔麗絕句隱為《柳枝詞》。君臣同座，悉去朝衣，以晝連宵，絃管喉舌相應，酒酣則嬪御執卮，后妃填辭，合手相招，醉眼相盼，以至履舄交錯，狼籍杯盤。」場面頗為狂熱盡興，史家稱作「淫風大行」，亡國先兆。」[83]

朝廷熱衷歌舞戲曲，教坊自然賣力，培養出了不少形色各異的女藝人。由於父母遺傳和家庭熏陶，任智方四個女兒都喜歡唱歌，而且個個音色優美。其中二女兒「吐納淒惋，收斂渾淪」，四女兒「發聲遒潤，如從容中來」。

龐三娘歌舞曼妙，只是落腳太重。她的一絕是臉上鑿持無人可及。她年紀大了，皮肉鬆弛，臉上皺紋很多，就貼上輕紗，再用雲母和粉蜜塗抹，就像現在面膜，這麼一弄，煥然一新，宛若少女。有次天下大酺（國有吉事，皇帝特許百姓聚飲，以示四海昇平，皇恩浩蕩，是為「大酺」），朝廷指名要她表演節目。來的人不認識她，見她那麼老，就叫她「惡婆」，問龐三娘在哪裡。龐三娘騙他說，「龐三娘是我外甥女，今天不在，您明天來，我叫她在家等您。」來人走後，龐三娘濃妝豔抹，打扮一番。次日來者也沒認出來，就說，「我昨日見過你姨媽了。」其化妝技術之高已近乎易容，直逼變臉，被坊中同行稱作「賣假臉賊」。

顏大娘也是位「舞林高手」、「歌中豔后」。她大概是個胡妓，或有胡人血統，「眼重臉深，有異於眾。」經過她的喬裝打扮，眼若橫波，親近之人也不覺曉。她兒子死的時候，「哀哭拭淚」竟被侍女驚呼「娘子眼

77 〔唐〕洪邁，〈張祜詩〉，《容齋隨筆》，卷九。
78 〔唐〕鄭處誨，〈逸文〉，《明皇雜錄》。
79 〔北宋〕歐陽脩等，《新唐書．禮樂志》。
80 〔唐〕蘇鶚，《杜陽雜編》，卷上。
81 〔唐〕蘇鶚，《杜陽雜編》，卷下。
82 〔北宋〕歐陽脩等，《新唐書．禮樂志》。
83 〔後蜀〕何光遠，〈亡國音〉，《鑑誡錄》，卷七。

睛破了」。

女藝人魏二姿色一般，舞技又不入流，卻很喜歡出風頭。有次同人相聚飲酒，她又手足發癢，按耐不住地翩翩起舞開來。跳完，她又展示歌喉，無奈歌還不如舞。眾人難耐之際，忽見屋內的鸚鵡也開始搖頭擺尾，左右旋轉不停。座中一人看到鸚鵡這種滑稽樣子，就說「左轉左轉」。魏二卻誤以為譏諷自己唱歌跑調，就破口大罵，宴席不歡而散。後來人們說跑調就說「左轉」。[84]

官府的娛樂政治直接刺激了民間的文化消費。京城戲園產業的規模就很可觀，生意十分火熱。直到中唐時期，長安戲場每天還都聚集有數千人看戲。[85]此外，一些個體藝人也非常活躍。

84 〔唐〕崔令欽，〈教坊記〉。

85 〔唐〕李亢，《獨異志》，卷上。

體育

自教宮娥學打球，玉鞍初跨柳腰柔。

一

遊戲與體育本來也沒有嚴格的界限。只是在一些動作猛烈的程度上有所區分。像玄武門前經常舉行的宮女拔河比賽，[1]既是遊戲，也是體育。還有耗費體力的高難度雜技，也是如此。

在唐朝，所有的百戲雜技歌舞都有女人的參與。而且她們的表演往往是壓軸戲和重頭戲。《敦煌壁畫散樂百戲戴竿圖》中，就有許多女藝人在場。有要車輪的，有爬天梯的。

有些節目，很可能都是女伎創造出來的。儘管她們的目的不同。對宮妓來說，做出一些頗具危險性的自創性動作，是吸引皇帝眼球的唯一捷徑。

> 戛雲樓上定風盤，雀躍猿跳總不難。
> 要對君王逞輕捷，御樓時擬上雞竿。[2]

幽州人劉交父女倆是當時有名的雜技家。父親頂竿，女兒爬竿。竹竿高七十尺，「自擎上下」隨意自如。他女兒十二歲，能在竿上置定不動，「跨盤獨立。」觀者驚呼，女孩卻毫無懼色。[3]

玄宗朝的范漢大娘，也是知名的「竿木家」。她體態妖嬈，本來屬於教坊編制，後來因為她身上有些輕微的腋氣，就脫了坊籍。[4]

德宗朝的王大娘也是一位戴竿高手，她能一邊頭頂站有十八人的竹竿，一邊行走自如。[5]

雜技中還有一種繩技，在當時很流行。最初會玩的僅限於宮妓。安史之亂後，伶人星散，社會上才有了專門表演繩技的女伎。特別是在地方或邊疆的軍營重鎮，表演繩技最受歡迎。以至於一個皇宮衛士還忍不住寫了一篇《繩妓賦》，獻給皇帝。顯然這是一種皇帝和百官都喜歡看的雜技。

若先引長繩，兩端屬地，埋鹿盧以系之。鹿盧內數丈，立柱以起，繩之直如弦。然後妓女以繩端，躡足而上，往來倏忽，望之如仙。有中路相遇，側身而過者，有著屐而行，而從容俯仰者。或以畫竿接脛，高五六尺，或蹋高蹈，頂至三四重，既而翻身擲倒，至繩還注，曾無蹉跌。皆應嚴鼓之節，真奇觀也。[6]

武則天時的刑部尚書張楚金作有一篇《樓下觀繩伎賦》。

觀夫立象，蓋取諸意，本自宮中之傳，名為索上之戲。掖庭美女，和歡麗人，身輕體弱，絕代殊倫。被羅　與珠翠，鋪瓊筵與錦茵。其彩練也，橫亙百尺，高懸數丈，下曲如鉤，中平似掌。初綽約而

1 〔北宋〕司馬光等，《資治通鑑》，卷二〇九。
2 〔五代〕和凝，〈宮詞百首〉，《全唐詩》，卷七三五。
3 〔唐〕張鷟，《朝野僉載》，卷六。
4 〔唐〕崔令欽，〈教坊記〉，《中國古典戲曲論著集成》，第一冊，中國戲劇出版社，1959年。
5 〔唐〕李亢，《獨異志》，卷上。
6 〔唐〕封演，〈繩妓〉，《封氏聞見記》，卷六。

斜進，竟盤姍而直上，或徐或疾，乍俯乍仰。近而察之，若春林含耀吐陽葩；遠而望之，若晴空回照散流霞。其格妙也，窈窕相過，蹁躚卻步，寄兩木以更躡，有雙童而並騖。還回不恆，踴躍無數，驚駭疑落，安然以住，雖保身於萬齡，恃君恩於一顧。節慶鐘鼓，心諧律呂，履冰穀兮徒云，臨焦原兮虛語。是時齊謳輟響，趙舞掩色，絲桐髮而沮勢，丸劍調而挫力。

作為朝廷高官，文章立意自然高遠。從掖庭美女渴望皇恩一路道來，最後落腳在了娛樂政治的必然景觀。「方今寰海清，太階平，兵革不用兮國無征，風雨既洽兮年順成。上曰可樂，人胥以亨，大則有熹載之義，小則無角抵之名。固端拱而成理，豈繁物而為程者哉？」[7]意思是，吾皇聖明，垂拱而治，天下昇平，只需縱情娛樂即可。

雜技中還有一種「躡球」，也就是高台蹬球。「戲綵畫木球高一二丈，妓女登榻球轉而行。縈迴去來，無不如意。」據說這是「古蹋球之遺事」。[8]

二

專門陪同皇帝射獵的宮女仍然身著原來的宮裝，但「紅妝」不掩英姿，「把得新弓各自張」顯得身手矯健。她們上馬時齊刷刷的將皇上賜的御酒一飲而盡，像男子那樣「跪拜謝君王」。[9]場面頗有聲勢。

秋天是狩獵的好時候，宮女們「粟金腰帶象牙錐，散插紅翎玉突枝」。每次狩獵的收穫都不小。馬鞍兩邊掛滿了山雞和野兔。這時宮女們發現一隻可愛的小白兔，比拳頭略大，紅紅的耳朵，長長的絨毛，正趴在草中睡覺。天子仁慈，不讓射殺這隻兔子。有的宮女心有不甘，瞅準機會瞄準獵物的時候，皇帝總是眼疾手快地用鞭子擋住她們的馬蹄。[10]

打獵時，先要打開獵鷹的籠子，解開它們翅膀上的紅繩子。獵鷹急不可耐地直衝雲霄，等到它們箭似的自天而降，一雙利爪沾滿了獵物的皮毛。[11]

有的官員妻子也好這口，熱情不減宮女。李昌夔為官荊南，熱衷打獵，裝備豪華。其妻獨孤氏不甘示弱，也組織了一支二千人的女子打獵隊伍，「皆著紅紫錦繡襖子。」結果弄得府庫空竭。[12]

水鞦韆是稀罕的玩意，就連見多識廣的宮妓也很少知曉。它們就像珠簾一樣懸掛在殿前。這大概是一種瀑布中的鞦韆。透過人工降雨的方式，將水引向大殿上面，再讓水從琉璃瓦的房簷上流下來，殿前的鞦韆就如同在風雨飄搖的小舟一樣，在屋簷下的水柱中蕩來蕩去。第一錦標的奪取者，將贏得一隻小龍船。[13]

還有一種划龍舟的比賽。划船競賽的路線是從太液池的東邊劃向西岸，「先到先書上字歸。」競賽太激烈了，站在船頭的宮女手忙腳亂地把彩旗弄掉到了水裡。她情急之下伸手去撈，誰知又弄濕了自己的羅衣。[14]

所有的運動似乎都不及打馬球來得激烈和刺激。西元一九五九年陝西長安縣韋泂墓出土了《彩繪騎馬擊球女陶俑》。韋泂是中宗韋后之弟。以其身分，說不定韋泂生前就是一位熱衷女子馬球的積極贊助者或職業球迷。唐代女子馬球隊的球衣並不統一。有女式、男式、胡式等。女俑端坐馬上，身體右側，髮中分，

---

7 〔唐〕張楚金，〈樓下觀繩伎賦〉，《全唐文》，卷二三四。

8 〔唐〕封演，〈打球〉，《封氏聞見記》，卷六。

9 〔唐〕王建，〈宮詞一百首〉，《全唐詩》，卷三〇二。

10 〔唐〕王建，〈宮詞一百首〉。

11 〔唐〕王建，〈宮詞一百首〉。

12 收錄：《大唐傳載》。

13 〔後蜀〕花蕊夫人，〈宮詞〉，《全唐詩》，卷七九八。

14 〔唐〕王建，〈宮詞一百首〉。

梳雙髻，身穿紅翻領綠色長袍，腰束帶，紅褲，黑色長靴，是明顯的胡式裝束。「馬剪鬃縛尾，伸頸昂首，四蹄騰空躍起，疾馳飛奔。一女子跨坐馬上，身體緊貼馬鞍，彎曲右傾，似正在擊打來球。」極富有動感，將嘶鳴狂奔的駿馬與奮力擊球的女子表現得栩栩如生。[15]雕塑家用繪畫式的手法表現出女球員、胯下烈馬與球場上山呼海嘯般的觀眾的互動，讓人觀俑而如臨場觀賽，驚心動魄，熱血沸騰。

法國吉美博物館（Musée national des Arts asiatiques-Guimet）有一組唐代宮女馬球俑。這組彩塑不但把宮女的衣著和面部表情刻畫得惟妙惟肖，就連宮女坐騎的配飾，如馬鞍、馬龍頭、馬胸帶以及馬尾部扇形的垂飾也無一遺漏。這些宮女著裝幹練，坐在奔馳的馬背上，給人一種天馬行空、豪邁奔放的感覺。這位女俑騎著一匹健壯的歐洲野馬。只見宮女雙腿猛烈夾擊著駿馬，左手控制馬鞍，右手騰出準備擊球，顯示出巾幗不讓鬚眉的勃勃英姿。她頭髮紮成兩個分開的環髻，一身男裝，紅色束腰長衫，綠色緊身褲，黑色皮靴，騎在一匹疾奔的身形健壯的馬上，她的腰間盤繞著作為隊標的綠色帶子。馬和人的視線被運動緊緊吸引住，馬的兩綹額毛因為速度而被吹向兩邊，這位優雅的女球員正準備用標準的姿勢以球棍擊打。

如果仔細觀看，就會發現這些宮女馬球俑的坐騎都沒有馬尾。這就涉及到打馬球的技術問題和安全因素。打馬球的球棍有數尺長，球棍端頭彎曲。起初，在打馬球過程中，隊員手裡拿的數尺長的球棍一不小心就會與駿馬揚起的長長馬尾糾纏在一起。後來，為了安全起見，人們就把馬尾剪掉，剩下的粗短部分再紮成馬辮或束成結。[16]

宮女剛開始學習打馬球的時候，總是束緊纖腰，「玉鞍初跨柳腰柔」緊張萬分地騎在馬上，膽怯而又嬌羞。在馬上沒走幾圈，「幾回拋鞚抱鞍橋。」[17]等到熟練了，運氣也就來了。「上棚知是官家認，遍遍長贏第一籌。」[18]

宮女們進行馬球比賽的馬都是百里挑一的好馬，「雲駁花驄各試行，一般毛色一般纓。」她們騎著這些馬在殿前跑來跑去，「欲得君王別賜名。」[19]敦煌變文中有殘詩描寫女子擊球，「打球汗透落裳，令舞酒沾半臂。」[20]與這種一邊打球，一邊飲酒的豪爽英姿比起來，宮女們的馬球比賽似乎就顯得嫵媚多了。

小樓花簇鈿山低，金雉雙來蹋馬齊。
誇向傍人能彩戲，朝來贏得鷺鷥犀。[21]

和天子打球，就要小心了。「對御難爭第一籌，殿前不打背身球。」球場下面的拉拉隊正在表演，「內人唱好龜茲急，天子鞘回過玉樓。」[22]

由於擁有一流的硬件設施（球場、球棍、球衣、馬匹、教練等），宮女的球技應該說是具有專業水準。另外，在唐朝整個社會的健身娛樂風尚的影響下，民間很自然地出現了一批相當數量的並且水準不低的女子業餘足球愛好者。興慶宮西邊的勝業坊北區有個足球場，「軍中少年」踢球或訓練時，常有人圍觀。這天春雨新霽，有個十七、八歲的女子，「衣裝藍縷，穿木屐，立於道側槐樹下」也在看球。突然一個界外球直向她們飛來。只見女子熟練地「接而送之，直高數丈」，引來觀眾陣陣喝彩。[23]

---

15 《唐彩色釉陶打馬球女俑》，http://auction.artxun.com/paimai-220-1099701.shtml，最後瀏覽日期：2016年4月11日。
16 《唐仕女馬球俑》，《國寶檔案》，http://vsearch.cctv.com/plgs_play.php?ref=cctv4prog_20070819_1835159。
17 〔後蜀〕花蕊夫人，〈宮詞〉。
18 〔後蜀〕花蕊夫人，〈宮詞〉。
19 〔唐〕王建，〈宮詞一百首〉。
20 轉引：于左，《玩在唐朝》，中華書局，2008年，第116頁。
21 〔五代〕和凝，〈宮詞百首〉。
22 〔唐〕王建，〈宮詞一百首〉。
23 〔唐〕康駢，〈潘將軍失珠〉，《劇談錄》，卷上。

或許是因為馬球的激烈程度和危險程度不太適合女子，漸漸出現了以驢代馬的女子蹴鞠遊戲，簡稱驢鞠。劍南節度使兼成都尹郭英乂就在自己地盤上，組建了一支女子驢鞠隊。「聚女人騎驢擊球，製鈿驢鞍及諸服用，皆侈靡裝飾，日費數萬，以為笑樂。」[24]

皇帝和大臣在曲江池頭的小球場上打球，宮女們先要做好事先準備，在兩旁的畫樓設置好供皇上休息的御幄，搖旗吶喊的拉拉隊也必不可少。[25]

宮中的娛樂往往是體育和歌舞交織在一起。這邊剛從西苑球場打球回來，御宴就已經在船上開張了。皇帝緊急下令宣索教坊女樂前來伴奏，「傍池催喚入船來。」[26]

24 〔後晉〕劉昫等，《舊唐書．郭英乂列傳》。

25 〔後蜀〕花蕊夫人，〈宮詞〉。

26 〔後蜀〕花蕊夫人，〈宮詞〉。

節日

殿前鋪設兩邊樓，寒食宮人步打球。

一

唐朝城市一律實行夜間宵禁制度，京師尤其嚴厲。負責京城治安的金吾衛就是專門查禁這些的。但元宵節三天卻是百無禁忌，任意撒歡。

詩人王諲寫有一首《十五夜觀燈》。

暫得金吾夜，通看火樹春。
停車傍明月，走馬入紅塵。
妓雜歌偏勝，場移舞更新。
應須盡記取，說向不來人。[1]

在詩人眼裡，這一夜沒有令人生畏的執法者，所有人都沉溺於火樹銀花不夜天的節日狂歡，好像真的來到了紅塵滾滾的享樂俗世。歌妓舞女這晚似乎特別賣力，每個舞台都不重樣，都是新節目。

唐人的一首詞[2]展現出了更多的細節性。詩人似乎對提示時間的漏聲特別不耐煩。「銀花火樹，正金吾弛禁，漏聲休促。」而且他非常留意女人的動作和神態。「細袖妖姬來去，墜釵欲覓，見人羞避。」熙熙攘攘的人群擠掉了靚女豔婦頭上的金釵玉墜，想找卻無從可覓。剛要低頭尋覓，卻發現有人注意，趕緊轉身掩飾羞澀。在詩人的傾聽中，笙歌笑語，無外乎「醉唱昇平曲」。

或許是受到百姓快樂的感染，中宗與韋后這對活寶夫婦，也想與民同樂。兩人微服私行，到長安燈市遊逛。自己去還不算，順便也給宮女放假。數千宮女趁著上街觀燈，「因與外人陰通」竟然跑了一大半人。[3]如果被抓回，下場就不妙了。前蜀王建時跑了四個宮女，藏到寺院裡，結果和尚宮女一起被斬。[4]

宮女的自我解放與仕女的自我釋放，相映成趣。節日中，仕女們把自己平時捨不得戴的金銀頭飾都毫不吝嗇地拿了出來，佩戴在身。「婦人皆戴珠翠鬧娥、玉梅、雪柳、菩提葉、燈毬、銷金合蟬、絡袖、項帕。」仕女的著衣也很有講究。她們的衣衫和羅裙大多是白色，為的是和皎潔的月色相協調。[5]圓月之下，白衣飄飄，不是麗人，也是麗人。

元宵節的萬盞燈籠讓京城成了不夜城。「千門開鎖萬燈明，正月中旬動帝京。」[6]但滿城的燈籠也比不上韓國夫人別出心裁的「百枝燈樹」。樹高八十尺，又豎立於高山，上元夜點亮之後，光耀京城，百里之內的人都能看見，它的光明甚至超過了月亮。[7]

---

1 收錄：《全唐詩》，卷一四五。
2 該詞轉引：王家廣，《唐人風俗》，陝西人民出版社，1993年，第11頁。
3 〔後晉〕劉昫等，《舊唐書．后妃列傳上》；〔北宋〕司馬光等，《資治通鑑》，卷二〇九。
4 李永祜主編，《奩史選注》，中國人民大學出版社，1994年，第176頁。
5 《秦中歲時記》，轉引：王家廣，《唐人風俗》，第11頁。
6 〔唐〕張祜，〈正月十五夜燈〉，《全唐詩》，卷五一一。
7 〔五代〕王仁裕，〈百枝燈樹〉，《開元天寶遺事》，卷四。

花樣翻新的是睿宗。他在正月十五、十六兩夜，在宮城與皇城之間的安福門外矗立起一個二十丈高的巨大燈輪。四周包以錦綺，飾以金玉，裡面點燃五萬盞燈，「簇之如花樹。」燈輪實際上已經不是一個單純的觀賞性燈具，而成為一個耀眼的照明工具。睿宗也是一個不喜獨樂而喜眾樂的主。他要在這個燈輪下面演上一出前所未有的京城君民大聯歡。他組織了龐大的清一色的女性娛樂隊伍。「宮女千數，衣羅綺，曳錦繡，耀珠翠，施香粉。一花冠、一巾帔皆萬錢，裝束一妓女皆至三百貫。」同時還「妙簡長安、萬年少女婦千餘人」，等於是在京城來了一次盛裝選美，讓她們精心打扮，「衣服、花釵、媚子亦稱是」。然後宮女、仕女兩支數千人的美女隊伍聯袂演出，「於燈輪下踏歌三日夜，歡樂之極，未始有之。」[8]場面煞是壯觀。

玄宗時，規模更大，全城燈火通明，「燭燈十數里」[9]長安成了不夜城。歌舞劇院更是通宵達旦。至於皇宮那就是不夜城的聚光點。「玄宗於常春殿，張臨光宴。白鷺轉花、黃龍吐水、金凫銀燕、浮光洞、攢星閣皆燈也。奏月分光曲，又撒閩江錦荔支千萬顆，令宮人爭拾，多者賞以紅圈帔、綠暈衫。」[10]有時，元宵夜玄宗會在勤政樓和貴臣戚裡一塊觀賞宮妓們在樓前廣場的歌舞表演。後來有的皇帝則更喜歡在宮裡面舉辦元宵晚會，讓宮妓們給自己表演數百人的大型節日團體操。[11]

元宵節除了觀燈、看戲、遊樂，尚有祭奠紫姑的習俗。紫姑傳說自南北朝以來就流傳於世。到了唐朝，又有了新的演義。大體是說，紫姑是男人的一個小妾，深為大老婆所嫉，有的說是經常被大老婆指使去掃廁所，正月十五日這天，紫姑自殺而死；有的說是被大老婆謀殺於廁所。上天憐憫她，封她作「廁神」。民婦多在元宵夜將紫姑平常幹活的圖像掛在廁所祭拜。[12]這是因為廁所和農耕關係密切，那年頭上肥料用的可都是來自廁所的玩意兒。[13]

元宵節後的正月後半截，城市裡的仕女們「各乘車跨馬，供帳於園圃或郊野中，為探春之宴。」[14]在某種意義上，這可以看作元宵節的延續。

二

中和節（農曆二月初一）的頭天夜裡瓊林宴上給宮妓們分發了舞衣和蠟燭，讓大家提前做些準備，「監開金鎖放人歸。」[15]中和節下來就是「花朝」，即百花生日。少女和少婦們早早起床，梳洗打扮，迎接花神。[16]

上巳節是唐朝最喜慶的幾個節日之一。「三月三日天氣新，長安水邊多麗人。」[17]自然也就不足為奇。西京如此，東都亦然。只是玩的花樣不同。「洛陽人有妓樂者，三月三日結錢為龍為簾，作『錢龍宴』。四圍則撤真珠，厚盈數寸。以斑螺令妓女酌之，仍各具數得雙者為吉妓，乃作雙珠宴以勞。」[18]至於宮中最常見的就是舉辦大型團體操表演。這個時候，宮妓們需要拿出自己的看家本領來娛樂天子。

---

8 〔唐〕張鷟，《朝野僉載》，卷三。
9 〔唐〕鄭處誨，〈逸文〉，《明皇雜錄》。
10 〔唐〕馮贄，〈臨光宴〉，《雲仙雜記》，卷二。
11 〔唐〕張祜，〈正月十五夜燈〉。
12 參見王家廣，《唐人風俗》，第14～15頁。
13 常建華，《歲時節日裡的中國》，中華書局，2006年，第50頁。
14 〔五代〕王仁裕，〈探春〉，《開元天寶遺事》卷四。
15 〔唐〕王建，〈宮詞一百首〉，《全唐詩》，卷三〇二。
16 王家廣，《唐人風俗》，第16頁。
17 〔唐〕杜甫，〈麗人行〉，《全唐詩》，卷二五。
18 〔唐〕馮贄，〈錢龍宴〉，《雲仙雜記》，卷六。

猩猩血彩系頭標，天上齊聲舉畫橈。
卻是內人爭意切，六宮紅袖一時招。[19]

各地自有各地的女樂表演。在成都，上百人的妓女就成為官府舉行的江上娛樂活動中最亮麗的一道風景。絲竹競奏，笑語喧然。風水薄近如咫尺，須臾漸近。樓船百艘，塞江而至，皆以錦繡為帆，金玉飾舟，旄纛蓋傘，旌旗戈戟，繽紛照耀，中有朱紫十數人，綺羅妓女凡百許，飲酒奏樂方酣。他舟則列從官武士五、六千人，持兵戒嚴，泝沿中流，良久而過。[20]

寒食節前後，女人們喜歡游春。《虢國夫人遊春圖》以虢國夫人為中心，前有楊國忠，旁有韓國夫人，後有乳母和虢國夫人的小女兒，左右還有宮廷女官、侍女。虢國夫人身穿淡青色窄袖衫，肩披紗巾。畫面出現了四種不同的髮型。虢國夫人和韓國夫人的髮型相同，髮髻下垂；乳母的髮髻上盤；小女兒的髮髻上翹；侍女的髮髻盤在兩邊。女官則一身男裝。楊國忠出現在畫上，只是因為他是虢國夫人情人中最廣為人知的一個。

虢國潛行韓國隨，宜春深院映花枝。
金輿遠幸無人見，偷把邠王小管吹。[21]

唐朝宮中不把寒食節當回事。「東風潑火雨新休，舁盡春泥掃雪溝。走馬犢車當御路，漢陽宮主進雞球。」[22]皇帝和嬪妃們該吃的還是吃，「寒食內宴宰相，酴醿酒」[23]，該玩的還是玩，「上苑風煙好，中橋道路平。蹴球塵不起，潑火雨新晴。」[24]蹴鞠是宮女們喜歡玩的一種體育項目。蹴鞠就是踢球。球外皮裡毛，彈性不是太好，踢起來比較費勁。玩法是：「植兩修竹，高數丈，絡網於上，為門以度球。球工分左右朋，以角勝否。」[25]蹴鞠兩人以上都能玩。兩人對踢叫白打，三人角踢叫官場。[26]贏球就是贏錢，輸球就是輸錢。所以宮妓們踢球之前先要準備一筆錢。「寒食內人長白打，庫中先散與金錢。」[27]蹴鞠可以騎驢玩，也可以步行玩。步行玩就是步打球。

殿前鋪設兩邊樓，寒食宮人步打球。

一半走來爭跪拜，上棚先謝得頭籌。[28]

據說，唐朝女人一般不行跪拜禮。或許跪拜禮只行於宮女也說不定。[29]鬥雞也是寒食節宮妓們愛玩的一種遊戲。而且賭注下的很大。這種賽場上的對抗似乎不可避免地摻雜了些許情場中的暗中較勁成分。

寒食清明小殿旁，綵樓雙夾鬥雞場。

19 〈唐〉張祜，〈上巳樂〉，《全唐詩》，卷五一一。

20 〈唐〉薛用弱，〈崔圓〉，《集異記》（或收錄：《太平廣記》，卷三〇三）。

21 〈唐〉張祜，〈邠王小管〉，《全唐詩》，卷五一一。

22 〈唐〉王建，〈宮詞一百首〉。

23 〈宋〉曾慥，〈秦中歲時記．酴醾酒〉，《類說》，卷六。

24 〈唐〉白居易，〈洛橋寒食日作十韻〉，《全唐詩》，卷四四九。

25 〈宋〉陳暘，〈蹵鞠戲、蹵球戲〉，《樂書》，卷一六八。

26 李永祜主編，《奩史選注》，第516頁。

27 〈唐〉王建，〈宮詞一百首〉。

28 〈唐〉王建，〈宮詞一百首〉。

29 李永祜主編，《奩史選注》，第392～393頁。

內人對御分明看，先賭紅羅被十床。[30]

最輕鬆的遊戲應該算是盪鞦韆。寒食節這天，宮中平地豎起了許多鞦韆，讓宮女嬪妃盡情玩樂。本來應該清靜冷淡的寒食節，反而熱鬧異常。皇帝把這種鞦韆叫做「半仙之戲」。不久，京城士女也都跟著這麼說。[31]而且，民間也都在寒食節蕩起了鞦韆。

煙柳飛輕絮，風榆落小錢。
濛濛百花裡，羅綺競鞦韆。[32]

韋莊的《丙辰年鄜州遇寒食城外醉吟五首》全都是著眼於女人的身態和影姿。他選取了五個鏡頭，巧妙構成一幅栩栩如生的「女郎寒食圖」。

第一首寫了女郎盪鞦韆。

滿街楊柳綠絲煙，畫出清明二月天。
好是隔簾花樹動，女郎撩亂送鞦韆。

第二首寫了女郎游春。

雕陰寒食足遊人，金鳳羅衣濕麝熏。
腸斷入城芳草路，淡紅香白一群群。

第三首寫了女郎掃墳。

開元坡下日初斜，拜掃歸來走鈿車。
可惜數株紅豔好，不知今夜落誰家。

第四首寫了女郎返家。

馬驕風疾玉鞭長，過去唯留一陣香。
閒客不須燒破眼，好花皆屬富家郎。

第五首寫了回家後的女郎。

雨絲煙柳欲清明，金屋人閒暖鳳笙。
永日迢迢無一事，隔街聞築氣球聲。[33]

寒食節對農婦來說，根本不是娛樂和消閒，而是農忙和勞作。她們需要採桑養蠶，清潔春蠶，俗稱「浴蠶」。[34]那些踏青的官人和文人，看慣了那些「舞腰那及柳，歌舌不如鶯」的「官娃」，[35]一見到清純的採桑女，不由地眼前一亮，往往會情不自禁地放下平日的矜持，輕浮地與採桑女嬉笑調情。因為他們覺得這是節日默許的自我放縱。但對採桑女來說，卻沒有這個調笑放鬆的心情，當然她們也不會過於較真和惱怒，李白的詩中就曾提到：

秦地羅敷女，採桑綠水邊。

30 〔後蜀〕花蕊夫人，〈宮詞〉，《全唐書》，卷七九八。
31 〔五代〕王仁裕，〈半仙之戲〉，《開元天寶遺事》，卷三。
32 〔唐〕張仲素，〈春遊曲三首〉，《全唐詩》，卷二六。
33 收錄：《全唐詩》，卷六九九。
34 王家廣，《唐人風俗》，第24頁。
35 〔唐〕白居易，〈洛橋寒食日作十韻〉，《全唐詩》，卷四四九。

素手青條上，紅妝白日鮮。
蠶飢妾欲去，五馬莫留連。[36]

三

端午節是唐人非常重視的一個節日。節前兩天專門用來置辦過節的貨物，長安人都習慣在東市購物。故而，這兩天東市最為繁忙，「車馬特盛。」[37]

端午節這天，宮女要在皇帝起床前，準備好節日的新裝。「端午生衣進御床，赭黃羅帕覆金箱。美人捧入南熏殿，玉腕斜封彩縷長。」[38]

按照規矩，皇帝還要賞賜百官衣服和禮物。禮物中有一種很特別的「蝘蜓合丹」，據說是一種用蜥蜴提煉成的丹藥，可以用來檢驗女子的貞操。具體用法是將它點在女子額頭上，如果女子與其他男人發生性關係，這個「紅點」就會消失。[39]這似乎是一種「守宮砂」的玩意。

有時，皇帝也會陪同皇太后在凌波殿觀看競渡。[40]許多州縣也舉行龍舟比賽，吸引了眾多的女人眼光。「競渡岸傍人掛錦，采芳城上女遺簪。」[41]

七夕節，對宮中所有女人來說，都有著莫大的吸引力。「闌珊星斗綴珠光，七夕宮嬪乞巧忙。總上穿針樓上去，競看銀漢灑瓊漿。」[42]所謂乞巧，是有典故的。自東漢以來的牛郎織女傳說，經過數百年的演繹，被賦予了更多的實用寓意。到唐代，人們普遍相信，織女餽贈銀針於人，能使女人心靈手巧。這樣，織女就成為「針神」。進而，由於織女能給信奉她的女人帶來好運，故又成為女人的保護神。[43]可見在唐人的一般心理和觀念中，乞巧的真正意圖是雙重性的，既要期盼愛情和婚姻，也要希求好運和福氣。而且這二者往往是連在一起的。

蓬門未識綺羅香，擬托良媒益自傷。
誰愛風流高格調，共憐時世儉梳妝。
敢將十指誇纖巧，不把雙眉斗畫長。
最恨年年壓針線，為他人作嫁衣裳。[44]

據說在肅宗時，潤州刺史鄭代有個十六歲的女兒采娘，「七夕夜陳香筵祈於織女。是夕，夢雲輿雨蓋蔽空。駐車命采娘曰：『吾織女，祈何福？』曰：『願丐巧耳。』」織女就送給采娘一根金針，約一寸長，別在紙上，藏於裙帶中，叮囑說：「三日勿語。汝當奇巧。不爾，化成男子。」過了兩天，采娘實在憋不住了，就告訴了母親，母親打開摺紙，卻是一張白紙，針不見了，只有針眼。這時她母親有孕在身，卻遭到她伯母張氏的妒嫉。因為張氏五個孩子都夭折了，她就特別仇視那些孕婦。於是就騙采娘母親吃墮胎藥，采娘母親正要吃藥，采娘突然大叫殺人。母親嚇了一跳，采娘說：「我將脫胎為男子，你現在肚子裡懷的就是我。

---

36 〔唐〕李白，〈子夜四時歌四首．春歌〉，《全唐詩》，卷二一。
37 〔宋〕曾慥，〈秦中歲時記．扇市〉，《類說》，卷六。
38 〔後蜀〕花蕊夫人，〈宮詞〉。
39 王家廣，《唐人風俗》，第30頁。
40 〔清〕孟彬，《十國宮詞》，《香豔叢書》，上冊，人民中國出版社，1998年，第176頁。
41 〔唐〕徐夤，〈岳州端午日送人遊郴連〉，《全唐詩》，卷七〇九。
42 〔五代〕和凝，〈宮詞百首〉，《全唐詩》，卷七三五。
43 王家廣，《唐人風俗》，第35～36頁。
44 〔後蜀〕何光遠，〈作者同〉，《鑑誡錄》，卷八。

我聞到藥味不對，就喊叫起來了。」采娘不久就死了。過沒一個月，采娘母親就生了個男孩。這就是采娘的轉世。[45]

宮中為了迎接七夕夜，先搭建起一座「乞巧樓」。這是一座專為七夕夜設計的儀式性建築。

宮中以錦結成樓殿，高百尺，上可以勝數十人，陳以瓜果酒炙，設坐具，以祀牛女二星。嬪妃各以九孔針、五色線，向月穿之，過者為得巧之候，動清商之曲，宴樂達旦。[46]

嬪妃們相信，這一夜，自己是浪漫的，幸福的。她們總要登上高聳九天的芙蓉閣。她們認為芙蓉閣離天最近，最能感知到天上的真情。所以嬪妃們在樓上，穿針引線，祈禱上天賜福於自己。[47]

唐明皇和楊貴妃這對最有情調的夫妻，「每至七月七日夜，在華清宮游宴時，宮女輩陳瓜花酒饌，列於庭中，求恩於牽牛織女星也。又各捉蜘蛛於小合中，至曉開視，蛛網稀密以為得巧之候。密者言巧多，稀者言巧少。」[48]

這種七夕夜的祈禱儀式和古怪做法很快流行於社會，被仕女紛紛仿效。「七夕今宵看碧霄，牽牛織女渡河橋。家家乞巧望秋月，穿盡紅絲幾萬條。」[49]

但宮女們另有自己的玩法。「每年宮裡穿針夜」，宮女們把天上搬到了地上。她們用自己身邊的小玩意在地上演繹出牛郎織女的場面。先畫出一條銀河，用木頭刻成牛；「玉梭」和「金鑷」分別站立橋的兩頭，一邊象徵牛郎，一邊象徵織女。[50]

夜半三更，一種叫做「玉階蟲」的蟲子，在燈前飛來飛去，一個漂亮的宮妓還沒有入睡，最近一段時間，她一忙就是大半夜，鐘聲響了也充耳不聞。她心裡很著急，眼看著中元齋日就到了，自己用金線繡的皇上肖像還沒有完成。[51]

唐朝皇帝似乎喜歡搞節日工程。中秋月圓之夜，明皇與貴妃登上太液池旁的樓閣，「憑欄望月不盡，帝意不快，遂勅左右：『於池之西岸，別築百尺高台，吾與妃子來年望月。』」[52]

冬至這天，依照禮儀，兒媳婦要將自己親手製作的鞋襪獻給公公和婆婆，[53]以示孝敬。而臘日（俗稱「臘八」）那天，皇帝要出去遊玩，按照慣例，陪同皇帝出行的宮妓要事先通知和安排好。重點是對她們的服裝和坐騎做出明確要求。「回鶻衣裝回鶻馬，就中偏稱小腰身。」[54]看來唐朝男人頗為鍾情有著小蠻腰的女子。

---

45 〔唐〕馮翊，《桂苑叢談．史遺》。
46 〔五代〕王仁裕，〈乞巧樓〉，《開元天寶遺事》，，卷四。
47 〔唐〕王涯，〈宮詞三十首〉，《全唐詩》，卷三四六。
48 〔五代〕王仁裕，〈蛛絲卜巧〉，《開元天寶遺事》，卷二。
49 〔唐〕林傑，〈乞巧〉，《全唐詩》，卷四七二。
50 〔唐〕王建，〈宮詞一百首〉。
51 〔唐〕王建，〈宮詞一百首〉。
52 〔五代〕王仁裕，〈望月臺〉，《開元天寶遺事》，下卷。
53 王家廣，《唐人風俗》，第50頁。
54 〔後蜀〕花蕊夫人，〈宮詞〉。

帝國下的胭脂：她們的唐代風華

作　　者　王振興．雷戈

發 行 人　林敬彬
主　　編　楊安瑜
副 主 編　黃谷光
責任編輯　王艾維
編輯助理　林怡芸
內頁編排　王艾維
封面設計　陳膺正（膺正設計工作室）
編輯協力　陳于雯．曾國堯

出　　版　大旗出版社
發　　行　大都會文化事業有限公司
11051 台北市信義區基隆路一段 432 號 4 樓之 9
讀者服務專線：（02）27235216
讀者服務傳真：（02）27235220
電子郵件信箱：metro@ms21.hinet.net
網　　　址：www.metrobook.com.tw

郵政劃撥　14050529 大都會文化事業有限公司
出版日期　2016 年 5 月初版一刷
定　　價　350 元
I S B N　978-986-6234-98-9
書　　號　History-76

First published in Taiwan in 2016 by Banner Publishing,
a division of Metropolitan Culture Enterprise Co., Ltd.

Tel: +886-2-2723-5216 Fax: +886-2-2723-5220
web-site: www.metrobook.com.tw
E-mail: metro@ms21.hinet.net

◎本書如有缺頁、破損、裝訂錯誤，請寄回本公司更換。

Cover Photography: iStock/ 000042109772, 000017023233.

國家圖書館出版品預行編目 (CIP) 資料

帝國下的胭脂：她們的唐代風華 / 王振興、雷戈 作.
-- 初版. -- 臺北市：大旗出版：大都會文化發行, 2016.05
320 面；17×23 公分

ISBN 978-986-6234-98-9（平裝）
1. 唐史 2. 通俗史話

624.1　　　　105006246

大都會文化 讀者服務卡

書名：**帝國下的胭脂：她們的唐代風華**

謝謝您選擇了這本書！期待您的支持與建議，讓我們能有更多聯繫與互動的機會。

A. 您在何時購得本書：_____年_____月_____日

B. 您在何處購得本書：__________書店，位於__________(市、縣)

C. 您從哪裡得知本書的消息：

1.□書店 2.□報章雜誌 3.□電台活動 4.□網路資訊

5.□書籤宣傳品等 6.□親友介紹 7.□書評 8.□其他

D. 您購買本書的動機：（可複選）

1.□對主題或內容感興趣 2.□工作需要 3.□生活需要

4.□自我進修 5.□內容為流行熱門話題 6.□其他

E. 您最喜歡本書的：（可複選）

1.□內容題材 2.□字體大小 3.□翻譯文筆 4.□封面 5.□編排方式 6.□其他

F. 您認為本書的封面：1.□非常出色 2.□普通 3.□毫不起眼 4.□其他

G. 您認為本書的編排：1.□非常出色 2.□普通 3.□毫不起眼 4.□其他

H. 您通常以哪些方式購書：(可複選)

1.□逛書店 2.□書展 3.□劃撥郵購 4.□團體訂購 5.□網路購書 6.□其他

I. 您希望我們出版哪類書籍：（可複選）

1.□旅遊 2.□流行文化 3.□生活休閒 4.□美容保養 5.□散文小品

6.□科學新知 7.□藝術音樂 8.□致富理財 9.□工商企管 10.□科幻推理

11.□史地類 12.□勵志傳記 13.□電影小說 14.□語言學習（____語）

15.□幽默諧趣 16.□其他

J. 您對本書（系）的建議：

____

K. 您對本出版社的建議：

____

讀者小檔案

姓名：__________ 性別：□男 □女 生日：____年____月____日

年齡：□20歲以下 □21～30歲 □31～40歲 □41～50歲 □51歲以上

職業：1.□學生 2.□軍公教 3.□大眾傳播 4.□服務業 5.□金融業 6.□製造業

7.□資訊業 8.□自由業 9.□家管 10.□退休 11.□其他

學歷：□國小或以下 □國中 □高中／高職 □大學／大專 □研究所以上

通訊地址：______________________________

電話：（H）__________（O）__________ 傳真：__________

行動電話：______________E-Mail：______________

◎謝謝您購買本書，歡迎您上大都會文化網站（www.metrobook.com.tw）登錄會員，或至Facebook（www.facebook.com/metrobook2）為我們按個讚，您將不定期收到最新的圖書訊息與電子報。

帝國下的胭脂

她們的唐代風華

北區郵政管理局
登記證北台字第9125號
免　貼　郵　票

大都會文化事業有限公司
讀　者　服　務　部　　收

11051台北市基隆路一段432號4樓之9

寄回這張服務卡〔免貼郵票〕
您可以：
◎不定期收到最新出版訊息
◎參加各項回饋優惠活動

98-04-43-04 郵政劃撥儲金存款單

收款帳號	1	4	0	5	0	5	2	9	金額 新台幣（小寫）	億	仟萬	佰萬	拾萬	萬	仟	佰	拾	元

通訊欄（限與本次存款有關事項）

我要購買以下書籍

書名	單價	數量	合計

購書金額未滿1，000元，另加收100元國內掛號郵資或貨運專送運費。總計數量及金額：共 ______ 本，合計 ______ 元

收款戶名：大都會文化事業有限公司

寄款人 □他人存款 □本戶存款

姓名

地址 □□□-□□

電話

主管：

經辦局收款戳

虛線內備供機器印錄用請勿填寫

◎寄款人請注意背面說明
◎本收據由電腦印錄請勿填寫

郵政劃撥儲金存款收據

收款帳號戶名

存款金額

電腦紀錄

經辦局收款戳

郵政劃撥存款收據 注意事項

一、本收據請妥為保管，以便日後查考。

二、如欲查詢存款入帳詳情時，請檢附本收據及已填妥之查詢函向任一郵局辦理

三、本收據各項金額、數字係機器印製，如非機器列印或經塗改或無收款郵局收訖章者無效。

大都會文化、大旗出版社讀者請注意

一、帳號、戶名及寄款人姓名地址各欄請詳細填明，以免誤寄；抵付票據之存款，務請於交換前一天存入。

二、本存款單金額之幣別為新台幣，每筆存款至少須在新台幣十五元以上，且限填至元位為止。

三、倘金額塗改時請更換存款單重新填寫。

四、本存款單不得黏貼或附寄任何文件。

五、本存款金額業經電腦登帳後，不得申請撤回。

六、本存款單備供電腦影像處理，請以正楷工整書寫並請勿摺疊。帳戶如需自印存款單，各欄文字及規格必須與本單完全相符；如有不符，各局應婉請寄款人更換郵局印製之存款單填寫，以利處理。

七、 本存款單帳號與金額欄請以阿拉伯數字書寫 。

八、 帳戶本人在「付款局」所在直轄市或縣(市)以外之行政區域存款，需由帳戶內扣收手續費 。

如果您在存款上有任何問題，歡迎您來電洽詢
讀者服務專線：(02)2723-5216(代表線)
為您服務時間：09：00～18：00(週一至週五)

大都會文化事業有限公司　　讀者服務部

交易代號：0501、0502 現金存款　0503票據存款　2212 劃撥票據託收

大旗出版
BANNER PUBLISHING

大旗出版
BANNER PUBLISHING